DAS
ORIGAMIBUCH

Irmgard Kneißler

DAS
ORIGAMIBUCH

Irmgard Kneißler

Otto Maier Ravensburg

Alle in diesem Buch veröffentlichten Abbildungen sind
urheberrechtlich geschützt und dürfen nur mit ausdrücklicher
Genehmigung des Verlages nach Rücksprache mit den
Urhebern gewerblich genutzt oder ausgewertet werden.

© 1987 Ravensburger Buchverlag Otto Maier GmbH
Fotos: Peter Ruprecht, Dinkelsbühl
Zeichnungen: Bernd Burkart, Stuttgart
Umschlaggestaltung und Layout: Romain Finke, Ravensburg
Satz: Fotosatz Ruderer, Grünkraut
Reproduktion: Schreiber, Stuttgart / Eurocrom 4, Villorba
Gesamtherstellung: Appl, Wemding
Printed in Germany

92 91   5 4 3

ISBN 3-473-42561-3

Inhalt

Nachstehend eine Übersicht, wo die Faltanleitungen für die auf den Farbdoppelseiten gezeigten Figuren zu finden sind:

Vorwort

Drei kleine japanische Büchlein mit wunderschönen Farbfotos von Tieren, Vögeln und Blumen, alle aus Papier gefaltet, waren vor mehr als zwanzig Jahren der Auslöser für mein Interesse an Origami. Ich hatte dergleichen noch nie gesehen und war so fasziniert, daß ich spontan die Bearbeitung übernahm, ohne zu wissen, was ich mir damit einhandelte. Diese Bändchen waren nämlich für Japaner gemacht, also für Könner, und nicht für Laien, wie ich es war. Die kargen Texte und Arbeitsskizzen und das Fehlen der Grundformen setzten ein Grundwissen voraus, das mir fehlte. Dies war eine solche Herausforderung, daß ich mich in das Studium dieser bis dahin bei uns weitgehend unbekannten asiatischen Kunst stürzte.

Ich entdeckte, daß Origami – anders als das bei uns übliche Papierfalten – weit mehr als nur eine Beschäftigung für Kinder ist. Es fordert die seltene Verbindung von Phantasie und Logik, das Sehen und Erkennen von Formen, eine exakte und saubere Technik. Auch muß es durchaus nicht beim Nachfalten bleiben, mit etwas Übung kann man bald selbst neue Modelle und Figuren entwickeln. Für beides, ob Nachfalten oder Neugestaltung, ist natürlich die Kenntnis der Grundbegriffe und der Technik Voraussetzung.

Aus dieser Überlegung heraus entstand das erste deutsche Origamibuch, das durch die Vermittlung der nötigen Grundkenntnisse dieser liebenswerten japanischen Volkskunst auch bei uns Freunde gewinnen sollte. Dies ist sicher gelungen, denn heute ist Origami ein weithin bekannter Begriff, und überall trifft man Menschen, die Figuren nach überlieferten japanischen Vorbildern falten können. Ich habe auch nach Erscheinen des Origamibuchs meine Studien weiter betrieben und die dabei erworbenen Kenntnisse, besonders über die Geschichte und die Entwicklung des Papierfaltens in Japan und in der westlichen Welt, in diese Neubearbeitung eingebracht, angespornt durch das Interesse, das Origami überall erweckt.

Peter Ruprecht und Bernd Burkart möchte ich einen besonderen Dank sagen. Sie haben durch ihre freundschaftliche, stets geduldige und einfühlsame Mitarbeit wesentlich zur gelungenen Gestaltung dieses Buches beigetragen.

Einleitung

*Triffst du eine Person, die die Geschicklichkeit
besitzt, durch Biegung des Papiers mancherlei
Figuren zu verfertigen, so halte dies nicht für zu
gering, suche es zu erlernen.*

Christian Gotthilf Salzmann

Als der Pädagoge Chr. Gotth. Salzmann diesen
Satz 1806 in sein „Ameisenbüchlein" schrieb,
konnte er die von den Japanern entwickelte
Kunst des Papierfaltens, „Origami", nicht kennen.
Sonst hätte er sicher gleich die richtigen Lehr-
meister genannt. Damals war Japan ein fernes
Land auf der anderen Seite der Erdkugel, eine
fremde, fast unbekannte Welt. Erst durch die
Errungenschaften der Technik konnte die Entfernung überbrückt werden, so daß uns heute die
Japaner wie Nachbarn erscheinen, mit deren
Gewohnheiten und Eigenarten wir immer ver-
trauter werden.
Die Entwicklung der japanischen Kultur zeigt, daß
dieses Volk eine ausgesprochene Neigung und
Begabung hat, ästhetische Systeme zu bilden, sich
in die Eigenart und Funktion eines jeden Dinges
zu versenken und form- und stoffgerechte Be-
ziehungen herzustellen. Vorbildlich tritt dies in
der japanischen „Kunst des Teetrinkens" und in
Ikebana, der „Kunst des Blumensteckens", in
Erscheinung. Aber auch Origami, die „Kunst des
Papierfaltens", ist hierfür ein Beispiel. Ein Rückblick
auf die Entstehung dieser „kleinen" Kunst beweist,
daß sie ebenso traditionsgebunden und über-
liefert ist wie die beiden anderen wohl etwas
bekannteren Kunstformen. Schon früh wurde in
Büchern die Kunst des Papierfaltens vermittelt.
Eines der ältesten bekannten Bücher ist vermut-
lich das „Kan no mado", das etwa um 1850 in
Japan erschienen ist.

Das wohl älteste Papierfaltbuch der Welt ist das um 1850 in
Japan entstandene „Kan no mado", nach dessen Anleitung
diese wunderschönen Libellen gefaltet wurden.

Origami – Klassik

„Es ist die Eigentümlichkeit des Ostasiaten, daß mit Kleinem, Unscheinbarem angefangen wird, daß nichts selbstverständlich ist, sondern solange geübt werden muß, bis keine Halbheit besteht, bis es ganz eigen wird. Die ersten Schritte sind die schwersten. Wer da versagt, bleibt stecken. Es ist keine Schule der Geläufigkeit, keine Fingerübung, sondern Wesenserfahrung. Das Technische ist einzugliedern, doch nicht zu überschätzen."

Eugen Herrigel

Voraussetzung für das Entstehen einer Papierfaltkunst ist natürlich das Vorhandensein von Papier. Die Chinesen hatten im 2. Jahrhundert unserer Zeitrechnung ein Verfahren zur Herstellung von Papier aus allen möglichen Pflanzenfasern erfunden. Japan war zu der Zeit ein politisch und kulturell völlig unterentwickeltes Land. Die Japaner bewunderten die Chinesen und waren bestrebt, soviel wie möglich von ihnen zu lernen. Sie übernahmen so gut wie alles: die Sozialstruktur, den Buddhismus als Religion, die Schrift und viele handwerkliche Techniken. So lernten sie im 7. Jahrhundert auch das Geheimnis der Papierherstellung kennen, und dank ihrer sprichwörtlichen Liebe zu jeder Art von Werkstoff gelang es ihnen bald, auf diesem Gebiet Hervorragendes zu leisten.

Wie die japanische Geschichte zeigt, hatte dieses Volk die Eigenart, sich über lange Zeiträume oft bewußt fremden Kulturkreisen und Einflüssen zu öffnen und soviel davon zu übernehmen, daß es so aussah, als ob es seine Eigenständigkeit ganz verlieren würde. Und dann plötzlich verschlossen die Japaner sich allen Fremdeinflüssen und gingen daran, das Erworbene national zu verarbeiten. Eine solche Epoche der nationalen Besinnung war die Heian-Zeit (794–1185), in der alle offiziellen Kontakte zu China abgebrochen

Hofleben in der Heianzeit. Eine im 17. Jh. auf Seide gemalte Illustration zum berühmtesten Romanwerk dieser Epoche, dem Genji-monogatari.

wurden. In dieser Periode des inneren Friedens und der Aufklärung entfaltete sich am Kaiserhof in Kyoto ein reiches höfisches und aristokratisches Leben. Das Kulturgeschehen dort wurde weitgehend von den literarisch und künstlerisch hochgebildeten Hofdamen bestimmt.

Die ersten in Papier ausgeführten Faltarbeiten werden auf diese Zeit zurückgeführt. Hinweise darauf, daß auch die Anregung hierfür aus China kam, gibt es allerdings nicht. Etwa um das Jahr 1000 schrieb die Hofdame Murasaki Shikibu das literarische Meisterwerk „Die Geschichte des Prinzen Genji". Darin werden immer wieder die mannigfaltigen und köstlichen Papiersorten erwähnt, auf denen Gedichte und Liebesbriefe niedergeschrieben wurden. Einmal heißt es dort: „Nyosans Antwort stand auf dünnem karmesinrotem Papier, und die außerordentlich sinnvolle und zierliche Art, wie es gefaltet war, ließ Prinz Genjis Herz höher schlagen." Das kann man als einen ersten Hinweis auf Origami werten.

Nicht nur der Inhalt eines Briefes und die kunstvolle Linienführung der Pinselschrift, sondern auch die Wahl des Papiers und die dem Inhalt entsprechende Faltung waren mitbestimmend für das Ansehen des Absenders und von Einfluß auf seine Stellung, sei es am Hofe des Kaisers oder in der Gunst einer Dame. Das kann man sich lebhaft vorstellen, wenn man zum Beispiel die Bewerbung von Ki no Tomonori um eine Stellung am Kaiserlichen Hofe liest:

Murasaki Shikibu schreibt die „Erzählungen des Prinzen Genji" beim Schein des Mondes und dem Duft der Frühlingsblüten. Seidenmalerei von Tansai Moritaka, 19. Jh.

Wem als dir, o Herr,
hätt' ich diesen Blütenzweig
sinnig zugedacht,
der du Farbenton und Duft
kundig einzuschätzen weißt?

oder den Briefwechsel zwischen der Prinzessin Shikishi und dem Prinzen Kore-Akira.

Die Prinzessin schreibt:
Gleich bei meinem Haus
wird der Kirschenblütenbaum
bald entblättert sein –
Käm' doch einer, ihn zu sehn,
eh' der Wind ihn ganz zerzaust!

Und der Prinz antwortet:
Ach, wie ist mir leid,
daß die Kirschblütenpracht
schon vorüber ist!
Warum sagtet Ihr mir nichts,
als der Baum in Blüte stand?

Obwohl Murasaki Shikibu eine durchaus weltliche Anwendung von Origami schildert – handelt es sich doch bei ihr in erster Linie um Liebesbriefe und Glückwünsche – geht diese Kunst wahrscheinlich auf religiöse Ursprünge zurück. So ist bekannt, daß die komplizierten Regeln für das Orikata (wörtlich: Figuren falten) in der Priesterkaste der eigenständigen japanischen Shinto-

Religion von Generation zu Generation weitergegeben wurden. Die danach gefertigten kunstvollen Papiermuster und -bänder waren und sind auch heute noch bei religiösen Zeremonien und kultischen Handlungen von symbolhafter Bedeutung. Hierzu gehört zum Beispiel die Figur des Schmetterlings, wohl eine der ältesten überlieferten Faltarbeiten. Wie die Beispiele in diesem Buch zeigen, wird diese Figur heute noch in jeder nur denkbaren Weise gefaltet. Bei Shinto-Hochzeiten verschloß man zwei Sake-Flaschen mit aus weißem Papier gefalteten Schmetterlingen, einem männlichen und einem weiblichen. Bei der Zeremonie wurde der Reiswein aus diesen beiden Flaschen in einem Kelch gemischt und dem Brautpaar dargereicht. Noch heute gehört dieser religiöse Brauch zu jeder Shinto-Hochzeit. Der Schmetterling ist Symbol für „innige Vereinigung" und „ausdauernde Liebe".

Eine andere Faltfigur, die auch in der Gegenwart noch große Bedeutung hat, läßt sich auf die Kamakura-Periode (1185–1333), in der das Militär die Herrschaft übernommen hatte, zurückführen.

Sie ist wahrscheinlich aus einer Mischung von religiösen und weltlichen Motiven entstanden. Diese Figur, das „Noshi", ist ein Glücksbringer, der in Japan praktisch zu jedem Geschenk gehört, eine einfache, aber dekorative Faltarbeit. Das eigentliche Glückssymbol liegt in der Mitte der Figur. Es kann ein kostbarer Papierstreifen sein, besser sind ein paar getrocknete Algen. Früher war es ein Strang Abalone (Fleisch einer Meeresschnecke der Gattung Seeohr). Dieser Brauch wird auf ein Ritual der Kriegerkaste im 12. Jahrhundert zurückgeführt. Vor und nach einer Schlacht wurde den Kämpfern zeremoniell Abalone-Fleisch gereicht, um ihnen Kraft für den Kampf und das Überleben zu geben. Ein Noshi wird fast immer aus einem weißen und einem roten Bogen Papier gefaltet, den Nationalfarben Japans.

Um 1750 entstand diese Darstellung eines Shinto-Schreins mit den gefalteten Schmetterlingen auf den beiden Sakeflaschen links im Bild.

Die ersten Aufzeichnungen von klassischen Origamifiguren stammen jedoch erst aus dem 18. Jahrhundert, der Edo-Periode (1614–1868). Dies war, nach langen inneren Wirren und kriegerischen Machtkämpfen, eine Epoche des Friedens und der Ordnung, allerdings wieder verbunden mit einer Abschließung des Landes nach außen. Auf der einen Seite schuf die herrschende Kriegerkaste im Geiste des Konfuzianismus für das politische, soziale und gesellschaftliche Leben feste Regeln und Gesetze und sorgte für deren strikte Einhaltung und damit für Ordnung und Sicherheit im Lande. Andererseits hatte der Zen-Buddhismus als Volksreligion starke Auswirkungen auf das geistige und kulturelle Leben. Die Struktur hatte sich völlig verändert. Der Kaiserhof und damit die höfische Kultur traten ganz in den Hintergrund. In den schnell wachsenden Städten bildete sich eine wohlhabende Bürgerschicht und übernahm viele bisher dem Adel vorbehaltene Lebensformen. Sie hatte großen Einfluß auf Kunst und Literatur, die dadurch volkstümlicher wurden. Das Handwerk erlebte eine Blütezeit. Durch die den Japanern nachgesagte Fähigkeit zur Perfektion wurden in dieser Epoche der Besinnung auf das Eigenständige so manche Handwerke zur Kunst erhoben. Beispiele dafür sind die eindrucksvollen Lackmalereien, die wundervollen Töpferwaren für die Teezeremonie, die bei uns so bewunderten Farbholzschnitte und manches mehr.

In der alten Hauptsadt Kyoto und der neuen Hauptstadt Edo (heute Tokio) entstanden Schulen für die gesellschaftliche Etikette, in denen zum Beispiel die Regeln der Teezeremonie oder die auf Zen beruhenden Vorstellungen beim Blumenstecken (Ikebana) gelehrt wurden, ebenso wie das Abfassen von Gedichten, das in Japan eine Volksleidenschaft mit langer Tradition ist. Briefe, Glückwünsche und Botschaften werden bevorzugt in Gedichtform verfaßt, und so ist es fast selbstverständlich, daß auch das kunstvolle Falten dieser Schriften und das Fertigen von „Noshis" an diesen Schulen gelehrt wurde.

Bei der bevorzugten Gedichtform dieser Epoche – dem Haiku – zeigt sich besonders deutlich die Vorliebe der Japaner, alles nach festen Regeln

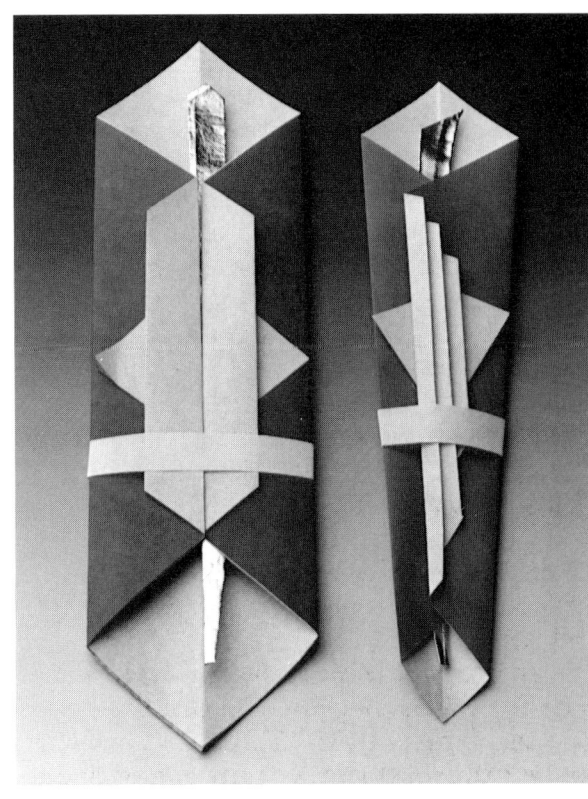

Nach alten Vorbildern gefaltete Noshis gelten als Glücksbringer, die auch heute noch jedem Geschenk und jeder Gratulation beigegeben werden.

und Vorschriften auszuführen. Ein Haiku hat nur einen einzigen Vers und dieser nur drei Zeilen. Diese drei Zeilen dürfen nur 17 Silben umfassen: die erste Zeile fünf, die zweite sieben und die dritte Zeile wieder fünf. Auch inhaltlich sind strenge Regeln zu beachten. So muß jedes Haiku einer Jahreszeit gewidmet sein und durch ein Symbolwort und die Gesamtwirkung die Stimmung der Jahreszeit vermitteln. Kirschblüten und Schwalben sind Symbole des Frühlings, Frühling bedeutet gleichzeitig Liebe. Krähe und Wildgans vermitteln Herbststimmung. Alle diese in den volkstümlichen Haikus benutzten Symbole finden wir bei den Origami-Figuren wieder.

Das Theater erlebte in der Edo-Epoche einen großen Aufschwung. Namhafte Dichter schrieben aber nicht nur Dramen für das Kabuki-Theater der Reichen, sondern auch für das volkstümliche

Die Figuren des Puppentheaters, deren Herstellung in einem 1800 in Osaka erschienenen Theaterführer dargestellt ist, waren Vorbilder für so manche neue Origami-Figur.

1685 entstand diese Darstellung eines Puppentheaters. Die Aufführungen erreichten ein hohes künstlerisches Niveau und waren beim Volk sehr beliebt.

Puppentheater. Das beliebteste und populärste Stück war „Chûshingura". Darin zückt ein hoher Beamter im Palast sein Schwert, ein Kapitalverbrechen, für das er zum Tode verurteilt wird. 47 seiner treuen Gefolgsleute schwören Rache, ermorden den Verursacher und begehen dann ebenfalls Selbstmord – Harakiri. Offensichtlich wurden die Figuren des Puppentheaters durch die Popularität des Stückes gern aus Papier nachgefaltet. So entstanden neue Origami-Figuren. Jedenfalls erschien als eine der ersten Darstellungen von Papierfaltarbeiten überhaupt 1797 das von einem Priester verfaßte Buch „Chûshingura Orikata", das in Holzschnitt-Abbildungen zu diesem Theaterstück passende Faltfiguren zeigt. Es ist typisch für die Entwicklung des kulturellen Lebens dieser Epoche, daß nun zum ersten Mal Regeln und Faltanweisungen für die bekannten Papierfiguren, die bisher nur in mündlicher Überlieferung weitergegeben worden waren, festgehalten und gedruckt wurden. Neben „Chûshingura Orikata" erscheint im gleichen Jahr und vom selben Priester „Sembazuru Orikata – Das Falten der 1000 Kraninche", der populärsten Faltfigur Japans überhaupt.

Die bedeutendste Sammlung klassischer Faltfiguren stammt jedoch etwa aus dem Jahre 1850. Sie ist unter dem Titel „Kan no mado" bekannt und wird Adachi Katsuyuki zugeschrieben. Diese Sammlung hat eine merkwürdige Geschichte. Dr. Frederick Starr, Professor für Völkerkunde an der Universität von Chicago, hielt sich nach dem Ersten Weltkrieg zu Studienzwecken in Japan auf. Dabei lernte er Origami kennen und interessierte sich lebhaft für Veröffentlichungen darüber. Zufällig erfuhr er, daß ein Zeitungsverlag ein altes Buch über Papierfalten besitzt. Es stellte sich dann heraus, daß es sich dabei um ein Manuskript eines Zusatzbandes für eine große Enzyklopädie handelt. Dr. Starr konnte von den 56 Seiten eine Kopie anfertigen. Das Original in Tokio ist inzwischen unauffindbar, wahrscheinlich ist es verlorengegangen; die Kopie von Dr. Starr wurde nach langer Suche 1960 in der Bibliothek des Kongresses in Washington wieder aufgefunden und inzwischen in den USA, von Julia und Martin Brossman interpretiert und kommentiert, als Buch

Das Kaiserpaar in der höfischen Tracht der Heian-Zeit – sogenannte Dairi-bina Puppen – gehört nach alter Tradition zum Festtag der Mädchen am 3. März.

veröffentlicht. Es passiert sicher nicht oft, daß ein Manuskript über eine nationale Volkskunst im eigenen Land unbekannt bleibt und erst über das Ausland dahin zurückkehrt.

Interessant sind die im „Kan no mado" dargestellten Modelle. Natürlich fehlen weder der männliche und weibliche Schmetterling noch verschiedene Noshis, die je nach Anlaß unterschiedlich gefaltet sind. Da sind auch die bekanntesten Tierfiguren: die Libelle (Japan wird auch das Land der Libellen genannt, weil es dort so viele und schöne verschiedene Arten gibt), der Frosch und der Affe. Aber in der Hauptsache enthält das Buch menschliche Figuren, vor allem aus der Theaterwelt und der Literatur: den tanzenden Clown, den beharrlichen Freier, einen in die Arena schreitenden Ringer. Dazu kommen Faltanweisungen für Puppen, als Kaiser und Kaiserin, Hofdamen und Diener.

Das Manuskript (ca. 1850) ist ein Beweis dafür, daß in dieser Zeit neue Figuren entwickelt wurden und die Technik des Faltens sich verbesserte. Aber es wurde sehr viel mit der Schere gearbeitet, und die Kleider und Gesichter wurden auf das Papier aufgemalt. Auch war die Ausgangsform häufig ein Sechseck oder gar Achteck. In die Kunst des Papierfaltens, bis dahin meistens Orikata genannt, kam aber auf jeden Fall Bewegung. Man begnügte sich nicht mit dem Falten der bereits bekannten Figuren, sondern dachte sich passend zu den vielen japanischen Festtagen neue Figuren aus. Die im „Kan no mado" gezeigten Faltpuppen waren sicher für den Feiertag der Mädchen, dem Puppenfest am dritten Tag im März, gedacht. Früher wurde an diesem Tag eine Reinigungszeremonie durchgeführt. Unreinheit wurde auf Papierpuppen übertragen, die dann in den Fluß geworfen wurden. Daraus entstand der Brauch, am Festtag eine auserlesene Schar Puppen, meistens Kaiser und Kaiserin mit ihren Hofdamen und Priestern, Musikanten, Hofdichtern und Dienern prächtig auf einem besonderen Gestell aufzubauen. Davor

sitzen die Mädchen, und ihnen werden auf kleinen Tischchen feierlich speziell zubereitete Speisen gereicht. Die Puppen wurden – und werden – häufig aus prächtigem Papier extra für diesen Tag gefaltet.

Am 5. Mai, dem Festtag der Knaben, werden aus Stoff oder Papier gefertigte Karpfen an Stangen hochgezogen oder als Papierdrachen in die Lüfte geschickt.

Der Karpfen ist für seine Zähigkeit und Ausdauer, aber auch für seine Ruhe und Würde, besonders aber für sein langes Leben bekannt, alles Eigenschaften, die man den Knaben wünscht. Für die Japaner war Fisch immer ein Hauptnahrungsmittel, so daß der gefaltete Fisch in jedem Fall

eine glückbringende Figur darstellt, die sich im modernen Origami in vielfältiger Abwandlung findet.

Das japanische Jahr scheint aus lauter Festtagen zu bestehen. Man feiert das Kirschblütenfest, das Pflaumenblütenfest, den Lehrlingsfeiertag, den Kleiderwechseltag am 1. April; der erste Tag im Jahr ist der Tag des Ahnenkults, des Kaiserhauses und der ganzen Nation. Und dies sind nur einige von vielen Festtagen. Die dabei verwendeten Symbole finden sich überall: in der Literatur, der Malerei und natürlich auch bei Origami, wie einige Beispiele zeigen:

Lotos
Die Blume des religiösen Kults, Sinnbild der Reinheit und der Unsterblichkeit, erhebt sich in makelloser Reinheit über Wasser, Schlamm, Sand und Erde.

Kirschblüte
In erster Linie immer Sinnbild des Frühlings und der Liebe, aber auch Symbol der Krieger, weil sie abfällt, ehe sie verwelkt.

Pflaumenblüte
Die Pflaume blüht in Japan häufig schon unter dem Schnee. Deshalb ist ihre Blüte Sinnbild für den Widerstand gegen Unbill und Ausdruck von Hoffnung und Zuversicht.

Kimono
Zu Neujahr, einem der wichigsten Feiertage der Japaner, überreichte man altehrwürdigen Menschen einen aus kostbaren Stoffen gefertigten neuen Kimono als Audruck der Wünsche für Gesundheit und Wohlbefinden im neuen Jahr.

Mandarinente
Weil sie ihr Hochzeitskleid im Winter trägt, gilt sie als Sinnbild ehelicher Treue, die sich auch in schlechten Zeiten bewährt.

Affen
Die drei Affen, die nicht sehen, nicht hören und nicht sprechen können, gelten als Boten des Gottes der Reisenden und sind heute weltweit

bekannt. Als Origami-Figuren wurden sie von Isao Honda gestaltet.

In vielen Teilen Japans leben Affen in freier Wildbahn. Schon immer gab es in Japan Menschen, die mit dressierten Affen durch die Lande zogen, deren Kunststücke arm und reich begeisterten. Da dieses Umherziehen nicht zu allen Zeiten jedem gestattet war, hatten diese Affenführer mehr Freiheiten als andere Bürger, und es ist verständlich, daß der Affe eine Symbolfigur für den Schutz Reisender wurde. „Nicht sehen, nicht hören, nicht sprechen" mag auch als Verhaltensregel für Reisende zu verstehen sein.

Kranich

Der „Kaiserliche Vogel", Symbol des 1000jährigen Lebens, war früher allein dem Kaiserhaus vorbehalten. Er durfte nur vom Kaiser selbst oder von Auserwählten mit Falken gejagt werden. Abbildungen durften nur in Verbindung mit dem Kaiserhaus entstehen: auf Gegenständen des kaiserlichen Hauses, auf Besitztümern der kaiserlichen Familie, auf Geschenken für den Kaiser und seine Angehörigen, oder auf Geschenken des Kaisers. Seit der Edo-Periode, in der die Rolle des Kaisers abgewertet wurde, ist der Kranich aber ein allgemein bevorzugtes Glückssymbol für Gesundheit und langes Leben.

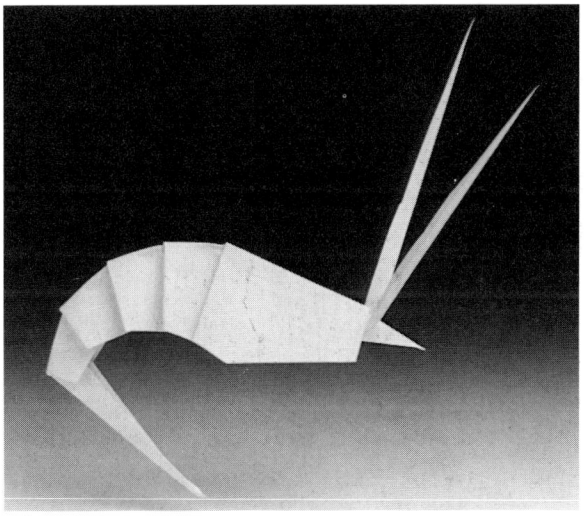

Frosch

Hier gibt es zwei Deutungen. Es wird erzählt, daß die Kurtisanen früher ihren Liebhabern einen aus Papier gefalteten Frosch unter das Kopfkissen legten, um ihn von der Rückkehr zu seiner Gemahlin abzuhalten, denn das Wort Frosch hat auch die Bedeutung „Wiederkehr". – Dann erzählt man sich eine Geschichte aus dem 9. Jahrhundert. Omo no Tofu galt als fleißiger und strebsamer Mensch. Dennoch hatte er beruflich keinen Erfolg. Eines Tages beobachtete er einen kleinen Frosch, der unermüdlich nach einer Fliege schnappte und sie endlich doch erwischte. Dies nahm er sich zum Vorbild und wurde schließlich der berühmteste Kalligraph seiner Zeit. So wurde der Frosch, dessen Quaken man in Japan Gesang nennt, ein Symbol für den Erfolg durch Ausdauer.

Schildkröte

Sie gehört zu den wenigen, alle Zeiten überdauernden Urtieren und wird sehr alt. So ist sie Sinnbild und Wunschsymbol für ein hohes Alter und langes Leben.

Languste und Hummer

Beide sind Symbol für hohes Alter. Die gekrümmte Form erinnert an die gebeugte Haltung alter Menschen. Dazu kommt, daß allen Meerestieren besonderer Wert zugemessen wird, weil sie seit ewigen Zeiten Hauptnahrungsmittel der Japaner sind.

Origami – Neuzeit

„1888 geboren, bin ich heute ein alter Mann, erinnere mich aber gut an die vielen verschiedenen Origamifiguren, die ich als Bub von meiner Mutter und in der Schule lernte…
1907 studierte ich an der Academie Julien in Paris. Hier hörte ich zum ersten Mal, daß Origami Die schönste Handkunst der Welt ist…"

Isao Honda

Vor etwa 100 Jahren kam es in Japan zu entscheidenden Veränderungen. Die Amerikaner wollten ihren Handel nach Asien ausdehnen und brauchten Niederlassungen und Partner in dieser Region. Unter Androhung von Waffengewalt zwangen sie die Japaner zur Öffnung ihrer Häfen. Die herrschende Militärregierung war sich darüber im klaren, daß sie der überlegenen Waffentechnik des Westens nichts entgegenzusetzen hatte, sie konnte aber auch ohne Gesichtsverlust nicht nachgeben. Nach mehreren Jahren innenpolitischer Kämpfe trat sie schließlich zurück, und der Kaiser wurde wieder in seine Rechte eingesetzt. Die Rückkehr zur Monarchie ist gewöhnlich mit einem verstärkten Traditionsbewußtsein und Ablehnung fremder Einflüsse verbunden. Aber gerade das Gegenteil war hier der Fall. Japan öffnete sich vollkommen dem Westen. Das Volk war gehalten, so viel wie nur irgend möglich im Westen und vom Westen zu lernen, besonders natürlich auf den Gebieten von Wissenschaft und Technik. Als Kaiser Meiji 1868 an die Macht kam, proklamierte er für das Volk den sogenannten „Fünf-Artikel-Eid". Der fünfte Artikel lautet: Kenntnisse sollen in der ganzen Welt gesucht werden, um damit die Grundlagen der kaiserlichen Macht zu stärken. Die Japaner befolgten diese Anweisung, so daß ihnen der Einstieg in das Industriezeitalter vollkommener und schneller als anderen Nationen gelang und ohne allzu große soziale Komplikationen.
Eine Volkskunst wie Origami scheint in diesem großen Geschehen völlig unbedeutend, und trotzdem ist gerade ihre Entwicklung in dieser Epoche ein hervorragendes Spiegelbild der japanischen Mentalität. Professor Starr von der Universität in Chicago war nur einer der vielen Fremden, die jetzt nach Japan kamen, ihr Wissen mitbrachten, sich aber auch für Land und Leute, für die herrschenden Sitten und Gebräuche interessierten. Es scheint, daß als Folge davon sich auch die Japaner viel intensiver mit den bisher für sie selbstverständlichen Dingen beschäftigten. Plötzlich war es nicht nur wichtig, sie zu beherrschen, sondern man mußte alles über sie wissen, sammeln, festhalten und darstellen, selbstverständlich in einer der neuen Zeit entsprechenden Form. Darüber hinaus mußten sie den interessierten Westlern, denen der nationale, kulturelle oder religiöse Hintergrund fehlte, nahegebracht werden. Was bisher Brauchtum, Sitte oder Etikette war, wurde nun – eigentlich den Fremden zuliebe – zur Kunst erhoben: das Blumenstecken, die Teezeremonie und nicht zuletzt auch das Papierfalten, jetzt Origami genannt.
Beim klassischen Origami, dem Orikata, wurde geschnitten, geklebt und gemalt. Beim Origami ist die Schere tabu, das Bemalen verpönt, die Verwendung von Klebstoff undenkbar. Die reine, nur durch das Falten erzielte Form muß für sich stehen. Einziges weiteres Gestaltungselement ist das Material in seiner Struktur, Musterung oder Farbgebung. Mit der den Japanern zugeschriebenen Eindringlichkeit und Präzision schufen die Meister – an ihrer Spitze der 1888 geborene Isao Honda – die neuen Regeln für das moderne Origami. Ob sie erst jetzt erkannten, daß die klassischen Figuren aus immer gleichen Grundformen entstanden, ist schwer zu beurteilen. Auf jeden Fall bauten sie dieses System aus und schufen auf dieser Grundlage eine Fülle neuer Modelle. Dabei blieb eines allerdings gleich: Nach wie vor standen die neuen Figuren im Zusammenhang mit der japanischen Mythologie und Poesie. Kurz vor dem Zweiten Weltkrieg erschienen dann die ersten Sammlungen und Anweisungen für das moderne Origami in Buchform, bezeichnenderweise hauptsächlich in englischer Sprache. Aufgrund der Tradition und der vorhandenen Kenntnisse im klassischen Papierfalten wurde

Auto und Rakete sind ein Beispiel für die Entwicklung von Origami, der klassischen Kunst des Papierfaltens, in moderner Zeit.

dieses moderne Origami in Japan sehr schnell populär, und nach dem Krieg erschien eine Flut in japanischer Sprache geschriebener Bücher mit ganz neuen Modellen. Heute wird nur noch das moderne Origami beschrieben und gelehrt, und in jüngster Zeit wird bei der Entwicklung neuer Modelle auch die gegenwärtige Umwelt einbezogen. Gefaltete Autos, Eisenbahnen, Raketen usw. zeigen, daß Origami, wie jede gestalterische Kunst, niemals ausgeschöpft werden kann. Neben dieser modernen Entwicklung hält sich aber ungebrochen die Tradition. Nach wie vor falten kleine Mädchen den Kaiser und die Kaiserin mit ihren Hofdamen und Dienern zum Puppenfest, steigen am Knabentag Papierkarpfen in die Luft und werden Geschenke mit einem Noshi als Glücksbringer versehen. Als deutsche Reporter nach dem Krieg das Atomkrankenhaus

in Hiroshima besuchten, erlebten sie eine Überraschung: Tausende von Papierkranichen hingen von der Decke herab bis über die Betten. Sie wurden aus allen Teilen Japans nach Hiroshima geschickt und als zur Heilung beitragende Glücksbringer ehrfürchtig respektiert. Und wer heute in den Friedenspark nach Hiroshima kommt, findet das Friedensdenkmal und die Gedenkstätten für die Opfer der Bombe nach wie vor mit Mengen gefalteter Papierkraniche geschmückt.

Die zunehmende Bedeutung von Origami zeigt sich an der Tatsache, daß auch die modernen Medien, wie das Fernsehen, sich ausführlich mit dieser Technik beschäftigen.

Papierfalten im Westen

„Das Genußreichste, was Senff uns lehrte, war die Kunst, gewisse kleine trianguläre Gestalten, sonst Krähen genannt, aus Papier zu falten, bei deren Anfertigung jedoch der letzte vollendete Bruch so schwierig war, daß er gar nicht gelehrt werden konnte; es mußte einem vielmehr wie zum Verständnis der Schellingschen Identitätsphilosophie erst eine glückliche, intellektuelle Anschauung kommen, oder mit anderen Worten ein großer Seifensieder aufgehen, ehe man es vermochte, die sorgfältigst vorbereitete Krähe durch jene letzte schöpferische Quetschung zu vollenden…
‚Kannst du schon den letzten Bruch machen?' das war lange die brennende Tagesfrage unter uns, während es uns doch ganz einerlei war, ob jemand schon die fünfte Deklination konnte oder nicht. Inzwischen sollten jene Papierfiguren nach Senffs Willen nichts weniger als Krähen darstellen, mit denen sich nichts anfangen läßt, sondern vielmehr Soldaten, als welche sie unsere gehorsame Phantasie denn auch willig gelten ließ, da ihre völlig indifferente Form jedwede Deutung zuließ…
Durch verschiedene Papierfarbe und kleine Veränderungen im Bruch stellten wir nun alle Waffengattungen, selbst Reiter dar, da Senff die Erfindung gemacht hatte, jene Soldaten durch eine höchst geniale allerletzte Manipulation dergestalt zu verändern und auszudehnen, daß sie ein fast transzendentales Aussehen gewannen und Pferden reichlich so ähnlich sahen als früher Menschen. Man brauchte eben nur das Fußvolk darauf zu setzen… Kaum wüßte ich, daß mir jemals irgend etwas in der Welt mehr Vergnügen gemacht hätte als die Ausrüstung dieser Papierarmee und das Spiel damit. Wir brachten es nach und nach ein jeder auf die ungeheure Zahl von achthundert bis tausend Mann."

Aus „Jugenderinnerungen eines alten Mannes" Wilhelm von Kügelgen (1802–1867).

Papiersoldaten, älteste erhaltene deutsche Papierfaltarbeit.

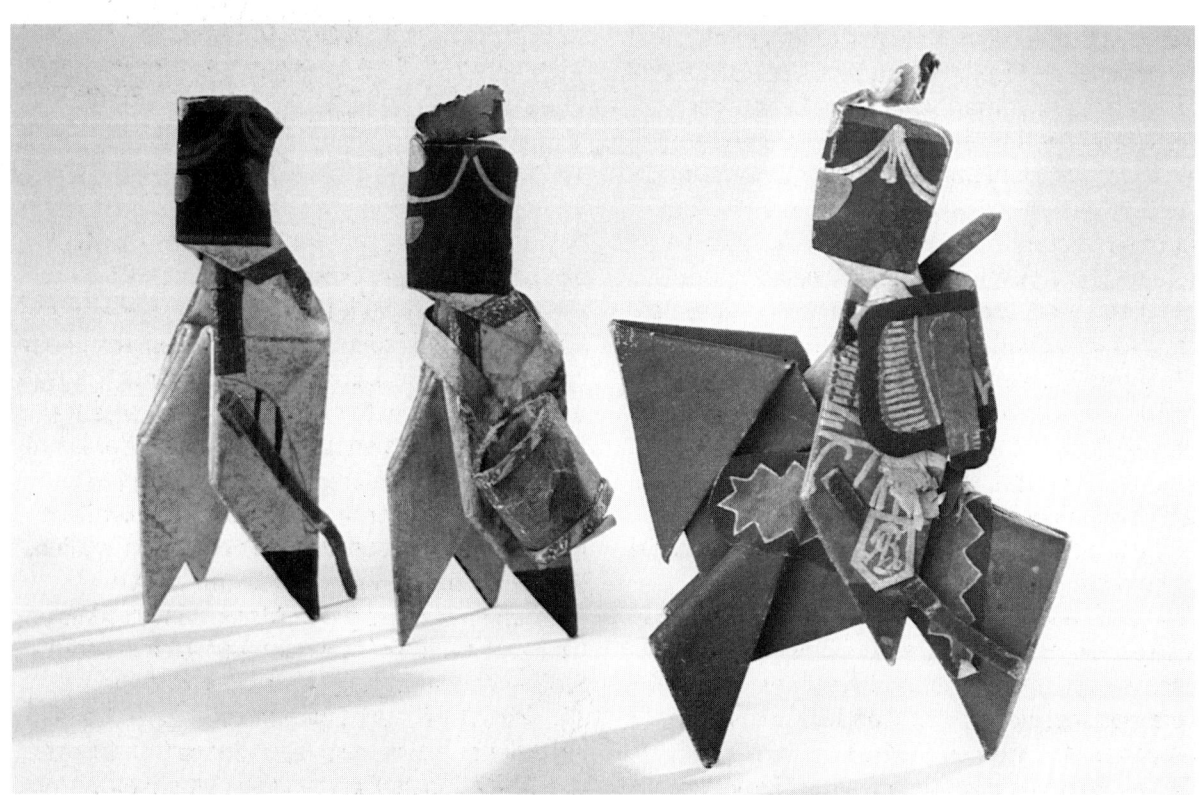

Solche, hier so liebenswert beschriebenen Papiersoldaten kann man als älteste erhaltene deutsche Papierfaltarbeit im Germanischen Nationalmuseum in Nürnberg bewundern. Aber der kleine Wilhelm war nicht der einzige, der Anfang des 19. Jahrhunderts Freude am Papierfalten hatte. Es ist bekannt, daß der berühmte englische Dichter Shelley sich mit dem Falten von Papierfiguren beschäftigte, und auch Lewis Carroll, der Autor von „Alice im Wunderland", soll manche literarische Inspiration beim Falten von Papierpuppen bekommen haben. Besonders intensiv beschäftigte sich der deutsche Pädagoge Friedrich Fröbel damit, weltweit bekannt als Vater des Begriffs „Kindergarten". In einer der ersten, nur dem Papierfalten gewidmeten westlichen Veröffentlichung, dem „Lustigen Papierfaltbüchlein" von Johanna Huber (Otto Maier Verlag 1925), befaßt sich ein ganzes Kapitel nur mit dem Fröbelschen Papierfalten. Das häufige Erwähnen von Papierfaltarbeiten Anfang des vorigen Jahrhunderts kann aber nur bedeuten, daß diese Arbeiten auch im Westen eine längere Tradition haben. Weder Fröbel noch Salzmann oder gar von Kügelgen haben die besprochenen Figuren erfunden. Sie haben sie vielmehr dem vorhandenen, von Generation zu Generation weitergereichten Schatz entnommen. Kenntnis von der Papierherstellung bekamen die Europäer allerdings erst im 13. und 14. Jahrhundert, mehr als 600 Jahre nach den Japanern (die erste Papiermühle in Deutschland wurde 1390 errichtet). Die gefertigten Papiere waren so rar und teuer, daß sie nur als Schreib- und Malgrund Verwendung fanden. Und da beinahe gleichlaufend mit der vermehrten Papiererzeugung der Deutsche Gutenberg den Buchdruck erfand, behielt Papier eine zweckgebundene Funktion. Scheinbar wurde es lange Zeit gar nicht als vielfältig verwendbares Material in Betracht gezogen.

Trotzdem war die Falttechnik, wie in allen Kulturkreisen, ein bekanntes Gestaltungselement, allerdings hauptsächlich im Bereich der Textilverarbeitung. Neben den wunderbar plissierten Kragen und kostbaren Stulpen an den Gewändern, wie man sie auf alten Gemälden

1925 erschien im Otto Maier Verlag Johanna Hubers Lustiges Papierfaltbüchlein. Es dürfte das erste nur dem Papierfalten gewidmete Buch der westlichen Welt sein.

bewundern kann, gab es eine Vielzahl kunstvoll gefalteter Kopfbedeckungen, besonders für Frauen. Die gesteiften Hauben der verheirateten Frauen unterschieden sich von den einfachen der jungen Mädchen. Die Hauben der Nonnen waren und sind auch heute noch je nach Ordenszugehörigkeit unterschiedlich gefaltet, und jeder kennt die hübschen Häubchen der Holländerinnen und die praktischen unserer Krankenschwestern. Beim Schneidern spricht man von Quetschfalten, Reversfalten oder Plisseefalten. Im 16. und 17. Jahrhundert war es große Mode, zu festlichen Gelegenheiten die Tafel mit kunstvoll gefalteten Stoffservietten zu dekorieren. Hier wird die Ähnlichkeit mit dem japanischen Papierfalten ganz deutlich, weil bei diesen Serviettenfaltungen dreidimensionale Figuren keine Seltenheit waren.

Die drei Frauen Ulrich des Vielgeliebten von Württemberg, dargestellt auf einem der frühesten Stifterbilder Deutschlands (um 1470), tragen sorgfältig gefaltete Stoffhauben.

Kunstvoll gefaltete Halskrausen aus gestärkter Seide gehörten zur Mode des 16. und 17. Jahrhunderts. Ausschnitt aus dem Gemälde von P.P. Rubens: Der Künstler und seine erste Frau, Isabella Brant, in der Geißblattlaube.

Anscheinend kam jedoch lange Zeit niemand auf die Idee, diese Technik auf das Material Papier zu übertragen. Sicher gibt es dafür Erklärungen. Vielleicht war das bei uns hauptsächlich gefertigte und genutzte Textilmaterial – das Leinen – besonders zum Legen und Halten von Falten geeignet. Auf jeden Fall war es in bester Qualität lange vor dem Papier zu erhalten. Außerdem waren Textilien dauerhafter als das damalige Papier. Es entsprach nicht den allgemein gültigen Wertvorstellungen, soviel Zeit, Mühe und Sorgfalt für das Falten eines so vergänglichen Materials aufzuwenden. Papierfalten war im westlichen Kulturkreis in erster Linie eine Kinderbeschäftigung, dies allerdings seit Friedrich Fröbel mit einem hohen pädagogischen Stellenwert. Als Ausnahme kann man vielleicht Leonardo da Vinci anführen, in dessen Aufzeichnungen sich Versuche mit Papiermodellen finden.

Einige der bei uns bekannten und von jedem wohl als Kind einmal angefertigten Papierfiguren wie Helm, Becher, Flieger, Himmel und Hölle sind absichtlich in diese Sammlung japanischer Origami-Figuren eingebaut. Sie erscheinen unter verschiedenen Grundformen. Die Ansätze sind also bei diesen Modellen genau die gleichen wie beim Origami, und dies dürfte für alle gefalteten Modelle auf der ganzen Welt gelten. So sind die von den Japanern konsequent erstellten Grundformen mathematischen Gesetzen vergleichbar, die man beherrschen muß, um darauf aufbauen zu können.

Im Westen war also das Papierfalten, nach einer Belebung in der ersten Hälfte des vorigen Jahrhunderts, für nahezu 100 Jahre als Kinderbeschäftigung abgestempelt, und niemand hatte die Idee, auf diesem Gebiet weitere oder gar neue Wege zu suchen. Dazu bedurfte es eines Anstoßes, und diese Funktion übernahm das japanische Origami. Der Impuls ist durchaus auf fruchtbaren Boden gefallen. Heute wird Papierfalten auch im westlichen Kulturkreis als Gestaltungsmittel genutzt.

Origami im Westen

Der Bericht von Professor Frederick Starr über „The Art of Paper-Folding in Japan" (erschienen im Oktober 1922 im Overseas Travel Magazine) scheint in Amerika nicht viel Beachtung gefunden zu haben. Jedenfalls waren es nicht die Amerikaner, sondern die Spanier, die sich als erste ernsthaft mit Origami befaßten. Schon 1939 veröffentlichte Dr. N. Montero in Spanien ein Buch über Papierfaltarbeiten, in dem neben europäischen, teilweise aus dem Textilbereich stammenden Falttechniken erstmals auch die Grundformen der japanischen Faltkunst dargestellt und erklärt sind. Das Buch enthält aber auch neue, von Dr. Montero entwickelte Figuren, bei denen er von den Origami-Grundformen ausgeht. Ein hervorragendes Beispiel für die Möglichkeit der schöpferischen Weiterentwicklung und der Lösung vom vorgegebenen japanischen Kulturkreis ist die von Dr. Montero gestaltete Stierkampfszene. Einige Jahre später erscheint dann ebenfalls in Spanisch von Dr. Solórzano

in Buenos Aires ein umfassendes Werk über Origami. In beiden Werken wird das Papierfalten nicht nur als reine Kinderbeschäftigung dargestellt. Der spanische Philosoph Miguel de Unamuno war ein begeisterter Papierfalter. Er verfaßte eine Abhandlung und diskutierte darüber schriftlich mit Ortega y Gasset. Auf einem Portrait des Philosophen von Ignacio Zuloaga y Zamora sieht man Unamuno mit zwei der von ihm entworfenen und gefalteten Vögeln. Es ist daher nicht verwunderlich, daß es im spanischen Sprachraum viele bekannte Papierfaltkünstler gibt und laufend neue Veröffentlichungen erscheinen. Auch entstand eines der wenigen westlichen Origami-Center in Buenos Aires. Im englischen Sprachraum fand Origami erst nach dem Zweiten Weltkrieg Beachtung. Wahrscheinlich brachten Angehörige der in Japan stationierten Truppen Origami-Figuren oder sogar

Im spanischen Sprachraum wurde Origami zuerst aufgegriffen und weiterentwickelt. Stierkampfszene von Dr. N. Montero, Valladolid, Spanien 1939.

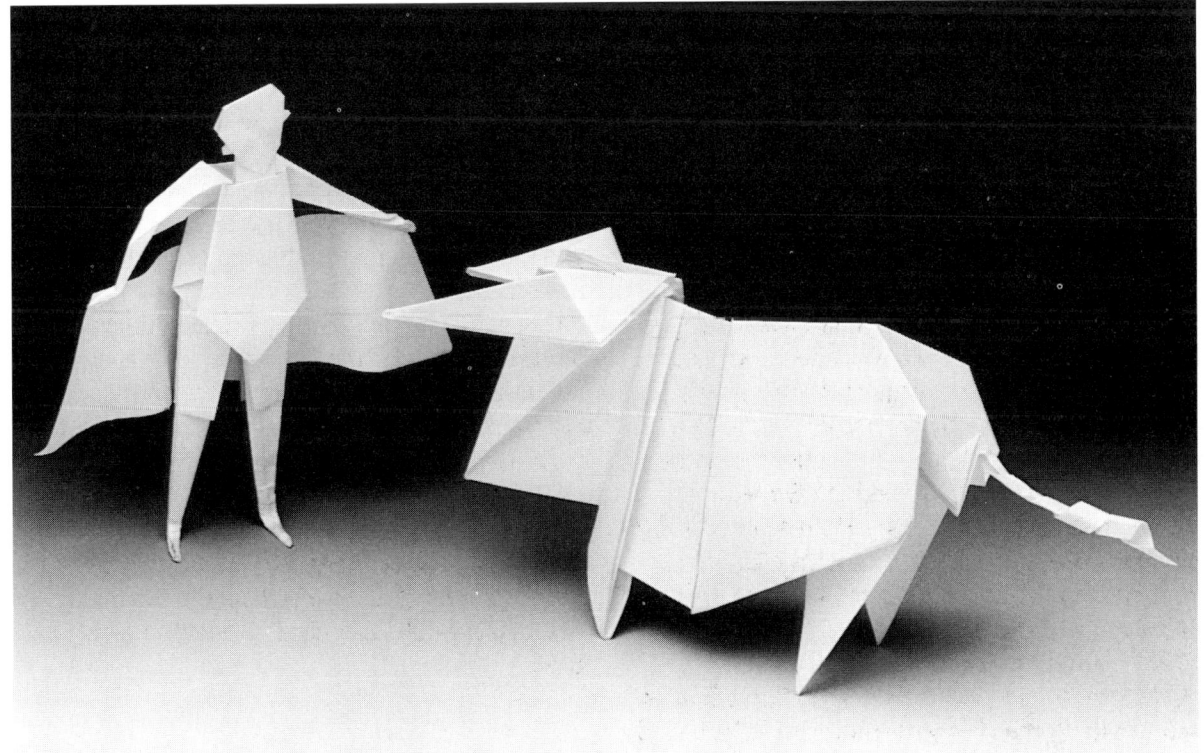

Veröffentlichungen in englischer Sprache über Origami mit nach Hause. In den fünfziger Jahren kamen dann die ersten englischsprachigen japanischen Origami-Bücher auf den amerikanischen Buchmarkt und sorgten für Popularität, unterstützt von Fernsehsendungen, Ausstellungen und öffentlichen Vorführungen. Bemerkenswert ist, daß kein Amerikaner ein grundlegendes Buch über das japanische Papierfalten Origami verfaßt hat, sondern Anfang der sechziger Jahre gleich eine ganze Reihe von Autoren Bücher mit ihren eigenen Faltarbeiten, allerdings vermischt mit traditionellen japanischen Figuren, veröffentlichten. Dabei wurde durchweg auf Origami Bezug genommen und von den japanischen Grundformen ausgegangen. Hier zeigt sich wieder, wie schon in Spanien, daß Origami den Anstoß zu einer intensiven Beschäftigung mit dem altbekannten Kinderspiel Papierfalten sein kann, daß die Kenntnis der japanischen Falttechnik überraschende Wege zum freien Gestalten mit diesem Material weist. Da finden wir in Amerika Figuren wie das Trojanische Pferd, einen sitzenden Indianer, Engel und die Heilige Familie und andere zum westlichen Gedankengut gehörende Motive. Eine bekannte und rührige Förderin von Origami in den USA ist Lillian Oppenheimer. Sie gründete zusammen mit anderen in New York ein Origami-Center, das noch heute existiert und die erste Origami-Zeitschrift der Welt herausbrachte. Bald nach der Entdeckung durch die Amerikaner fand Origami dann endlich auch seinen Weg nach Europa, zuerst nach Holland, schließlich nach Deutschland. Zwar waren schon vorher hier und da Origami-Figuren in Büchern für Kinderbeschäftigungen aufgenommen worden, wie in dem schon genannten „Lustigen Papierfalt-

Heilige Familie von Robert Neale, ev. Pastor und Lehrer am Union Theological Seminary in New York, USA.

Indianer von Neal Elias, Cleveland/Ohio, USA, Autor eines Buches über Zaubertricks mit Spielkarten und vieler Artikel in Zeitschriften über Zauberkunst.

Trojanisches Pferd von Samuel Randlett, Klavierlehrer in Milwaukee, USA, Verfasser mehrerer Origami-Bücher über amerikanische Neukreationen.

buchlein" von Johanna Huber oder der „Fröhlichen Kinderstube" von Ruth Zechlin. Aber das System der Grundformen und die damit gebotenen Entwicklungsmöglichkeiten blieben unbeachtet.

Heute ist Origami auch in Europa kein Fremdwort mehr, und sicher gibt es so manches Modell, das vor dem Hintergrund unserer Kultur neu entstanden ist, wie man am Beispiel der Schachfiguren sehen kann, nur wurde auf diesem Gebiet bisher nichts veröffentlicht.

Auch in diesem Buch werden vorwiegend traditionelle Figuren vorgestellt, um das Prinzip der Grundformen verständlich zu machen.

Wer dieses System einmal begriffen hat, wird sich auch von den gegebenen Vorlagen lösen können und eigene Modelle entwickeln.

Origami in der Gemeinschaft

Origami ist eine reizvolle Beschäftigung für jeden, der Freude am Gestalten und Formen hat. Es eignet sich auch ausgezeichnet für die Beschäftigung in einer größeren Gruppe von Menschen. Dadurch kann Origami denen, die in einer Gemeinschaft wirken, eine Hilfe sein und Anregungen geben. Dabei ist es ganz gleich, ob es sich um eine Gemeinschaft von Kindern oder Jugendlichen handelt oder um Erwachsene. Die Vorteile der Beschäftigung mit Origami liegen auf der Hand: Das Material ist billig, und vor allen Dingen ist nur ein einziges Material, nämlich Papier, nötig. Das Papierfalten ist eine saubere Tätigkeit, es entsteht kein Schmutz, kein Abfall. Und man braucht für Origami kein weiteres Werkzeug als die Hände, auch kein Wasser, nur eine glatte Untergrundfläche.

In Kindergärten und Kinderheimen

Origami bietet eine ganze Reihe einfacher, neuer Faltmodelle, die schon für Kinder im Kindergartenalter geeignet sind. Es ist erstaunlich, wie leicht gerade kleine Kinder bei ihren Faltversuchen neue Formen finden, in denen sie Gegenstände oder Figuren ihrer Umwelt wiedererkennen. Voraussetzung dafür ist natürlich, daß man sie nach den ersten Anleitungen frei mit dem Material spielen läßt und sie nicht zwingt, gestellte Aufgaben zu erfüllen. Für diese ersten Faltversuche kann durchaus einfarbiges, billiges Material genommen werden, wenn es nur die Eigenschaften eines guten Faltpapiers hat, denn Kinder verbrauchen am Anfang sehr viel Material. Das Bemalen der fertigen Modelle mit Farben und Mustern nach eigener Phantasie ist für Kinder eine zusätzliche, anregende Beschäftigung. Wenn die Kindergärtnerin mit wenigen Handgriffen Tiere und Vögel, ein ganzes Dorf oder neue Möbel für eine Puppenstube fertigen kann, sind die Kinder natürlich voller Bewunderung und Entzücken. Bewegliche Spielfiguren, wie zum Beispiel die „Pickende Krähe" oder der „Schnappvogel" sind besonders geeignet, das Interesse der Kinder am Papierfalten zu wecken.

In Jugendgruppen und Ferienheimen

Die Leiter von Jugendgruppen finden in Origami Anregungen zu Gemeinschaftsaufgaben, die innerhalb thematischer Eingrenzung genügend Freiraum für eigene Gestaltung lassen. Es kann sich dabei um die Anfertigung einer Dekoration für einen Elternabend oder um die Ausschmückung des Gruppenraums für eine besondere Gelegenheit handeln. Im allgemeinen wird bei Jugendlichen nicht der Faltvorgang als solcher, sondern das greifbare Ergebnis, das fertige Modell, die erste Rolle spielen. Dabei stört es sie nicht, wenn die Ergebnisse nur kurzlebig sind.

In Vereinen und Frauenkreisen

Bei den Erwachsenen dürften es in erster Linie die Frauen sein, für die Origami ein ideales Betätigungsfeld in der Gemeinschaft darstellt. Wichtig in einer Frauengruppe ist die Möglichkeit zu nachbarschaftlichen Kontakten und zur Kommunikation. Bei der sauberen Arbeit des Papierfaltens, bei der auch Anregungen für Serviettenfaltungen und manche andere in der Familie

nützlichen Schmuckdinge vermittelt werden, ist dafür genügend Gelegenheit.

In Krankenhäusern, Genesungsstätten und Heilanstalten

Für die Anwendung in der Beschäftigungstherapie finden sich bei Origami hervorragende Voraussetzungen. Das scheinbar so leicht zu formende Material verlangt doch ein gewisses Maß an Kraft, wenn die Falten haltbar sein sollen. Der Faltvorgang fördert dazu das Tast- und Fingerspitzengefühl und ist eine Art spielerische Fingerübung. Die beim Falten nötige Konzentration wirkt einerseits ablenkend, andererseits regt sie das Denk- und Vorstellungsvermögen an. Dabei ist es eine Beschäftigung, die keine Unordnung macht. Es gibt weder Papierschnipsel noch wird mit Klebstoff gearbeitet.

In der Schule

Das Falten einfacher Papierfiguren und Modelle wird seit langer Zeit in der Grundschule geübt. Namhafte Pädagogen haben sich mit der Frage auseinandergesetzt, ob diese Beschäftigung in der Schule sinnvoll ist, wobei aber immer von den bekannten, einfachen Faltvorlagen im Fröbelschen Sinne ausgegangen wird, die einem Vergleich mit dem System der Grundformen der japanischen Faltkunst nicht standhalten. Innerhalb der Grenzen mathematisch-geometrisch gegebener Grundformen führt Origami über die Ausbildung und Übung der Fingerfertigkeit – also einer handwerklichen Tätigkeit – in den Bereich der Phantasie und der Gestaltung konkret vorstellbarer Formen und Figuren. Es würde den Rahmen des Buches sprengen, hier im einzelnen alle für einen planmäßigen Unterricht brauchbaren Ansätze in Origami darzulegen. Die folgenden Beispiele können lediglich andeutungsweise zeigen, für welche Aufgaben des Unterrichts Origami herangezogen werden kann. In der Grundstufe dürfte Origami in erster Linie als Erziehungsmittel dienen, das durch das Nachahmen festgelegter Vorgänge das Konzentrationsvermögen fördert und zu genauem und sauberem Arbeiten erzieht. Wichtig erscheint hierbei, daß jeder Fehler vom Schüler sofort bemerkt wird, weil ein richtiges Weiterfalten unmöglich wird. Das führt automatisch zu einer genauen Kontrolle jedes Handgriffs. Das eigenschöpferische Tun beschränkt sich hier unter Umständen mehr auf das Ausschmücken und Bemalen der fertigen Figuren.

In weiterführenden Klassen kann dann vom Nachahmen zum eigenen schöpferischen Gestalten übergegangen werden, indem man es zum Beispiel jedem Schüler überläßt, aus einer gemeinsam erarbeiteten Grundform ein fertiges Modell nach seiner Phantasie zu entwickeln. Im Rahmen eines auf die Arbeitswelt vorbereitenden Unterrichts bietet Origami die Möglichkeit einer im Spiel geübten Einführung in das Lesen und Anfertigen technischer Zeichnungen. Hierzu gehört auch der Versuch, mit Hilfe von Origami den Unterschied zwischen Handwerk und industrieller Fließbandarbeit anschaulich zu machen, indem man einmal von jedem Schüler eine ganze Faltfigur herstellen, und ihn im Gegensatz dazu danach an einer Serie von gleichen Figuren jeweils nur einen Faltvorgang ausführen läßt. In der Kunsterziehung kann das Abzeichnen von gefalteten Blüten- und Tiermodellen eine Vorstufe für das Zeichnen nach Modellen aus der Natur sein. Es ist deshalb relativ einfach, weil der zu zeichnende Gegenstand auf geometrische Formen reduziert ist. Durch diese Gliederung und gleichzeitige Abstrahierung eignen sich Origami-Figuren auch als Vorlagen für im Handarbeitsunterricht benutzte Muster. Die Eignung für den Werkunterricht dürfte außer Frage stehen, da Origami ein geeignetes Mittel ist, den Werkstoff Papier mit seinen Eigenschaften kennenzulernen. In Stichworten sei deshalb nur auf einige wichtige Momente bei Origami hingewiesen: Das Aussparen von Flächen, hier durch Überlagerung, führt von der zweiten zur dritten Dimension, von der Fläche zum Körper. Aus einem ungegliederten Anfangsmaterial wird ohne Schneiden und Trennen ein gegliedertes Werkstück. Statische Gesetze werden sichtbar. Im Mathematikunterricht kann Origami als Hilfsmittel zur Verdeutlichung mathematischer Gesetze herangezogen werden.

Origami zum Schmücken und Schenken

Wenn Origami auch in erster Linie aus Freude am Gestalten, am praktischen Tun und Werken betrieben werden sollte, so verlocken die reizvollen Figuren doch auch dazu, sie hier und da zu nutzen. Unzählige Möglichkeiten bieten sich beim Betrachten der Modelle an.

Tischdekoration
Viele Origami-Modelle eignen sich als Tischkarten oder Tischkartenhalter, nicht nur bei Kindergeburtstagen, oder als Tischschmuck und als Serviettenfaltung.

Festdekoration
Viele reizvolle Möglichkeiten bietet Origami als Schmuck bei Kinder- und Gartenfesten, Partys, Faschingsgesellschaften usw. Es gibt Modelle, die sich besonders für Mobiles oder als Weihnachtsschmuck eignen.

Schaufensterdekoration
Selbst mit preiswertem Material und mit geringem Zeitaufwand lassen sich erstaunliche Wirkungen erzielen. Für große Figuren muß das Papier steifer sein. Durch Übersprühen mit farblosem Klarlack kann man sie gegen Sonneneinwirkung und Feuchtigkeit schützen.

Kinderspielzeug
Zu Hause, auf Reisen, am Krankenbett oder im Wartezimmer des Arztes – überall kann man Kindern mit wenigen Handgriffen und ohne großen Materialaufwand (eine Seite aus einer Zeitschrift genügt) neues Spielzeug fertigen.

Kasperle und Laienspiel
Viele Figuren eignen sich für Kulissengestaltung und Kostümierung, denn bei entsprechender Papierwahl können sie in jeder beliebigen Größe angefertigt werden. Natürlich auch so klein, daß ein Helm, ein Hut oder auch eine Maske gerade auf einen Finger paßt.

Geschenkverpackungen, Briefe und Glückwünsche
Ihnen geben Origami-Figuren eine ganz persönliche Note und werden den Empfänger durch ihre Originalität überraschen und erfreuen. In manchen Fällen können Briefe direkt auf die Innenseite einer Faltarbeit geschrieben werden.

Schaubilder, Dioramen, Kalenderblätter, Landschaften und Bauernhöfe lassen sich mit Origami-Figuren aufbauen und Szenen aus Märchen und Fabeln plastisch gestalten. Sehr hübsch wirken Einzelfiguren auf einem gemalten Hintergrund. Solche Blätter lassen sich zu Kalendern zusammenstellen, da die Figuren flach liegen.

Einführungskurs für Laien und Könner

Origami verlangt nur ein einziges Material: Papier. Nun gibt es aber viele Papiersorten, und es sind bei weitem nicht alle für Origami geeignet. Ein Faltpapier muß leicht und reißfest sein. Es sollte glatt sein und es darf sich beim Einstreichen der Falten nicht verziehen. Am besten eignet sich natürlich das spezielle Origami-Papier, das es fertig abgepackt in verschiedenen Größen und Farbzusammenstellungen im Papier- und Spielwarenhandel gibt. Allerdings ist die Qualität sehr unterschiedlich. Einige sind für komplizierte Figuren mit vielen übereinanderliegenden Papierlagen zu dick, bei anderen bricht die Farbschicht in der Falte. Bei einem guten Faltpapier muß die Falte nach dem Einstreichen fest liegen, das Papier darf im Knick keine Wellen bilden und die Farbe darf an der Bruchkante nicht brechen. Neben dem speziellen Origami-Papier sind viele andere Papiersorten bestens geeignet: Schreibmaschinenpapier, Papiere der Verpackungsindustrie, bedruckte Papiere von Prospekten und Zeitschriften oder auch Seiden- und Transparentpapier. Aus Papierservietten lassen sich sehr dekorative Modelle falten.

Farbeffekte können bei Origami eine große Rolle spielen. Das spezielle Origami-Papier hat eine weiße und eine farbige Seite. Die Wahl eines ungewöhnlich gemusterten Papiers – zum Beispiel aus der weiten Palette der Geschenkpapiere – kann den Figuren eine ganz besondere Note geben.

Die Größe des Faltblatts ist an keine Norm gebunden. Origami-Faltblätter haben gewöhnlich eine Größe zwischen 12 cm und 20 cm im Quadrat. Für größere Figuren zu speziellen Dekorationszwecken muß das Papier natürlich etwas stärker sein, darf aber beim Falten nie brechen. Kartons und Pappen sind also in jedem Fall ungeeignet.

Es ist bedauerlich, daß die Figuren manchmal durch Einwirkung von Licht, Sonne oder Feuchtigkeit ihre Form verlieren. Pergamentpapier oder Backpapier könnte hier Abhilfe schaffen, aber diese Papiere sind farblich nicht sehr reizvoll.

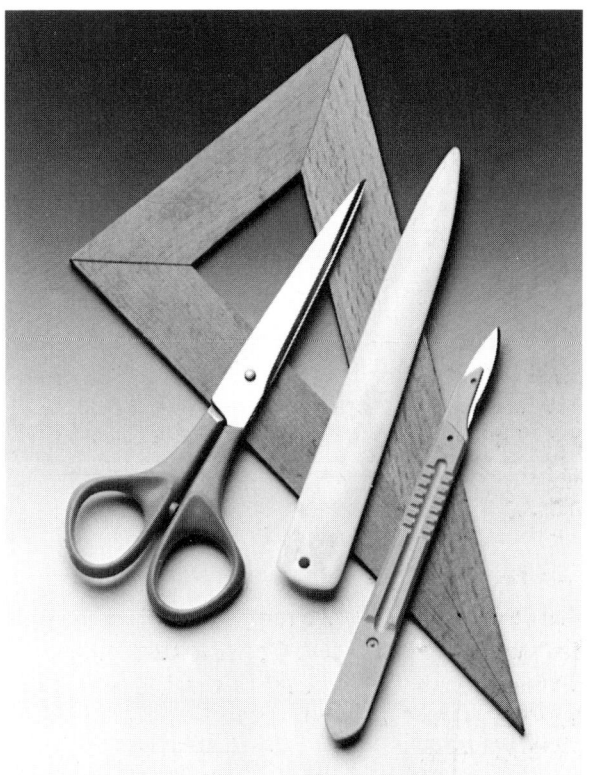

Einziges Werkzeug sind die Hände, ein Falzbein erleichtert allerdings das Einstreichen der Falten. Schere, Papiermesser und Winkel braucht man zum Zuschneiden der Faltblätter.

Versuche haben gezeigt, daß ein Einsprühen der fertigen Figuren mit farblosem Lack wohl die beste Lösung ist. Vorsicht ist aber geboten, weil die Farben sich unter Umständen verändern oder gar verlaufen können. Die Probe auf Farbverträglichkeit an einem ungefalteten Blatt Papier lohnt sich in jedem Fall.

Origami verlangt nur ein einziges Werkzeug: die Hände. Manchmal ist eine Schere ganz nützlich. Die strenge Regel der Japaner, die den Gebrauch der Schere verbietet, wird nicht einmal von ihnen eingehalten, und es ist auch nicht einzusehen, daß Weiterentwicklungen nicht mit Hilfe der Schere erreicht werden dürfen.

Beim Falten größerer Figuren aus stärkerem Papier ist ein Falzbein sehr hilfreich. Das Einstreichen der Falten erfordert mehr Kraft als man zunächst denkt. Wer also viel faltet, sollte sich auch ein Falzbein zulegen.

Worterläuterungen

hinten   ist der Teil der Arbeit, der auf dem Tisch liegt. Die Bezeichnung der hinten liegenden Teile, Ecken oder Spitzen ist in den Arbeitsskizzen eingekreist (Abb. 1)

vorn   ist die entgegengesetzte, sichtbare Seite (Abb. 1)

oben   ist die Kante, Ecke oder Spitze, die von uns fort weist (Abb. 1)

unten   ist die Kante, Ecke oder Spitze, die auf uns zu weist (Abb. 1)

rechts, links   sind die Teile, die rechts oder links vom Mittelbruch liegen (Abb. 1)

innen   ist zwischen dem hinteren und dem vorderen Teil. Die Bezeichnung der innen liegenden Teile, Ecken oder Spitzen ist in den Arbeitsskizzen eingekreist (Abb. 1)

außen   ist die hintere und vordere Seite der Arbeit (Abb. 1)

hoch   senkrecht auf der Arbeit stehend (Abb. 2)

Ecke   recht- oder stumpfwinklig (Abb. 1)

Spitze   spitzwinklig (Abb. 1)

Bruch   eine wieder geöffnete Falte wird Bruch genannt; er wird in den Arbeitsskizzen durch eine angedeutete Strichlinie dargestellt (Abb. 3)

Mittelbruch   läuft durch die Mitte der Arbeit oder des gerade zu faltenden Teils (Abb. 3)

Diagonale oder diagonal   eine von Ecke zu Ecke schräg durch die Mitte laufende Linie (Abb. 3)

Linie   Verbindung von Punkt zu Punkt, z. B. Linie d–b (Abb. 3)

gestrichelte Linie   bedeutet in den Arbeitsskizzen stets eine Talfalte (Abb. 3)

punktierte Linie   bedeutet in den Arbeitsskizzen stets eine Bergfalte (Abb. 3)

Strichpunktlinie   bedeutet in den Arbeitsskizzen stets knicken (Abb. 3)

öffnen   den letzten Faltgang rückgängig machen

drehen   ohne das Faltblatt zu heben, die Arbeit um den Mittelpunkt drehen, z. B. rechts nach links

wenden   die Vorderseite nach hinten auf den Untergrund legen

klappen   einen Teil der Arbeit in einem vorhandenen Bruch umlegen

ziehen   den bezeichneten Punkt fassen und auf den angegebenen Punkt legen

knicken   falten und wieder öffnen, um in der angegebenen Linie einen Bruch zu erhalten. Das wird in den Arbeitsskizzen durch eine Strichpunktlinie dargestellt (Abb. 3)

Bergfalte   nach hinten falten. Der Bruch der wieder geöffneten Falte liegt hoch, bildet also einen Berg. Sie wird in den Arbeitsskizzen durch eine punktierte Linie dargestellt (Abb. 4)

Talfalte   nach vorn falten. Der Bruch der wieder geöffneten Falte liegt tief, bildet also ein Tal. Sie wird in den Arbeitsskizzen durch eine gestrichelte Linie dargestellt (Abb. 4)

Gegenbruch   eine vorhandene Falte wird in ihrem Bruch genau zur anderen Seite gefaltet. Gegenbruch nach außen: die bisher innen gelegenen Seiten liegen hinten und vorn außen auf der Arbeit (Abb. 5)
Gegenbruch nach innen: die bisher außen gelegenen Seiten liegen innen zwischen dem vorderen und hinteren Teil der Arbeit (Abb. 5)

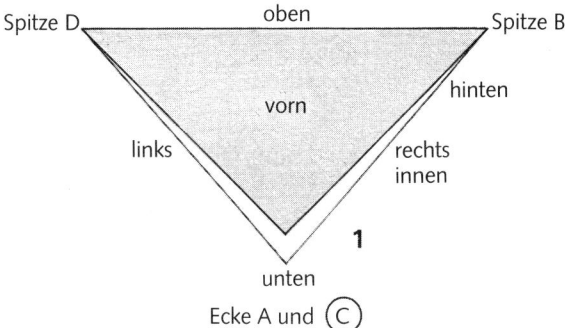

Spitze D — oben — Spitze B

vorn

links — hinten

rechts innen

unten

1

Ecke A und Ⓒ

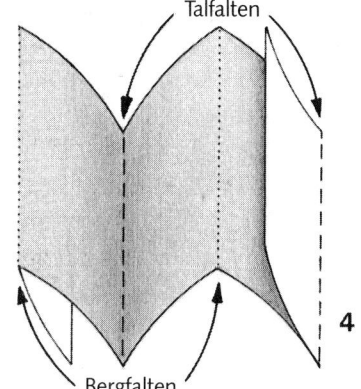

Talfalten

Bergfalten

4

hoch

oben

unten

2

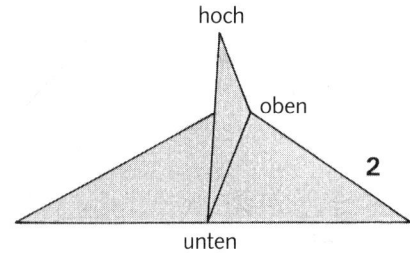

A — a — B

Knick in der Diagonalen

Ecke A auf C

d — Linie d–b — A C — b

diagonal

Mittelbruch

D — c — C

3

gestrichelte Linie = Talfalte
punktierte Linie = Bergfalte
Strichpunkt Linie = Knick

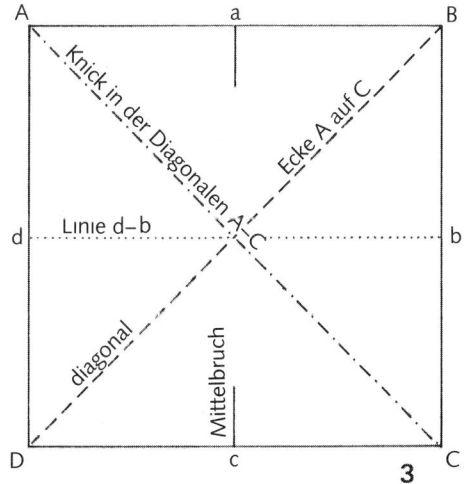

A

A — Gegenbruch nach außen — B

B

Gegenbruch nach innen

5

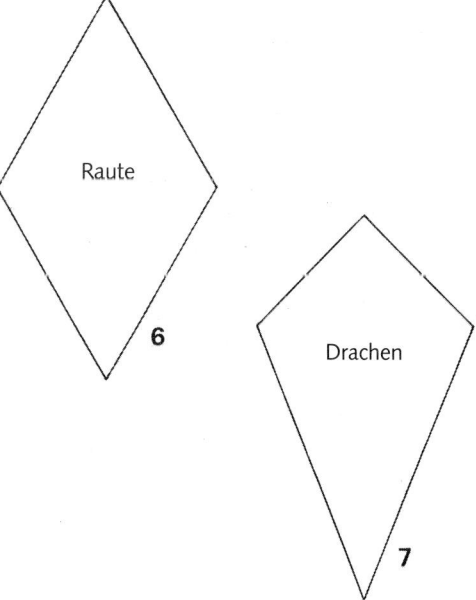

Raute

6

Drachen

7

Die Bedeutung der Grundformen

Eine Besonderheit von Origami sind die schon mehrmals erwähnten Grundformen, aus denen die Modelle entwickelt werden. Eine Grundform ist ein Faltschema, das die Ausgangsbasis für eine ganze Reihe von Modellen bildet. Heißt es also bei den Faltanweisungen zum Beispiel „Ausgang Grundform 3", so muß zunächst die Grundform 3 gefaltet werden, ehe mit den weiteren Faltgängen begonnen werden kann.

Der Aufbau einer Grundform weist bereits auf die gestalterischen Möglichkeiten hin, die sie bietet. Jede Grundform hat ein Zentrum, das aber nicht auch unbedingt der Mittelpunkt des Faltblatts sein muß. Außerdem finden wir immer eine Mittelachse oder eine beherrschende Bruchkante. In erster Linie sind die von dort ausgehenden oder gehaltenen Spitzen die faltbaren Teile. Jede faltbare Spitze besitzt einen Endpunkt. Die Lage der Spitzen und die Anzahl der Endpukte bei einer Grundform sind bestimmend für die Form der aus ihr zu entwickelnden Modelle.

Bei jeder Grundform wird in einer kurzen Erläuterung auf ihre Eigenart und die sich bietenden Faltmöglichkeiten hingewiesen, um das eigene schöpferische Gestalten zu erleichtern und ihm den richtigen Weg zu weisen.

Die Grundformen mit der Zeit frei zu beherrschen, ist ein großer Vorteil, denn dadurch wird das Nachfalten wesentlich erleichtert und eine eigene Neuentwicklung überhaupt erst möglich. Versuchen Sie also, sich die Faltgänge der einzelnen Grundformen einzuprägen. Der Aufbau des Buches führt von der einfachsten Grundform als Ausgangspunkt bis hin zur schwierigsten Form. Es wäre also verfehlt, sich gleich an die komplizierten Modelle zu wagen, ehe die Technik an den leichteren Modellen geübt wurde. Die bei den einzelnen Grundformen gezeigten Modelle sind lediglich eine begrenzte Auswahl aus vielen möglichen Figuren. Es werden aber weitgehend alle Abwandlungsmöglichkeiten unter Einbezug der verschiedenen, immer wiederkehrenden Faltfolgen vorgestellt.

Um den Einstieg in Origami zu erleichtern, sind die verschiedenen, in den Anleitungen und Skizzen immer wiederkehrenden Ausdrücke, Linien und Zeichen auf den Seiten 30 und 31 ausführlich erklärt. Am besten werden sie an einem Faltblatt praktisch ausprobiert, damit sie sich gut einprägen.

Die Modell-Figur „Ente" bietet dann Gelegenheit, die neuen Kenntnisse praktisch auszuprobieren. Der hier noch sehr ausführliche Text leistet dabei Hilfestellung. Das Lesen einer Arbeitsskizze wird erfahrungsgemäß so schnell eine Selbstverständlichkeit, daß der Text bald nur noch eine – manchmal überflüssige – Eselsbrücke ist. Deshalb wurde er bei den nachfolgenden Modellfiguren auch so kurz wie möglich gehalten.

Lassen Sie sich nicht von den sehr knapp wirkenden Anleitungstexten abschrecken. Sie werden schon bald feststellen, daß Sie auch gut ohne Texte zurechtkommen und sich nur noch an den Zeichnungen orientieren.

Grundregeln der Faltkunst

1. Wir falten immer auf einem festen, glatten Untergrund.

2. Wir bemühen uns, alle Falten so genau und gerade wie möglich auszuführen.

3. Wir streichen alle Falten gut ein, indem wir sie mit dem Daumennagel glattstreichen.

4. Wir wählen ein Papier, das in Farbe und Beschaffenheit möglichst gut zu der gewünschten Figur paßt.

5. Wir bringen das Faltblatt nach jedem Faltgang wieder genau in die auf der Arbeitsskizze gezeigte Lage.

6. Wir behalten bei jedem Faltgang die nachfolgende Arbeitsskizze im Auge, denn sie zeigt, zu welchem Ergebnis wir kommen sollen.

Modell-Figur „Ente"

Normalerweise muß man bei jeder Figur zunächst
die Grundform, aus der sie entwickelt wird, falten.
Die Faltanweisung dafür wird nur einmal
gebracht und nicht bei jeder Figur wiederholt.
Nur bei diesem Übungsmodell wird sie dem
eigentlichen Faltgang nochmals vorangestellt.

Ausgang: Grundform 2

Quadratisches Faltblatt, Farbseite hinten.
Diagonale A–C knicken, Talfalten in den gestrichelten Linien = Grundform 2.

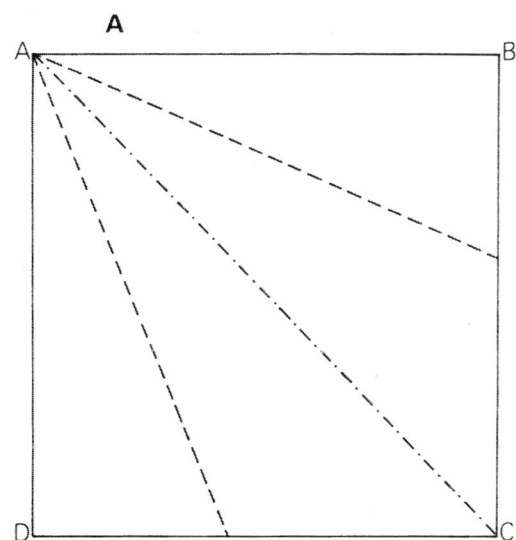

Wir nehmen ein quadratisches Faltblatt und
legen es mit der Farbseite nach unten auf den
Tisch. Die jetzt hinten bzw. unten liegende Farbe
tritt später bei der fertigen Figur in Erscheinung
und wird zu einem wichtigen gestalterischen
Element. Die Strichpunktlinie in der Diagonalen
A–C bezeichnet einen Bruch. Um ihn zu erhalten,
müssen wir das Faltblatt in dieser Linie knicken.
Dazu falten wir Ecke B auf Ecke D, streichen
die Falte gut ein und öffnen sie wieder.
Die beiden gestrichelten Linien geben an, wo Talfalten zu machen sind. Dazu legen wir zuerst
die Kante A–B vorn auf der Faltarbeit an den
Diagonalbruch und streichen die dabei ent-
stehende Falte gut ein. Mit der Kante A–D
verfahren wir in gleicher Weise. Wenn wir diese
beiden Falten zur Probe wieder öffnen, sehen wir
die gewünschten Talfalten. Unsere Faltarbeit
muß anschließend der in Abb. 1 gezeigten Figur
entsprechen.
Wie bereits erwähnt wird jede Figur aus einer
Grundform entwickelt. Diese Grundform ist
Ausgangspunkt für alle weiteren Faltgänge. Im
Buch finden Sie die Faltanweisung für die Grund-
form nur einmal, nämlich dann, wenn eine neue
Grundform vorgestellt wird.
Bei den einzelnen Figuren finden Sie dann ledig-
lich den Hinweis „Ausgang Grundform X".
Auf den folgenden Seiten finden Sie nun die
Faltanweisung für unsere Modell-Figur „Ente".
Sie basiert auf der Grundform 2, die wir eben
vorgestellt haben.

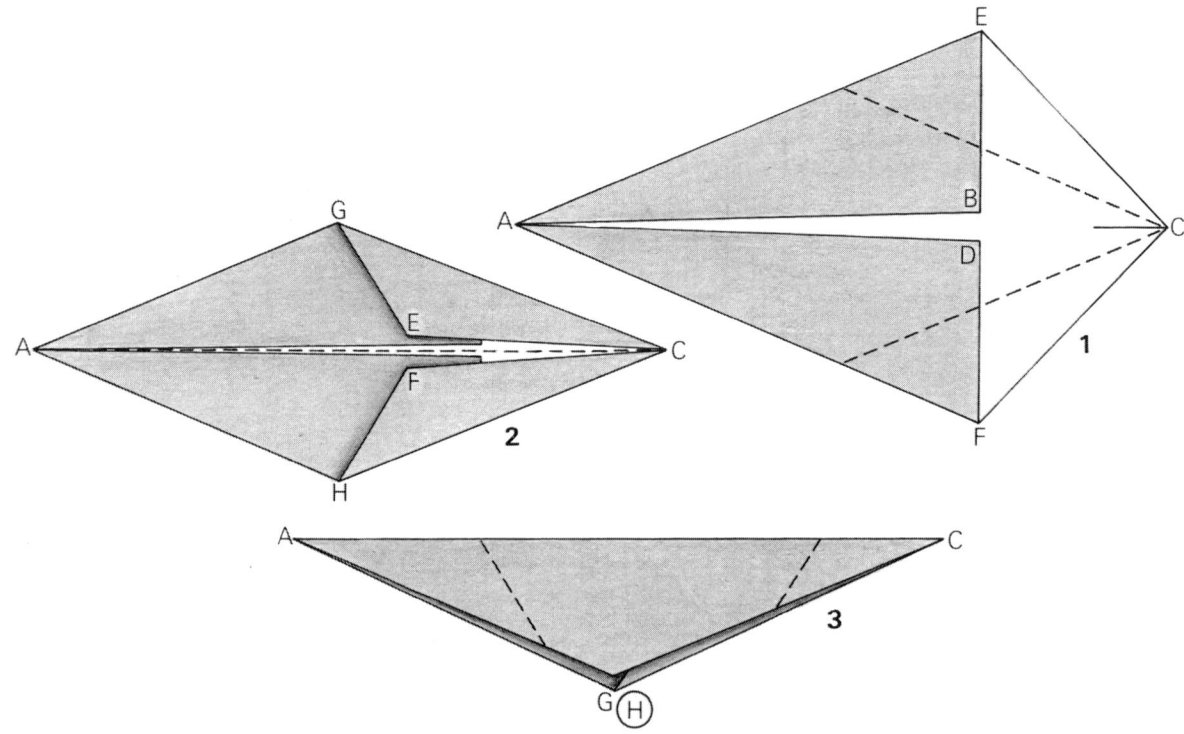

1 Arbeit drehen, Talfalten in den gestrichelten Linien.

Die Lage der Faltarbeit soll stets der in der Arbeitsskizze gezeigten entsprechen. In unserem Fall müssen wir sie also nach links drehen, bis Spitze A genau links liegt. Erst dann falten wir die Ecken E und F in den gestrichelten Linien mit Talfalten an den Mittelbruch, also vorn auf die Faltarbeit. Es entsteht so die Figur in Abb. 2. Manchmal ist es bequemer, eine Faltung in einer anderen als der vorgegebenen Lage auszuführen. Wir können das Blatt gern in die für uns günstigste Lage bringen, dürfen aber nicht vergessen, es anschließend wieder in die Ausgangsstellung zu legen, damit wir die richtige Ausführung anhand der nächsten Abbildung überprüfen können.

2 Talfalte im Mittelbruch.

Wir können hier sowohl den oberen Teil der Arbeit auf den unteren, wie auch den unteren auf den oberen klappen. Um also genau zu wissen, was wir tun sollen, müssen wir die nächste Abbildung betrachten. Dort zeigt sich, daß in diesem

Fall der obere Teil nach unten geklappt werden soll, denn Ecke G liegt auf Ecke H. Die hinten oder innen liegenden Teile, Ecken oder Spitzen, sind in den Arbeitsskizzen stets eingekreist, hier die Ecke H.

3 Gegenbruchfalten nach außen in den gestrichelten Linien bei den Spitzen A und C.

In den Arbeitsskizzen sind die Gegenbruchfalten nach außen durch gestrichelte Linien dargestellt, weil dabei vorn und hinten an der Arbeit Talfalten entstehen. Für eine Gegenbruchfalte benötigen wir zunächst einen Hilfsbruch. Dazu falten wir eine normale Talfalte nach vorn auf die Arbeit und überprüfen an Hand der nächsten Abbildung, ob wir die richtige Lage getroffen haben. Nach dem Öffnen der Talfalte legen wir im entstandenen Hilfsbruch den zu faltenden Teil hinten und vorn über die Arbeit. Dabei schlägt der Mittelbruch dieses Teils um, bildet also einen Gegenbruch. Alle Falten gut einstreichen. In unserem Fall werden jeweils durch einen Gegenbruch nach außen die Spitzen A und C nach oben gebracht. Hals- und Schwanzteil der

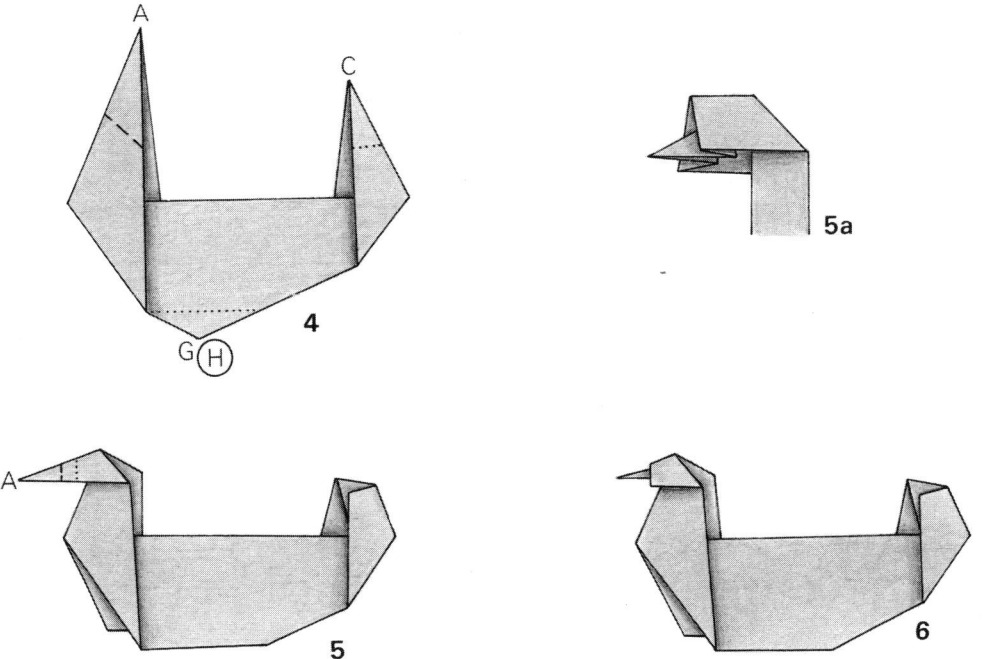

4

5a

5

6

Ente liegen dann sowohl vorn wie hinten über dem Körper (siehe Abb. 4).

4 Gegenbruchfalte nach außen in der gestrichelten Linie bei Spitze A. Gegenbruchfalte nach innen in der punktierten Linie bei Spitze C. Bergfalten vorn und hinten bei den Ecken G und H.

Wie wir an der Spitze A durch eine Gegenbruchfalte nach außen den Kopf falten, wurde bereits erläutert. An der Spitze C wird in der punktierten Linie ein Gegenbruch nach innen verlangt. In den Arbeitsskizzen wird diese Faltung durch punktierte Linien dargestellt, weil dabei vorn und hinten an der Arbeit Bergfalten entstehen. Wie bei dem Gegenbruch nach außen falten wir auch den Gegenbruch nach innen zunächst mit einer normalen Talfalte in der punktierten Linie nach vorn auf die Arbeit. Nach dem Öffnen drücken wir den zu faltenden Teil ins Innere der Arbeit, so daß der übrige Teil ihn umschließt. Der Mittelbruch des gefalteten Teils legt sich zu einem Gegenbruch um. In unserem Fall falten wir also durch einen Gegenbruch nach innen die Spitze C

ins Innere des Schwanzes (siehe Abb. 5). An den unten liegenden Ecken G und H sind Bergfalten vorgeschrieben. Eine Bergfalte wird in der Skizze durch eine punktierte Linie dargestellt. Sie ist immer nach hinten zu falten. Normalerweise werden alle Papierlagen zusammen gefaltet. Hier heißt es aber ausdrücklich „Bergfalten vorn und hinten". Wir falten also zunächst die Ecke G in der punktierten Linie nach hinten. Sie liegt dann innen. Die Arbeit wenden und die Ecke H in gleicher Weise falten, so daß beide Ecken innen liegen. Wieder wenden wir die Arbeit, damit die in Abb. 5 gezeigte Figur vor uns liegt.

5 Durch Gegenbruchfalten nach innen und außen bei Spitze A den Schnabel bilden.

Für den Schnabel müssen wir zunächst die Spitze in der punktierten Linie im Gegenbruch nach innen und dann wieder in der gestrichelten Linie im Gegenbruch nach außen falten. Abb. 5a zeigt das Ergebnis stark vergrößert.

6 Diese Abbildung enthält keine Arbeitslinien mehr. Sie zeigt die fertige Ente.

Grundform 1

Um grüne Weiden
Die Fledermäuse huschen
Im Rot des Abends.

Haiku von Kikaku 1660–1707

Grundform 1

Ausgang: Quadratisches Faltblatt, Farbseite hinten

1 Diagonale A–C knicken. Talfalte in der Diagonalen B–D.
2 Grundform 1.

Seit Friedrich Fröbel nennt man bei uns diese
Grundform das „Kopftuch", ein Zeichen dafür, daß
textile Vorbilder eine Rolle spielten. Viele alt-
bekannte Serviettenfaltungen gehen auf diese
Grundform zurück. Und in Papier entstanden
daraus so bekannte Figuren wie der Becher und
der Türkenfez.
Bei der Betrachtung der Grundform fällt gleich ins
Auge, daß die Endpunktspitzen B und D entschei-
dend für das Aussehen oder die Funktion des
fertigen Modells sind. Die einfachste Möglichkeit
ist, sie auf das Faltblatt zu legen und dadurch die
Seiten teilweise zu schließen. So ergibt sich eine
Hohlform, die sich besonders gut für alle Arten
von Tüten und Hüten eignet.
Eine Kopfform ergibt sich, wenn die Spitzen B
und D als Ohren nach oben oder unten gefaltet
werden. Dies ist für Kinder ein weites Feld für
eigene Versuche.
Man kann die Spitzen B und D aber auch als
rechts und links vom Mittelbruch liegende Endpunkte des fertigen Modells sehen und wie
selbstverständlich bieten sie sich dann als Flügel
an. In diesem Fall kommt es darauf an, aus den
Ecken A und C einen Rumpf oder Körper zu
gestalten.
Die beiden letzten hier vorgestellten Modelle
dieser Grundform sollen zeigen, daß es keine
Regel ohne Ausnahme gibt. Hier werden alle
Ecken in Endpunktspitzen verwandelt, so daß
sich ganz neue Gestaltungsmöglichkeiten
ergeben. Gerade solche gegen die Regel ver-
stoßenden Versuche führen häufig zu reizvollen
neuen Modellen.

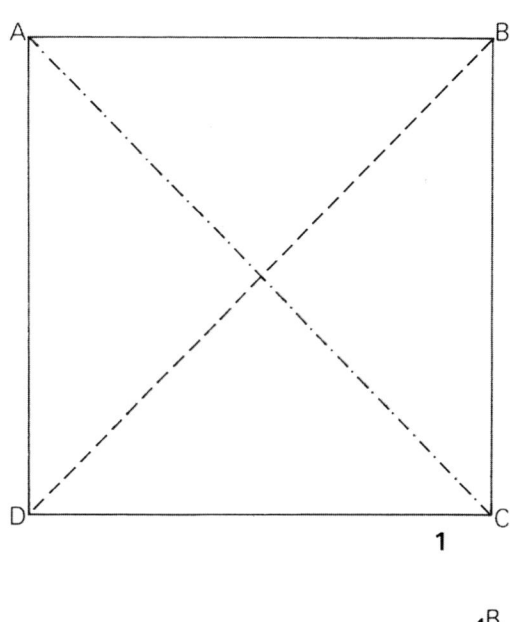

1

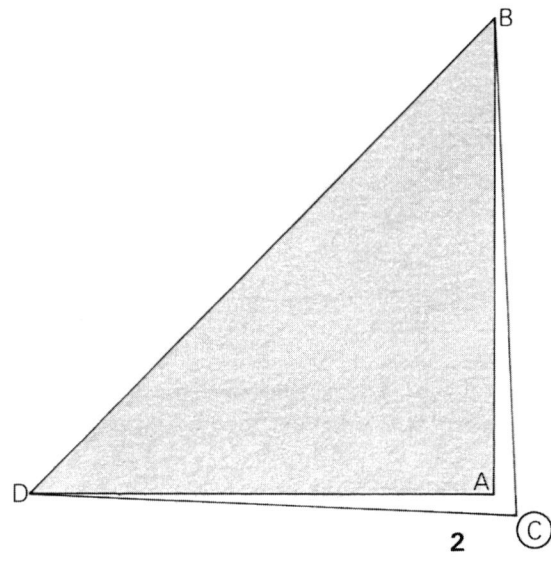

2

Helm

Ausgang: Grundform 1

1 Arbeit drehen. Bei Spitze D Talfalte.
2 Bei Spitze B Talfalte.
3 Ecke A in die vordere Tasche stecken. Wenden.
4 Bei Ecke C Talfalte.
5 Bei Ecke C Talfalte.
6 Arbeit aufnehmen, von unten hineinfassen, halb wenden und seitwärts auseinanderdrücken. Die dabei entstehenden Bergfalten einstreichen.`

Hund

Ausgang: Grundform 1

1 Arbeit drehen. Durch Talfalte in der gestrichelten Linie Spitze D nach rechts bringen.

2 Bergfalten nur im vorderen Blatt der Spitze D. Dadurch fällt Spitze D flach auf die Arbeit.

3 Bei Spitze B durch Gegenbruchfalten nach innen und außen den Schwanz formen. Spitze D zur Schnauze nach oben falten. Die Ecken E und F zu Ohren falten.

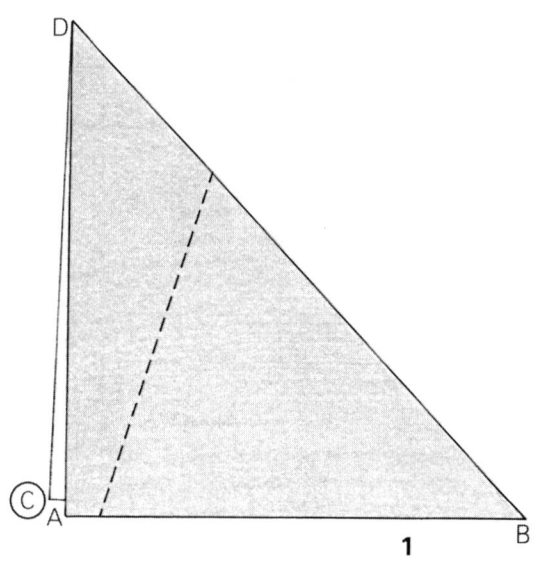

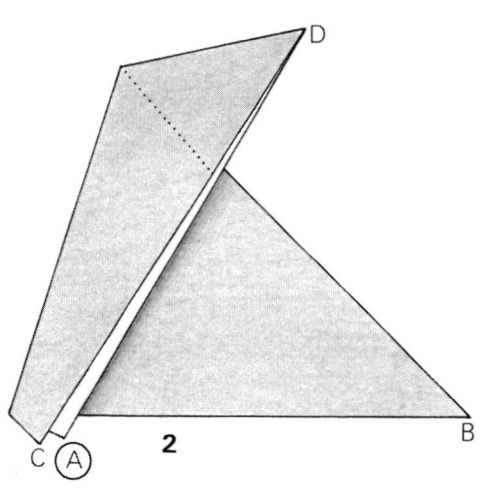

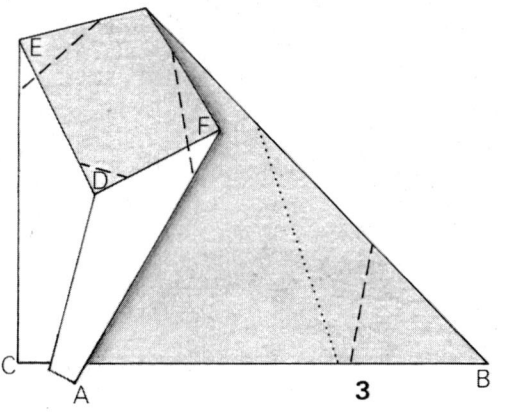

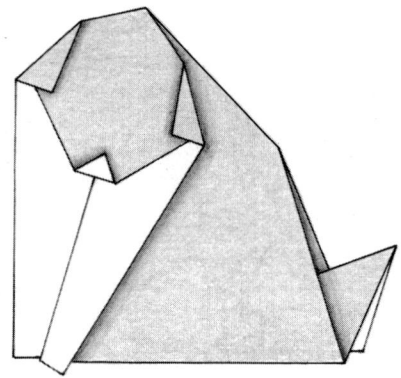

Segelboot

Ausgang: Grundform 1

1 Arbeit drehen. Kurzer Hilfsbruch in der Strichpunktlinie (Spitze D auf Spitze B). Spitze D in
der gestrichelten Linie durch eine Gegenbruchfalte nach außen nach links bringen.
2 Bei Ecke E Bergfalte in der punktierten Linie.

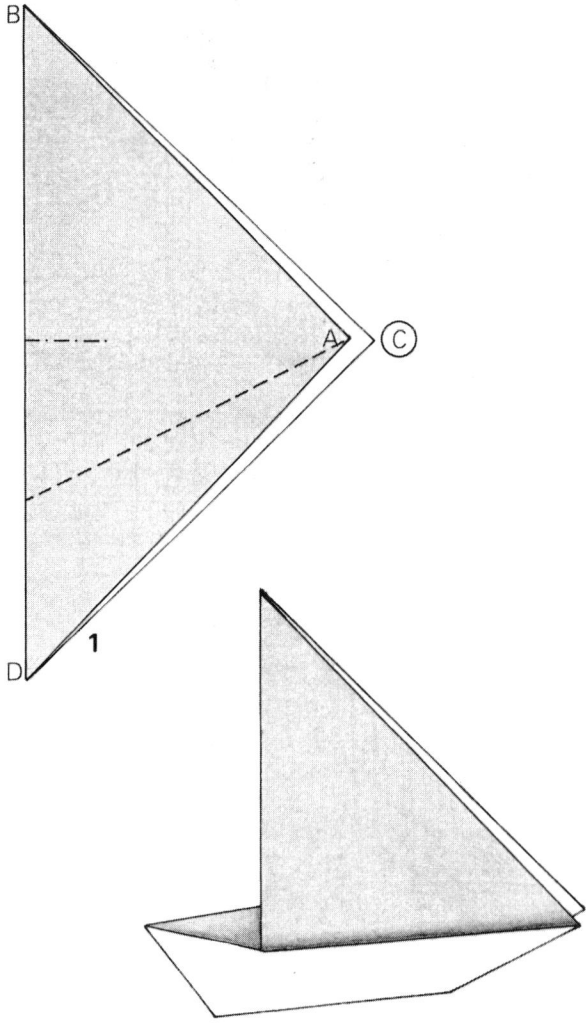

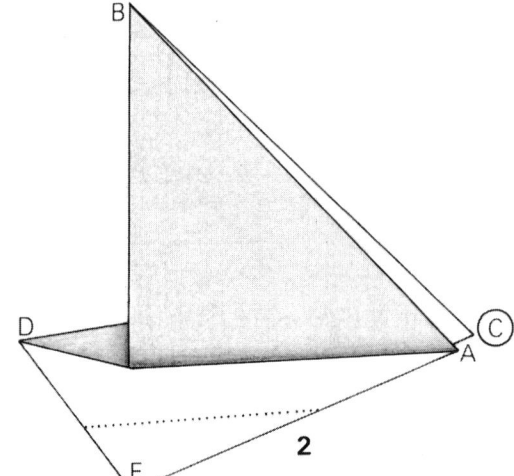

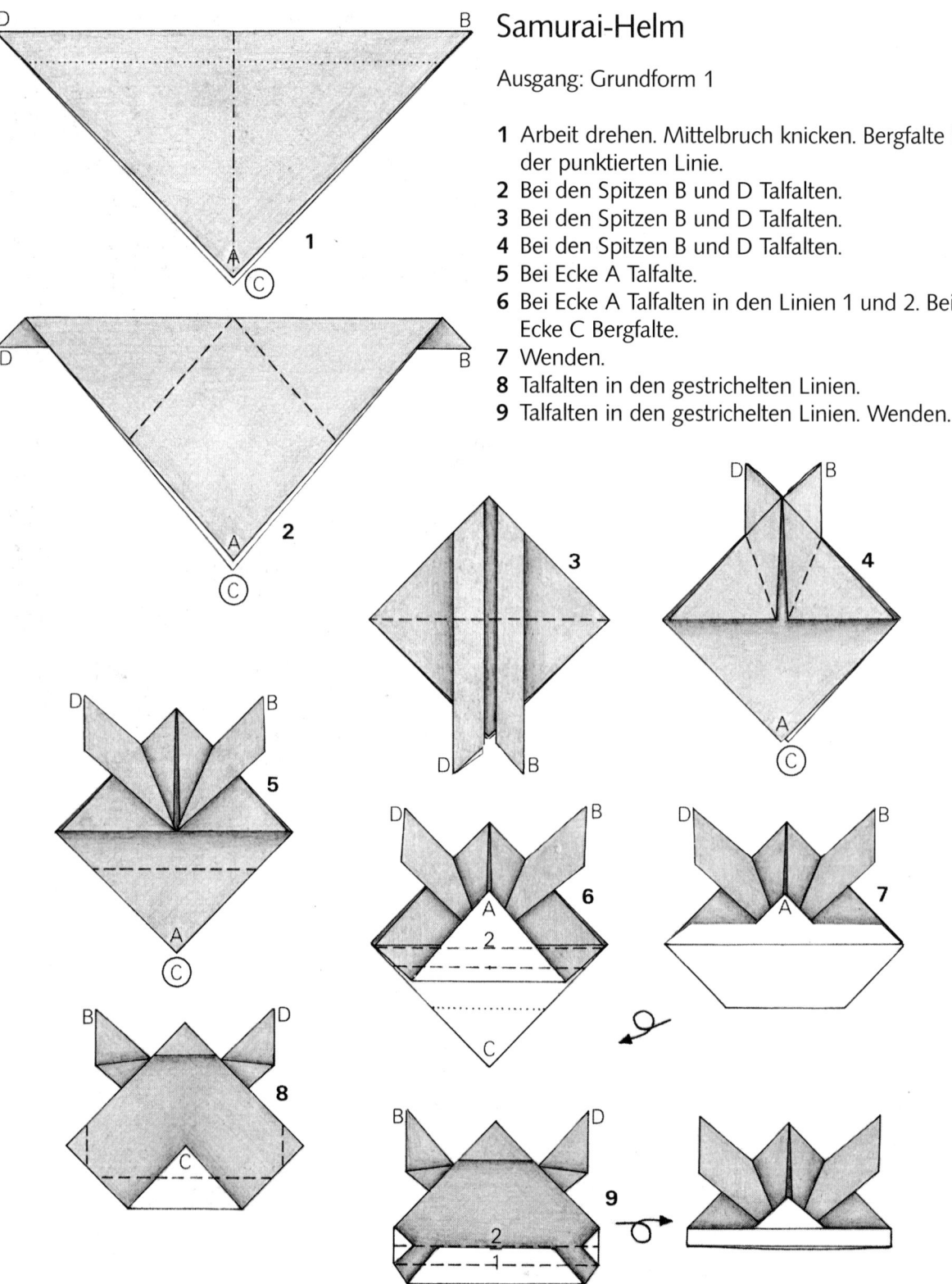

Samurai-Helm

Ausgang: Grundform 1

1 Arbeit drehen. Mittelbruch knicken. Bergfalte in der punktierten Linie.
2 Bei den Spitzen B und D Talfalten.
3 Bei den Spitzen B und D Talfalten.
4 Bei den Spitzen B und D Talfalten.
5 Bei Ecke A Talfalte.
6 Bei Ecke A Talfalten in den Linien 1 und 2. Bei Ecke C Bergfalte.
7 Wenden.
8 Talfalten in den gestrichelten Linien.
9 Talfalten in den gestrichelten Linien. Wenden.

Fisch

Ausgang: Figur 6 vom Samurai-Helm Seite 42

1 Bei Ecke A Talfalte.
2 Wenden.
3 Bei den Ecken E und F in den durchgezogenen
Linien einschneiden. Talfalte in der gestrichelten Linie, Ecke C nach oben.
4 Arbeit aufnehmen, von unten hineinfassen und
seitwärts zusammenlegen, so daß E auf F liegt.
Halb wenden.
5 Den Faltteil mit Spitze C durch Talfalten vorn
und hinten nach rechts bringen.

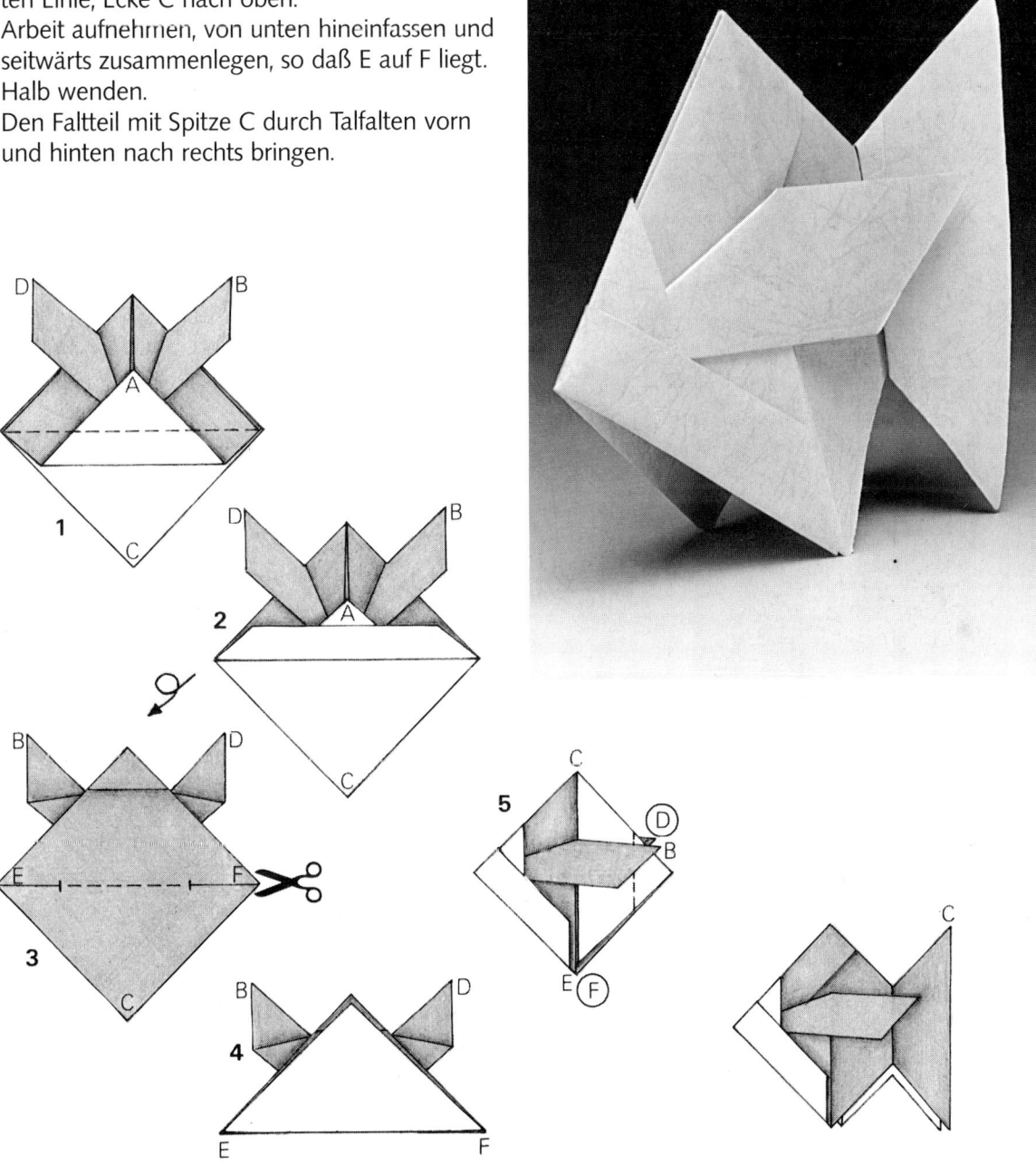

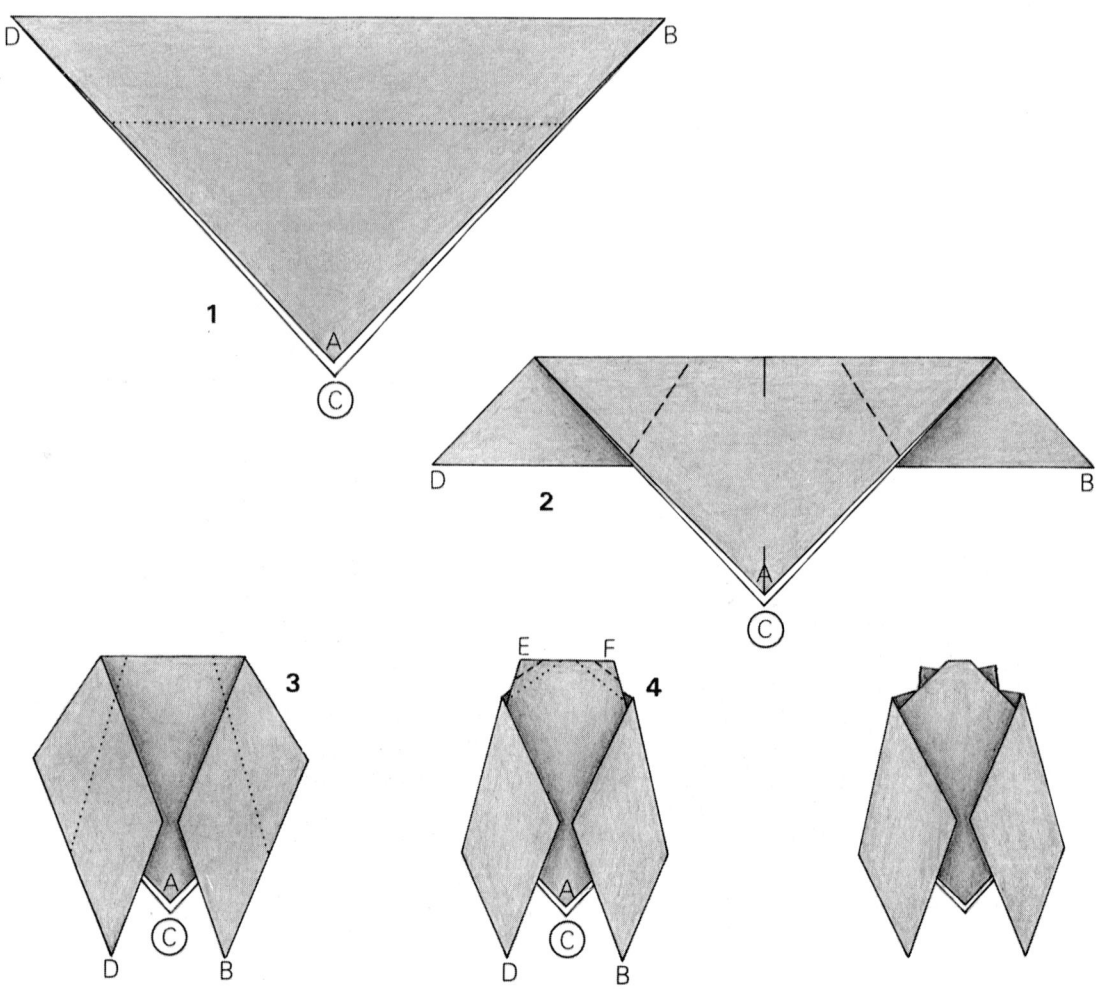

Zikade I

Ausgang: Grundform 1

1 Arbeit drehen. Bergfalte in der punktierten Linie.
2 Bei den Spitzen B und D Talfalten.
3 Bergfalten in den punktierten Linien.
4 Bei den Ecken E und F durch Berg- und Talfalten die Augen formen.

Zikade II

Ausgang: Figur 2 der Zikade I

1 Arbeit wenden. In den eingezeichneten Linien durch Berg- und Talfalten den Körper der Zikade in zwei Ziehharmonikafalten legen, die Spitzen A und C dabei gemeinsam falten. Bei den Spitzen B und D Talfalten.
2 Bergfalten in den punktierten Linien.
3 Bei den Ecken E und F durch Berg- und Talfalten die Augen formen.

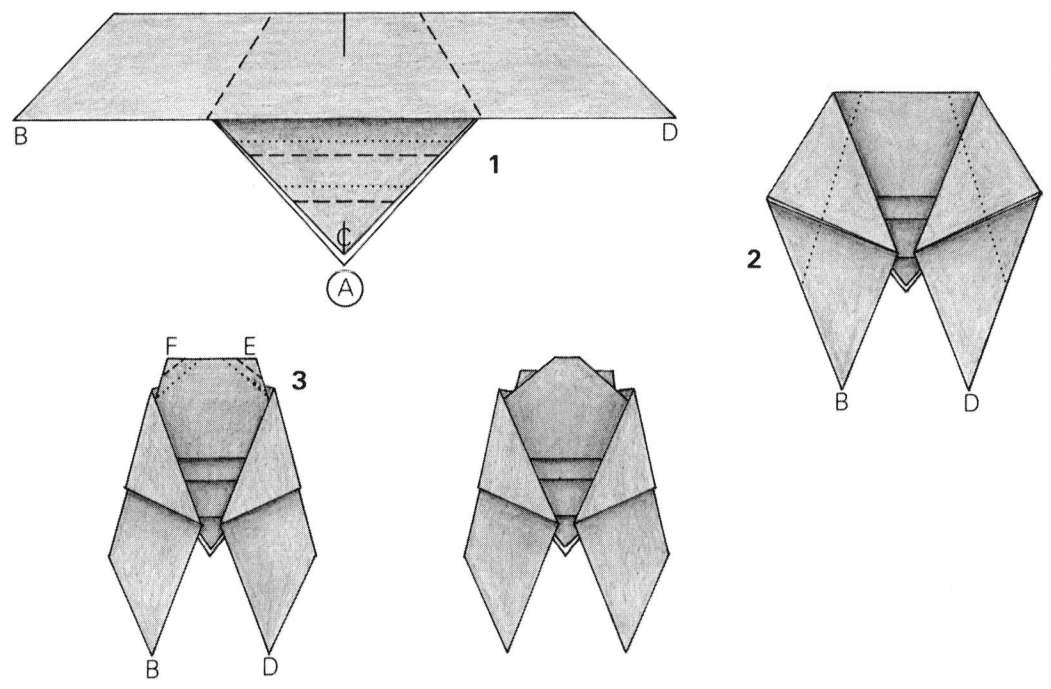

1

2

3

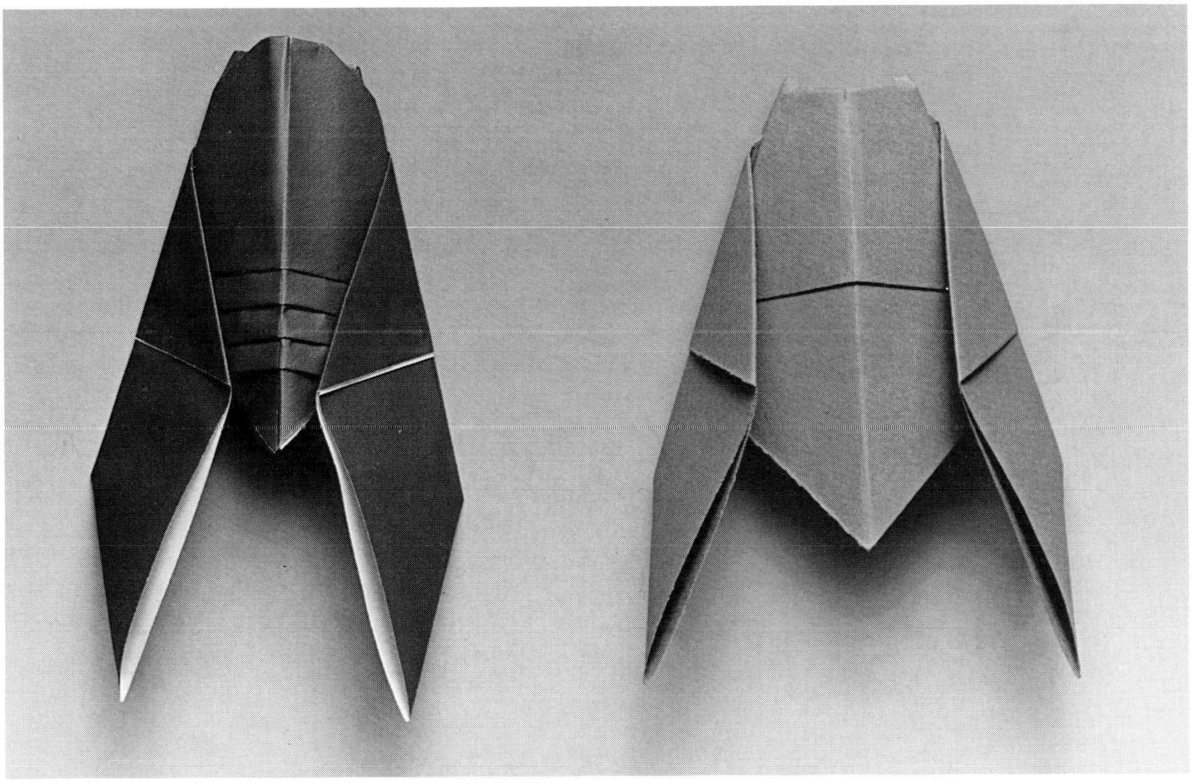

Taube

Ausgang: Figur 2 der Zikade I Seite 44

1 Bei Ecke A Talfalte.
2 Talfalte im Mittelbruch, Spitze D auf Spitze B. Arbeit drehen.
3 Vorn bei Spitze D und hinten bei Spitze B Talfalte.
4 Bei Spitze A durch Gegenbruchfalte nach innen den Kopf bilden.

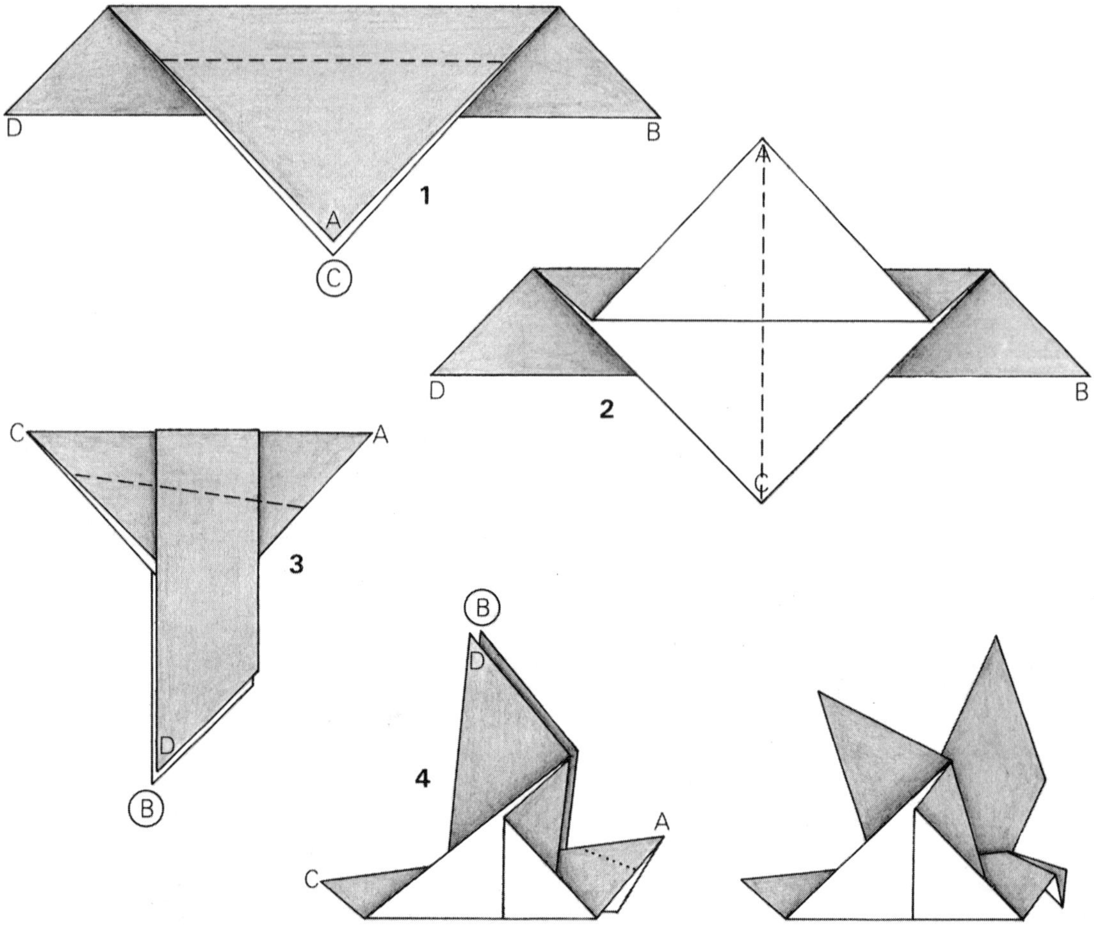

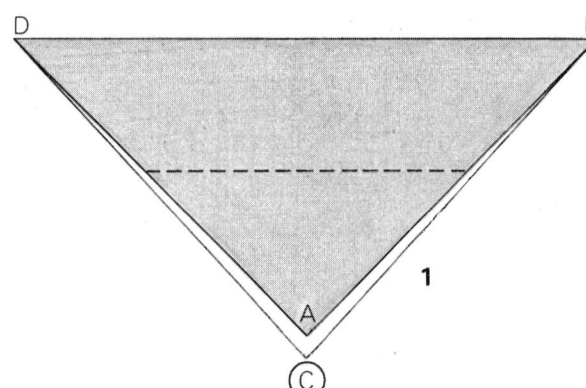

Fledermaus

Ausgang: Grundform 1

1 Arbeit drehen. Talfalte in der gestrichelten Linie.
2 Bei den Spitzen B und D Talfalten.
3 Bei den Spitzen B und D Talfalten.
4 Talfalten in den gestrichelten Linien.
5 Wenden.
6 Durch Talfalten in den gestrichelten Linien die Flügel und den Kopf ausformen.

1

2

3

4

5

6

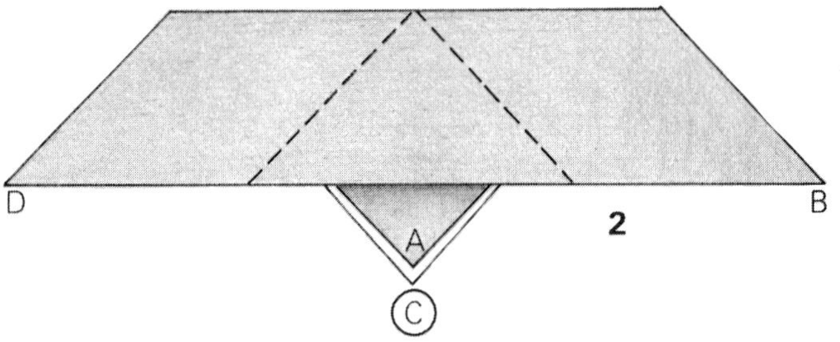

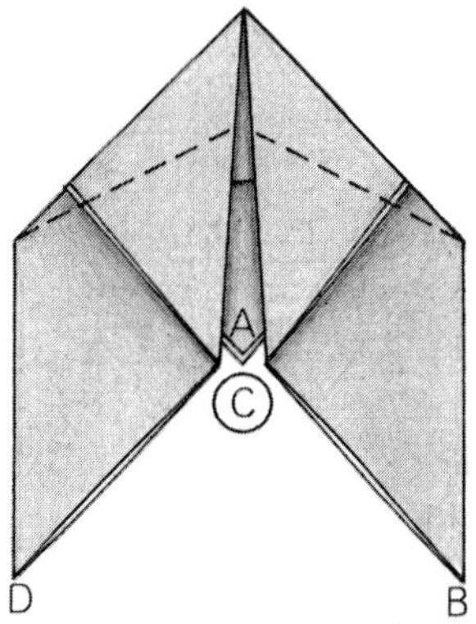

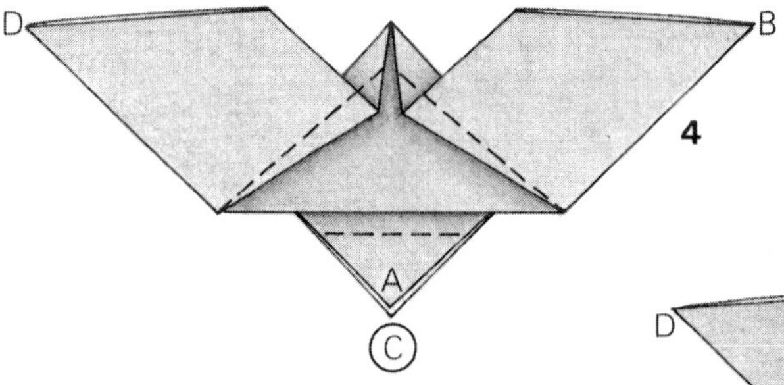

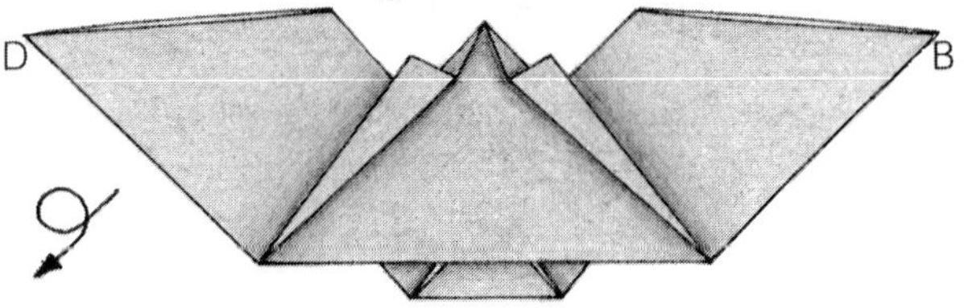

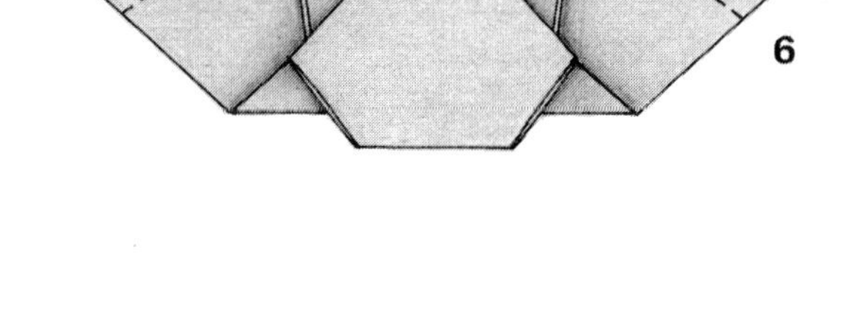

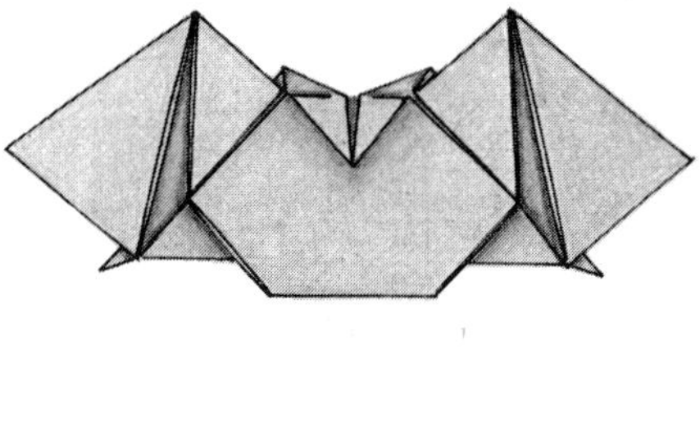

48

Fliegender Schmetterling Spielfigur

Ausgang: Grundform 1

1 Arbeit drehen. Bei Ecke A Talfalte.
2 Bei Ecke A Talfalte.
3 Bergfalte in der punktierten Linie.
4 Die Kante a durch eine Talfalte an die linke
   Kante der Arbeit bringen und dabei Punkt x
   nach unten ziehen.
5 Die Kante a in der gestrichelten Linie nach
   rechts falten, dabei Spitze A nach unten ziehen.
6 Die Figur bei Punkt 0 halten und die Spitze A
   leicht nach hinten ziehen. Dadurch bewegt der
   Schmetterling die Flügel.

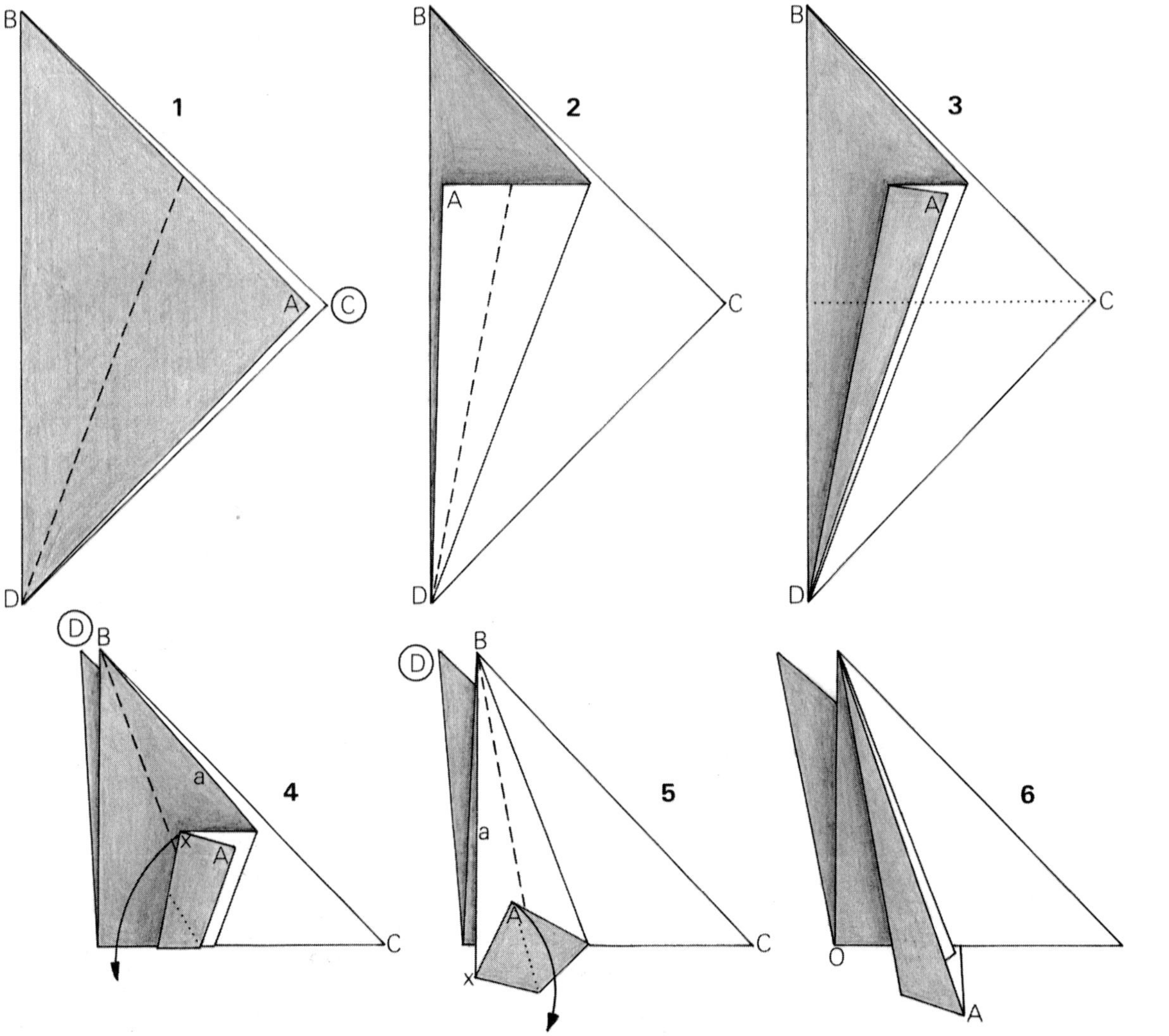

Schnappvogel Spielfigur

Ausgang: Grundform 1

1 Arbeit drehen. Bei den Spitzen B und D Talfalten.
2 Bei den Spitzen B und D Talfalten.
3 Die Punkte x an den gleichen Platz auf der Innenseite der Spitze C bringen. Sie liegen dann zwischen den Spitzen A und C.
4 Wenden.
5 Bei Spitze C Talfalte.
6 Bei den Spitzen A und C Talfalten.
7 Bergfalte in der punktierten Linie, Spitze D hinter Spitze B.
8 Die Spitzen A und C nach links herausfalten.
9 Die Spitzen B und D auseinanderziehen und wieder zusammenführen, damit der Vogel den Schnabel öffnet.

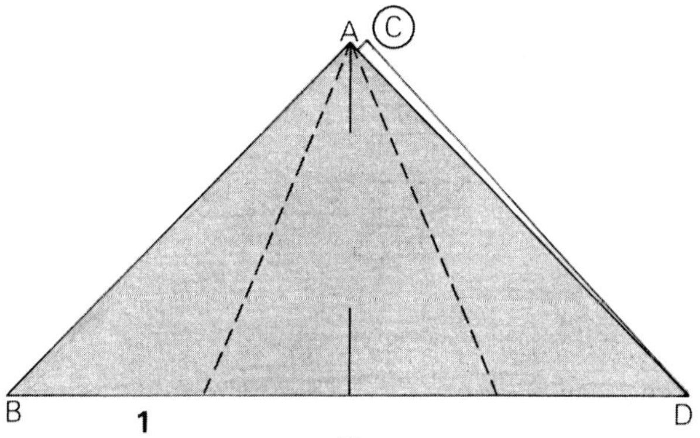

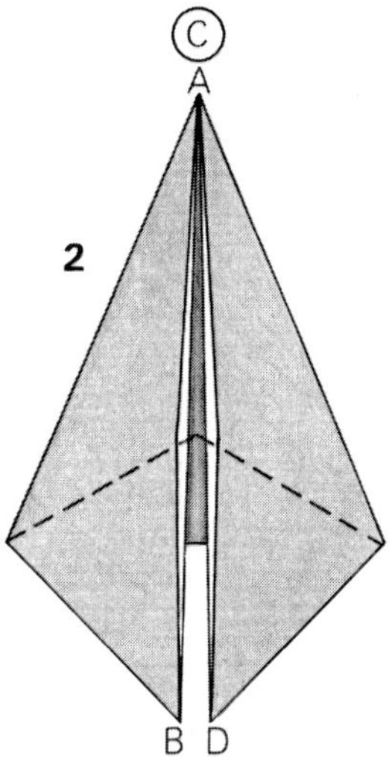

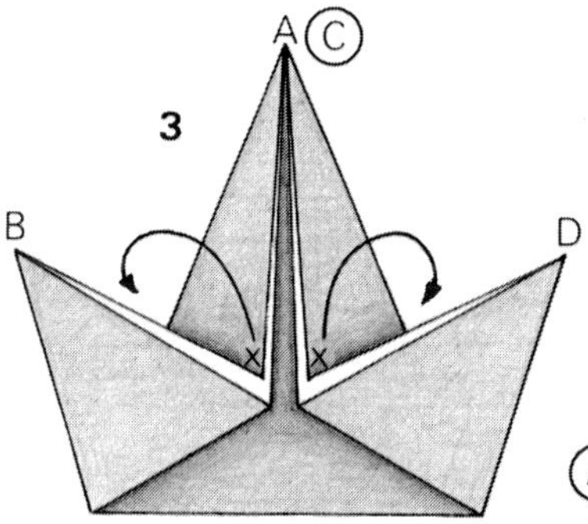

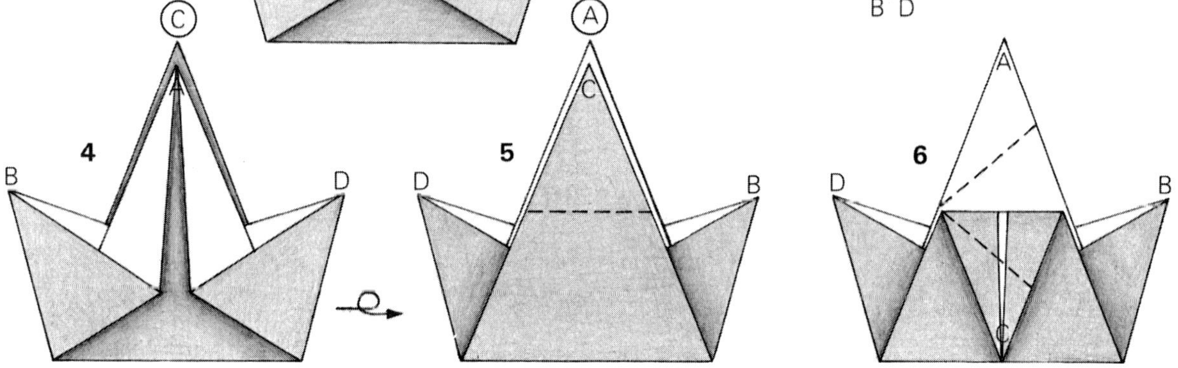

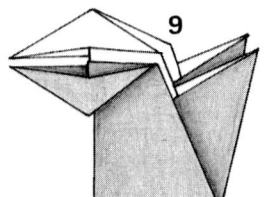
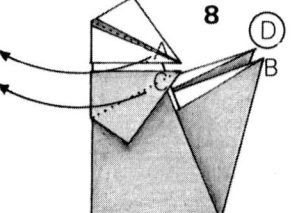
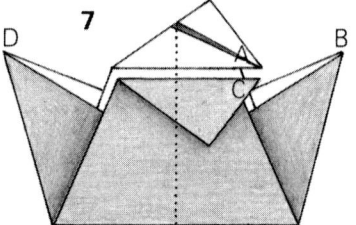

Grundform 2

Der Ruf der Eule
Bricht so verwirrend hervor
Aus Sommerbäumen.

Haiku von Kijo 1870–1938

Grundform 2

Ausgang: Quadratisches Faltblatt, Farbseite
hinten.

1 Diagonale A–C knicken. Talfalten in den
gestrichelten Linien bei den Ecken B und D.
2 Grundform 2.

Diese Grundform wird bei uns gewöhnlich
„Drachen" genannt. A und C sind die beherrschenden Endpunktspitzen. Dies wird noch deut-
licher, wenn man die Grundform im Mittelbruch
zu einer Pfeilform zusammenfaltet. Die lange
Spitze A bietet sich nun förmlich zum Gestalten
von Hals und Kopf an, vielleicht jedoch auch für
einen langen Schwanz. Meistens wird der
Schwanz allerdings aus der Spitze C gebildet.
Viele aus dieser Grundform entwickelte Figuren
haben daher Kopf und Schwanz als bestimmende
Endpunkte.
Die beiden weiteren Endpunkte E und F liegen so
dicht an der Mittelachse, daß sie sich höchstens
zu kurzen Teilen, wie z. B. Flossen, falten lassen.
Es ist also schwierig, aus dieser Grundform Tiere
mit Flügeln und ausgebildeten Füßen zu gestalten
oder gar Blüten mit mehreren Blütenblättern.
Dagegen bietet sie sich für Schwimmvögel und
Fische an.
Als zweite Möglichkeit können die Spitzen A und
C auf die Arbeit gefaltet werden, so daß eine
Trapezform entsteht. Sie ist eine gute Ausgangsform für das Gestalten von Köpfen und Masken.
Ausnahmen von der Regel sind die beiden
letzten zu dieser Grundform vorgestellten
Modelle.
Beim Elefanten wird das Grundprinzip, die Endpunktspitzen A und C für Kopf und Schwanz zu
nutzen, beibehalten. Dazu werden aber – was
zunächst fast unmöglich erscheint – durch
komplizierte Faltgänge sechs weitere Endpunkte
geschaffen, für die vier Füße und die beiden
Ohren. Das Entwickeln solcher Modelle setzt
natürlich die Kenntnis aller möglichen Faltfolgen
voraus.
Das Modell der Katze zeigt noch ein weiteres
Gestaltungselement. Eigentlich sind Kopf und

Körper zwei völlig selbständige Faltmodelle, die
dann erst zu einer Figur zusammengefügt
werden. Diese Technik bietet viele Perspektiven
zum Entwickeln neuer Modelle.
Ein Beispiel dafür sind auch die auf Seite 25
abgebildeten Schachfiguren, die aus zwei bis drei
Faltfiguren zusammengesetzt sind.

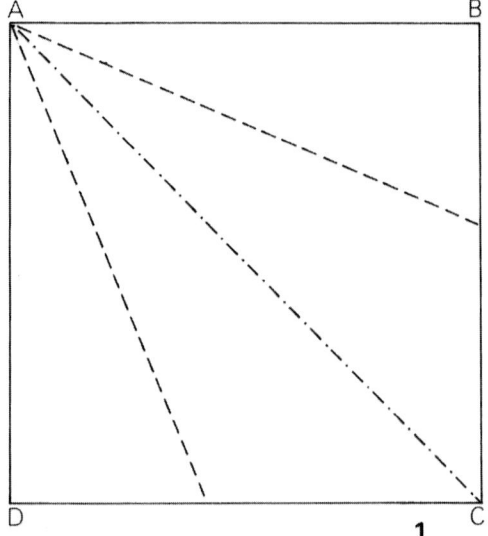

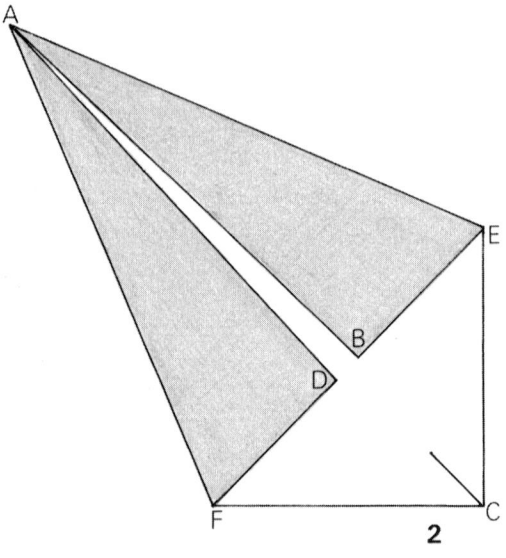

Pickende Krähe

Ausgang: Grundform 2

1 Talfalte im Diagonalbruch A–C.
2 Bei Spitze A Gegenbruchfalte nach innen.
3 Wird der Krähe auf die Schwanzspitze
getippt, fängt sie an zu picken.

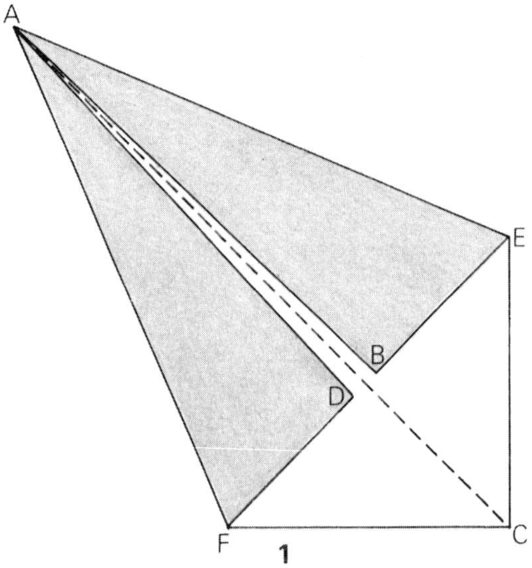

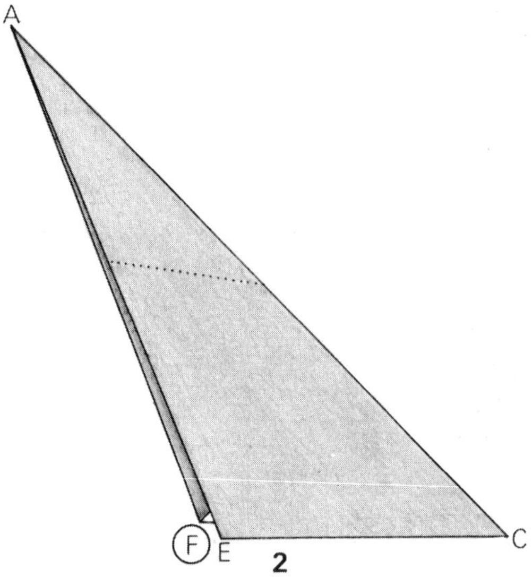

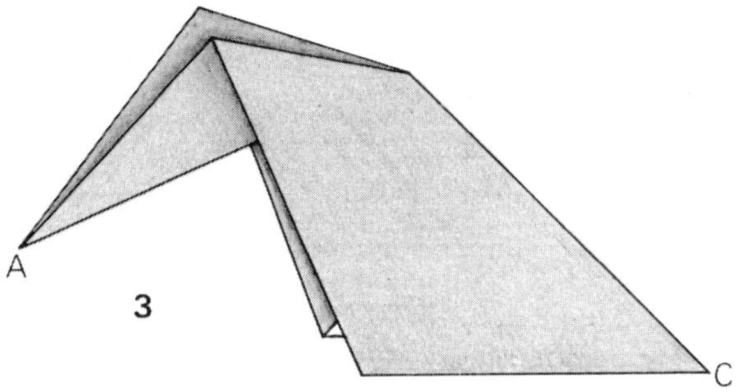

Schwan

Ausgang: Grundform 2, doch vor deren Anfertigung die Ecke A ein kleines Stück nach vorn umfalten (siehe Teilzeichnung).

1 Arbeit drehen. Talfalte im Diagonalbruch A–C.
2 Talfalte vorn und hinten in der gestrichelten Linie.
3 Bei Spitze A Gegenbruchfalte nach außen. Bei Spitze C Gegenbruchfalte nach innen.

4 Bei Spitze A durch Gegenbruchfalte nach außen den Kopf bilden. Bei Spitze C durch Gegenbruchfalte nach innen den Schwanz formen.
5 Bei Spitze A durch Gegenbruchfalten nach innen und außen den Schnabel formen.

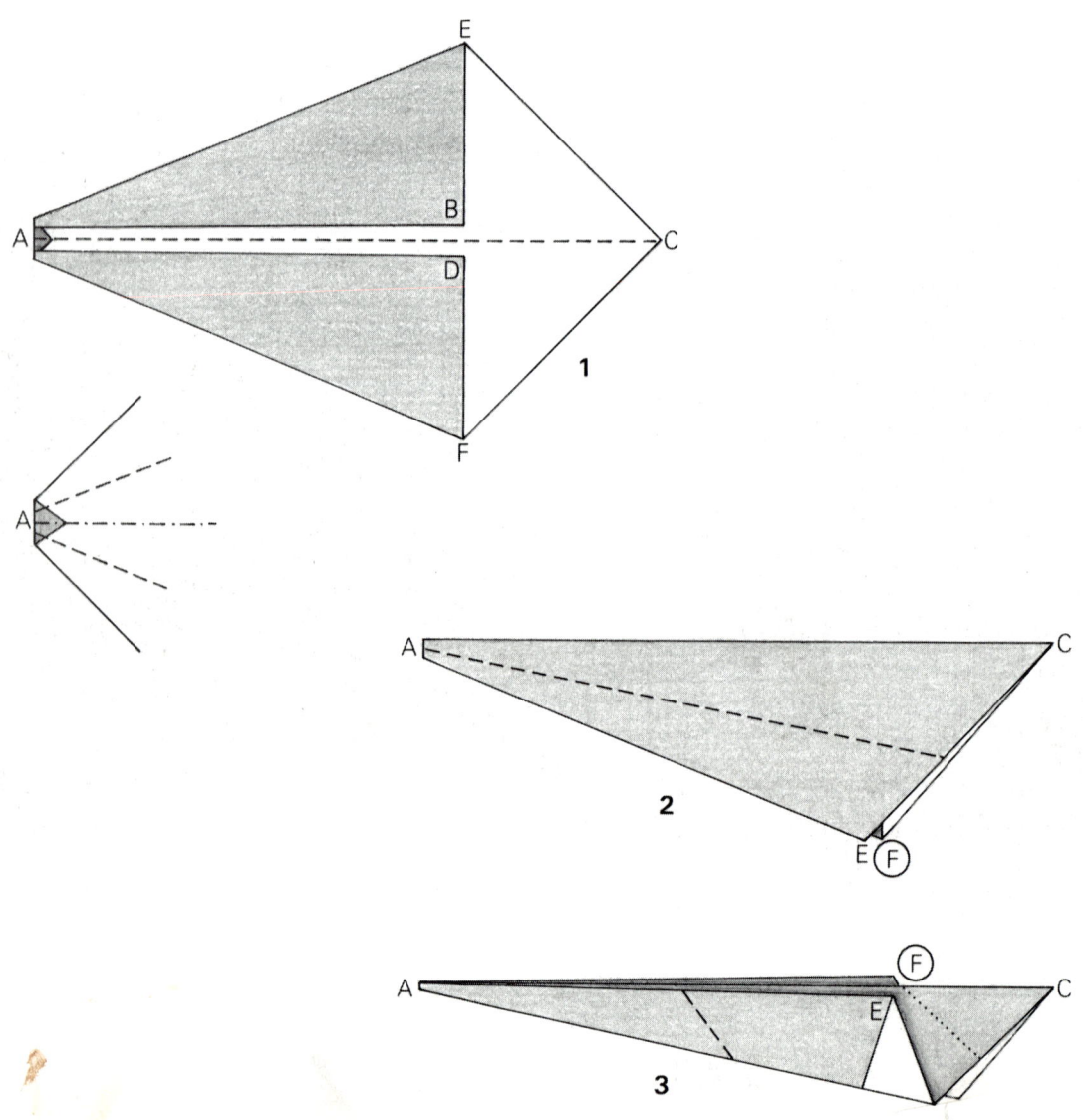

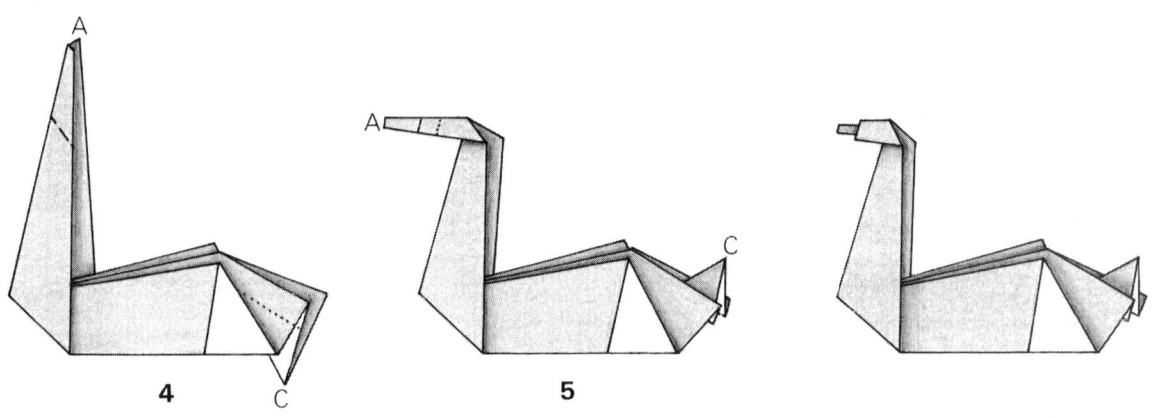

4   **5**

Walfisch

Ausgang: Figur 2 der Ente Seite 34

1 Spitze A auf Spitze C knicken. Öffnen. Im
   entstandenen Bruch die innen rechts liegenden
   Spitzen B und D nach links herausfalten.
2 Wenden.
3 Talfalten in den gestrichelten Linien.
4 Talfalte im Mittelbruch.
5 Bei Spitze D vorn und Spitze B hinten Talfalten.
   Bei Spitze C einschneiden. Bei beiden Spitzen
   C vorn und hinten Bergfalten.
6 Den vorderen Teil der Spitze C in der
   gestrichelten Linie nach rechts falten.

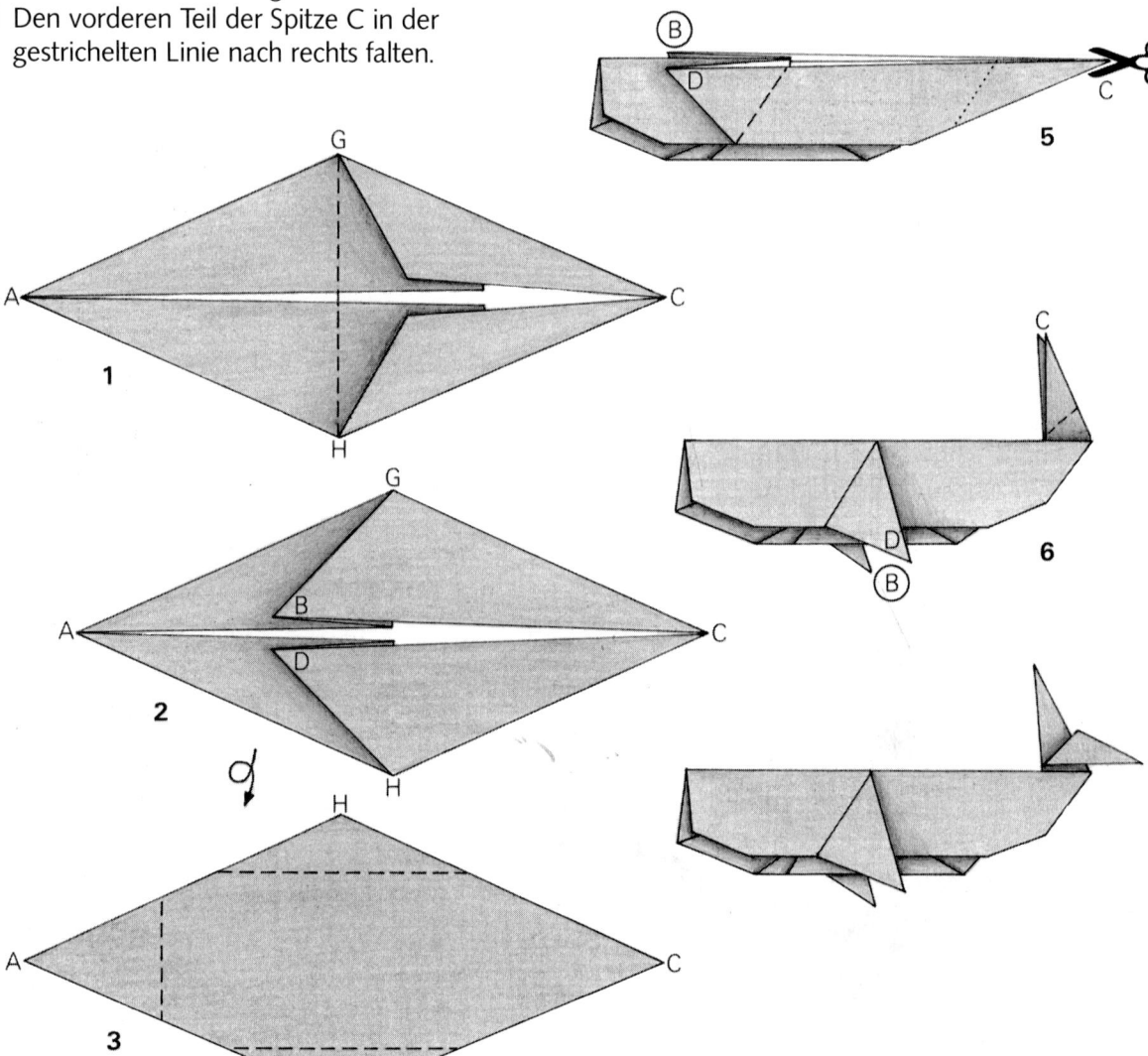

Pinguin

Ausgang: Figur 2 des Walfischs Seite 56

1 Arbeit drehen. Bergfalte im Mittelbruch.
2 Spitze D nach rechts ziehen (siehe Abb. 3). Wenden und mit Spitze B wiederholen. Wenden.
3 Bei Spitze C Gegenbruchfalte nach innen.
4 Bei Spitze C Gegenbruchfalte nach innen. Bei Spitze A Gegenbruchfalte nach innen.
5 Bei Spitze C durch Gegenbruchfalten nach innen und außen den Schnabel formen. Bei den Spitzen B und D Talfalten. Bei Spitze A Gegenbruchfalte nach innen.

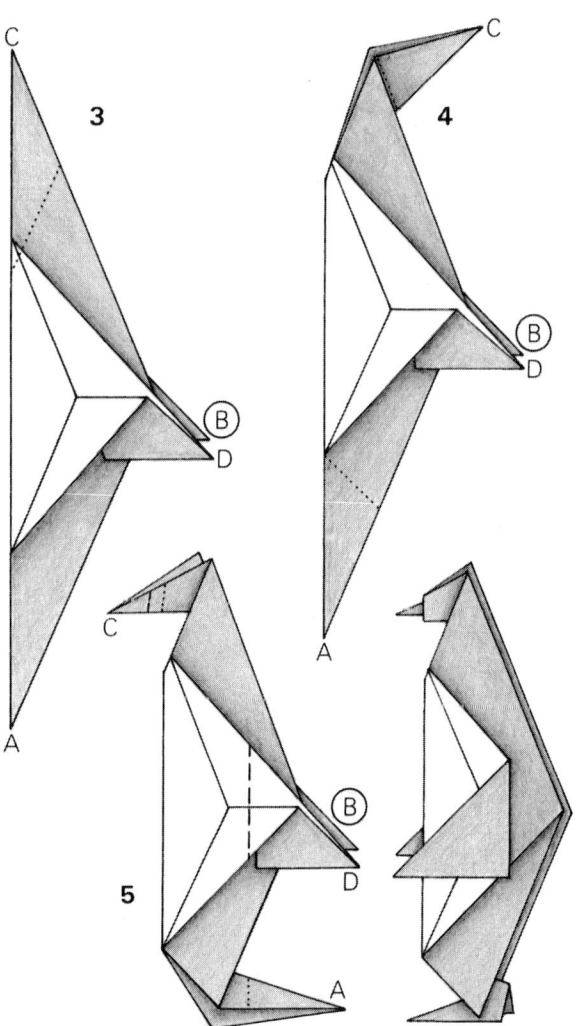

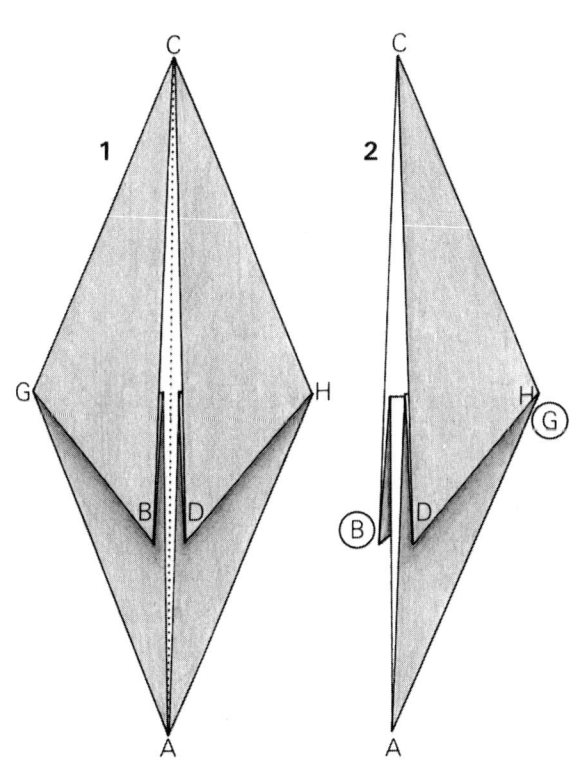

Küken Spielfigur

Ausgang: Grundform 2

1 Wenden. Bei Spitze C Talfalte.
2 Wenden.
3 Bei Spitze C Talfalte.
4 Talfalte im Mittelbruch.
5 Bei Spitze A Gegenbruchfalte nach außen.
6 Bei Spitze A durch Gegenbruchfalte nach
   außen den Kopf formen.
7 Das Küken pickt, wenn man Daumen und
   Zeigefinger einer Hand in die Flügel steckt und
   die Finger spreizt und wieder zusammenführt.

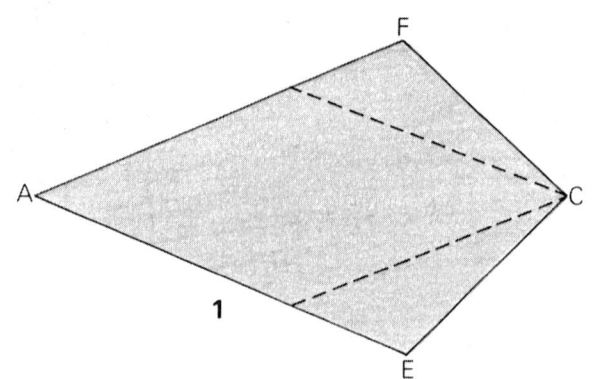

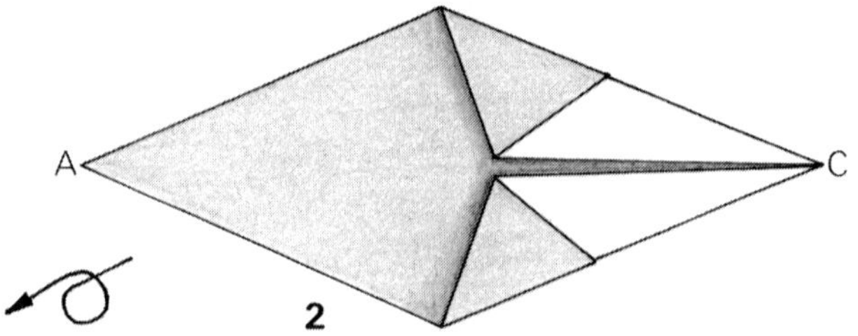

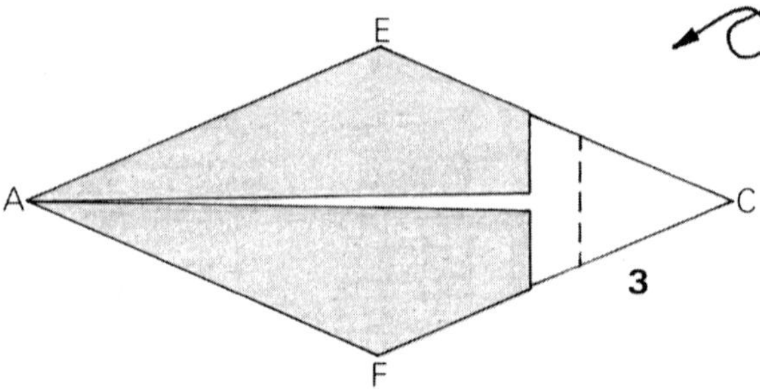

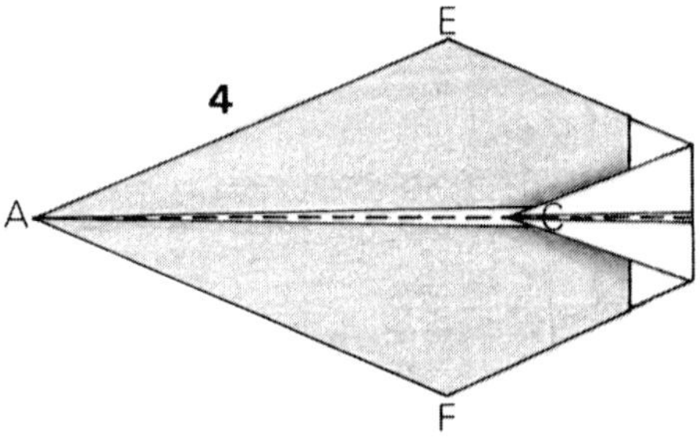

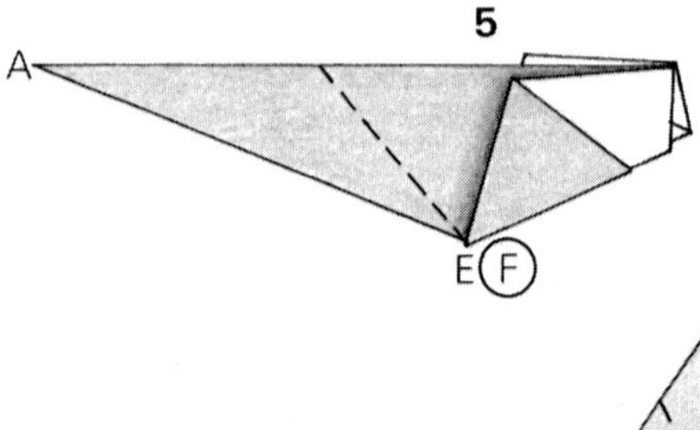

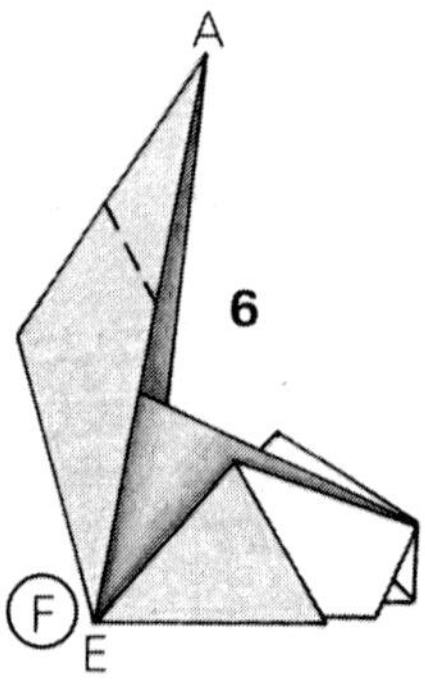

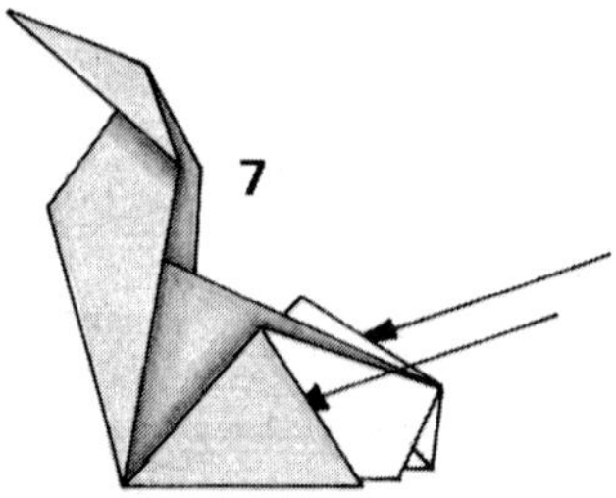

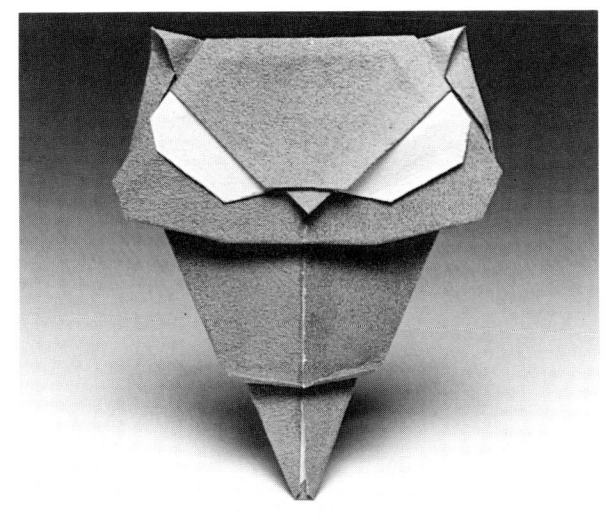

Eule

Ausgang: Figur 1 des Schwans Seite 54/55

1 Arbeit drehen. Bei den Ecken B und D Talfalten in den Linien 1 und 2.
2 Bei Ecke C Talfalte.
3 Bei Ecke C durch Berg- und Talfalte den Schnabel bilden und bei den Ecken E und F die Ohren.
4 Bergfalte in der punktierten Linie oben. Durch Berg- und Talfalte unter dem Schnabel den Kopf bilden.
5 Bei den Ecken G und H Bergfalten. Bei Spitze A durch Berg- und Talfalte den Schwanz formen.
6 Bei den Ecken I und J durch Berg- und Talfalten die Füße formen. Bei den Ecken E und F die äußeren Kanten ins Innere der Ohren stecken.

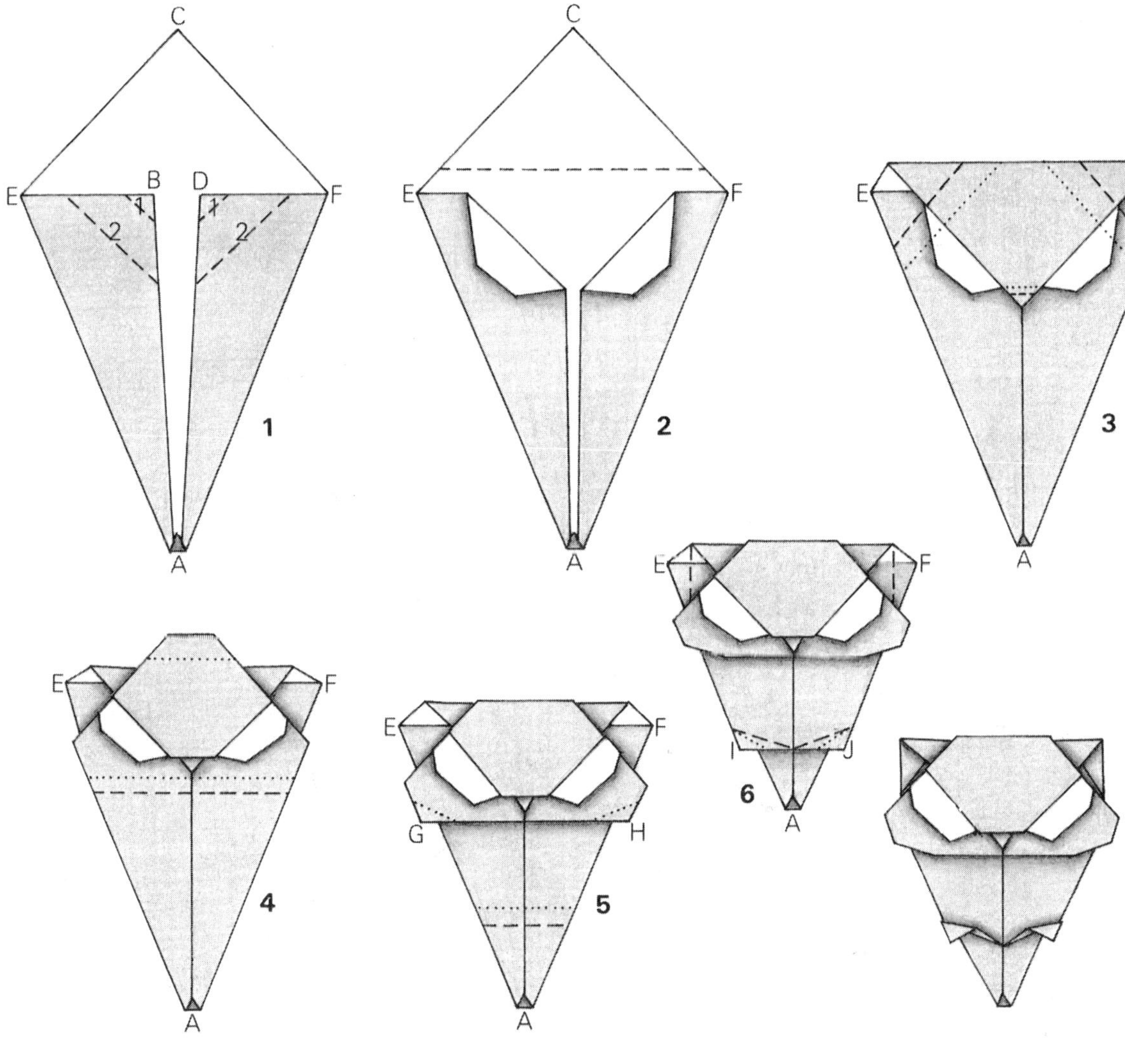

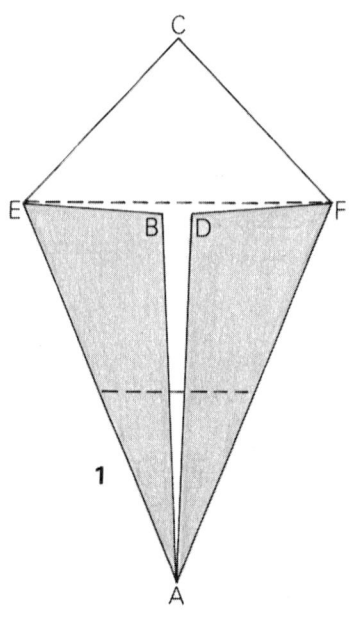

Maske

Ausgang: Grundform 2

1 Arbeit drehen. Bei Ecke C Talfalte. Bei Spitze
  A Talfalte.
2 Bei Spitze A Talfalte.
3 Bei Ecke C Talfalte.
4 Bei Spitze A Talfalte.
5 Bei Spitze A Talfalte.
6 Bei Spitze A Talfalte.
7 Bei Ecke C Talfalten in den Linien 1 und 2.
  Ecke C unter die Bruchkante stecken (Abb. 8).
8 Bei Spitze A Bergfalten in den punktierten
  Linien.
9 Bei den Ecken E und F Talfalten.
10 Wenden.
11 Bei den Ecken G und H Talfalten. Bei den
  Spitzen E und F Talfalten in den gestrichelten,
  Bergfalten in den punktierten Linien. Die
  Punkte x fallen in die in Abb. 12 gezeigte
  Position.
12 Wenden.

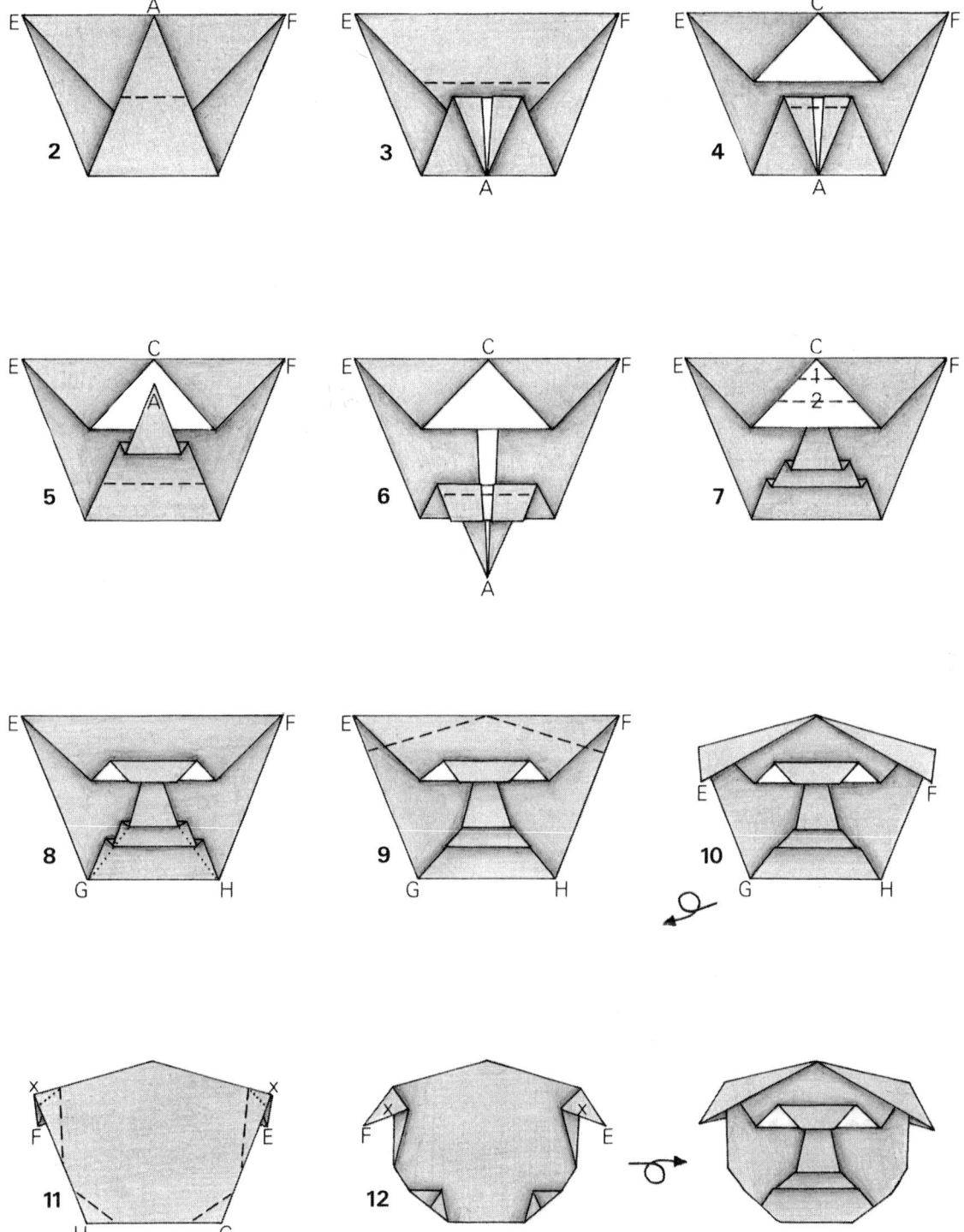

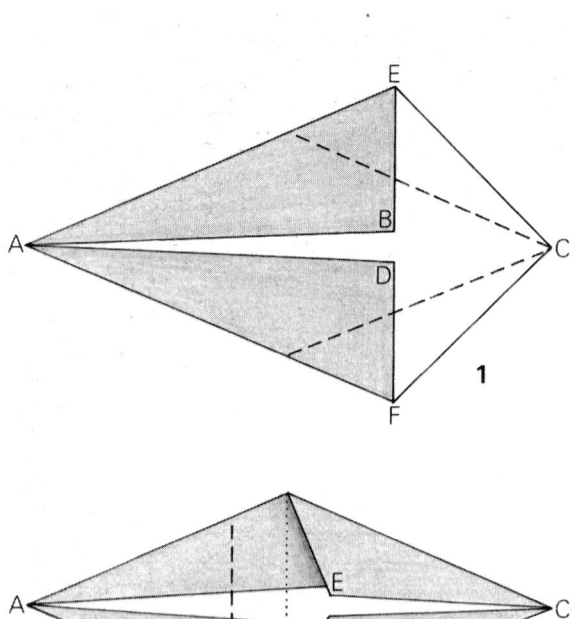

Elefant

Ausgang: Grundform 2

1 Arbeit drehen. Bei Spitze C Talfalten.
2 Bei Spitze A Berg- und Talfalte.
3 Bei Spitze A Talfalten in der Reihenfolge 1 und 2.
4 Bei Spitze A Talfalte.
5 Bei Spitze A Talfalten in den gestrichelten Linien. Durch Bergfalten in den punktierten Linien fallen die Punkte x in die in Abb. 6 gezeigte Position, und es bilden sich kleine dreieckige Tüten.
6 Talfalte im Mittelbruch, Spitze G auf Spitze H.
7 Die Brüche G–I und H–J (Vorderkante der Vorderfüße) wie aus Abb. 8 ersichtlich verändern. Ecke K schiebt sich dadurch automatisch nach oben.
8 Bei Ecke K Gegenbruchfalte nach innen. Bei Spitze C Gegenbruchfalte nach innen.
9 Bei Spitze C Gegenbruchfalte nach innen. Die Spitze A, der Rüssel, ist beweglich und kann in eine beliebige Position gebracht werden.
10 Bei Ecke L vorn und hinten Gegenbruchfalten nach innen, so daß die Ecke unter dem Ohr liegt. Den Schwanz durch Eindrehen formen.

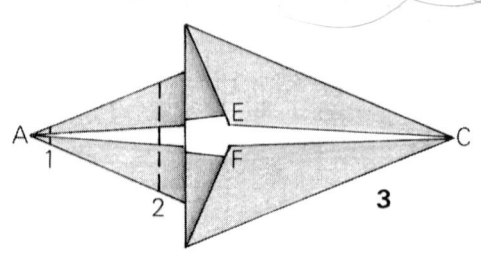

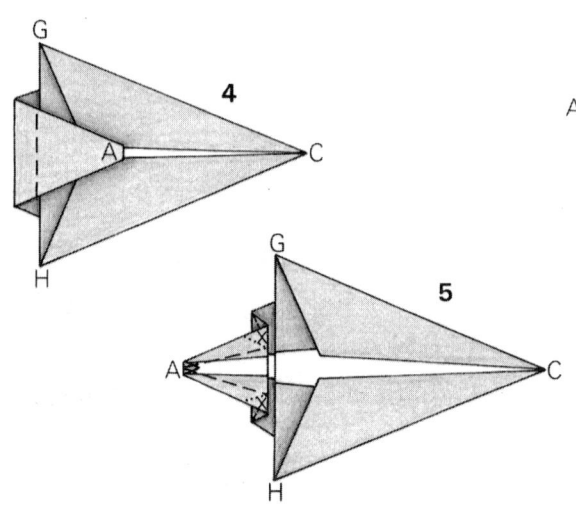

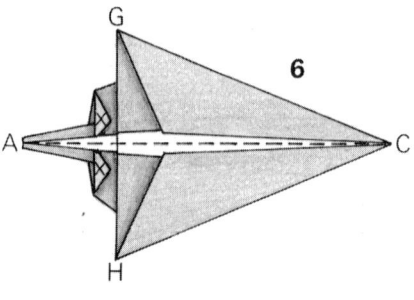

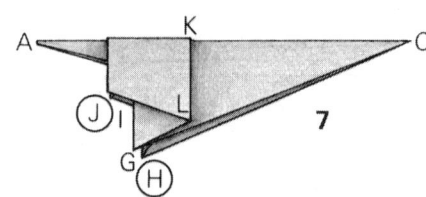

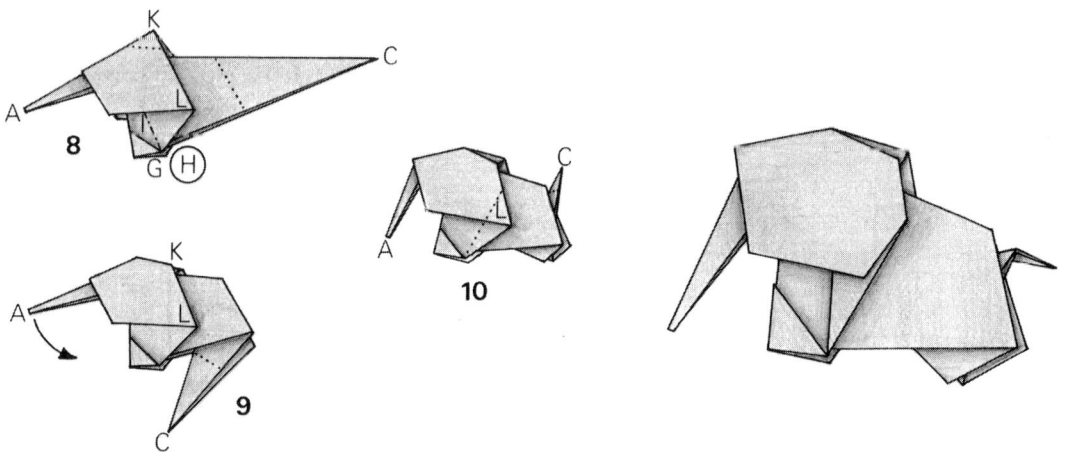

8

9

10

Katze

Die Katze ist eine Kombination aus zwei Falt-
teilen, die aus der Grundform 2 entwickelt
werden. Der Kopf ist kleiner als der Körper,
deshalb ist das Faltblatt für den Kopf etwa halb
so groß wie das Faltblatt für den Körper. Auch die
Schachfiguren von Seite 25 oder der Affe von
Seite 142 sind aus mehreren Teilen zusammengesetzt.

Kopf
Ausgang: Grundform 2

1 Arbeit drehen. Bei Ecke C Talfalte. Bei den
   Ecken B und D Talfalten.
2 Bei den Ecken B und D Talfalten in den Linien 1.
   Bei Ecke C Talfalte in der Linie 2.
3 Bei Spitze A Talfalte. Spitze A unter Spitze C
   stecken. Bei Spitze E und F Bergfalten in den
   punktierten und Talfalten in den gestrichelten
   Linien.
4 Bergfalte in der punktierten Linie oben. Bergfalte in der Linie 1 und Talfalte in der Linie 2.

Körper
Ausgang: Grundform 2

1 Arbeit drehen. Talfalte im Mittelbruch.
2 Bei Spitze A Gegenbruchfalte nach innen und
   außen.
3 Durch Talfalte Spitze G nach oben bringen.
4 Bei Spitze A Talfalten in den gestrichelten
   Linien. Durch Bergfalten in den punktierten
   Linien fallen die Spitzen G und H in die aus
   Abb. 5 ersichtliche Position.
5 Talfalte im Mittelbruch des Schwanzes, J auf K.
6 Bei Spitze C Gegenbruchfalten nach innen und
   außen.
7 Bei Spitze C vorn und hinten Bergfalten.
8 Den Kopf auf Spitze C hängen oder kleben.

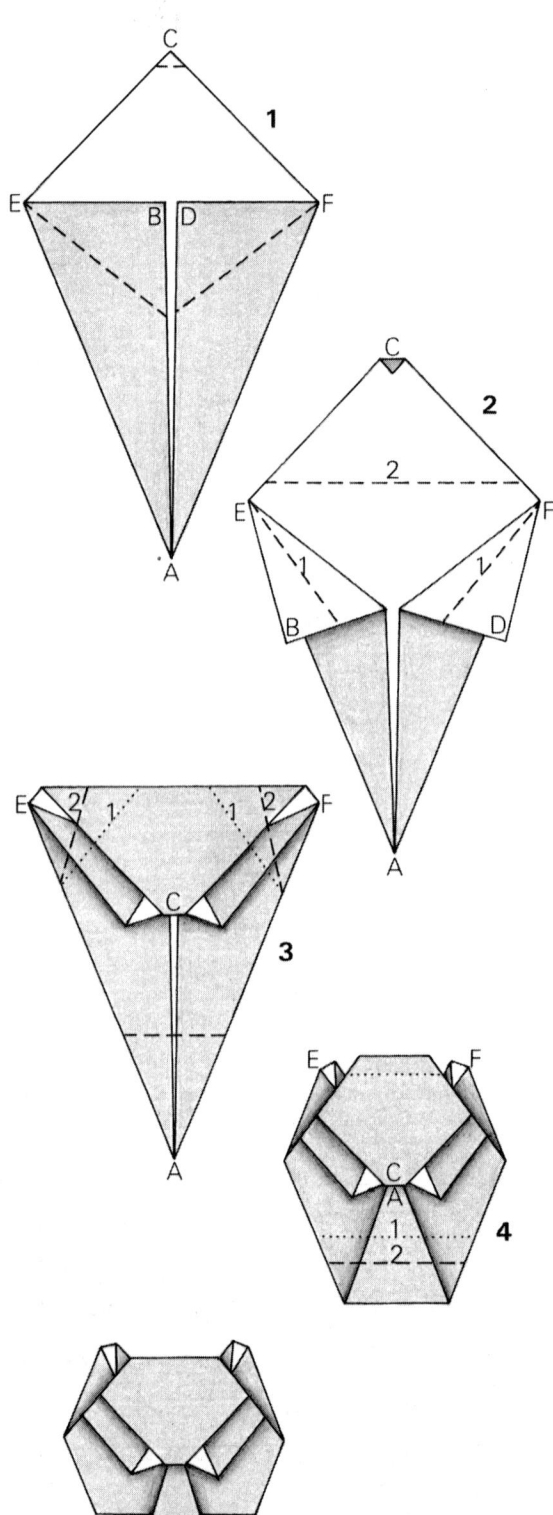

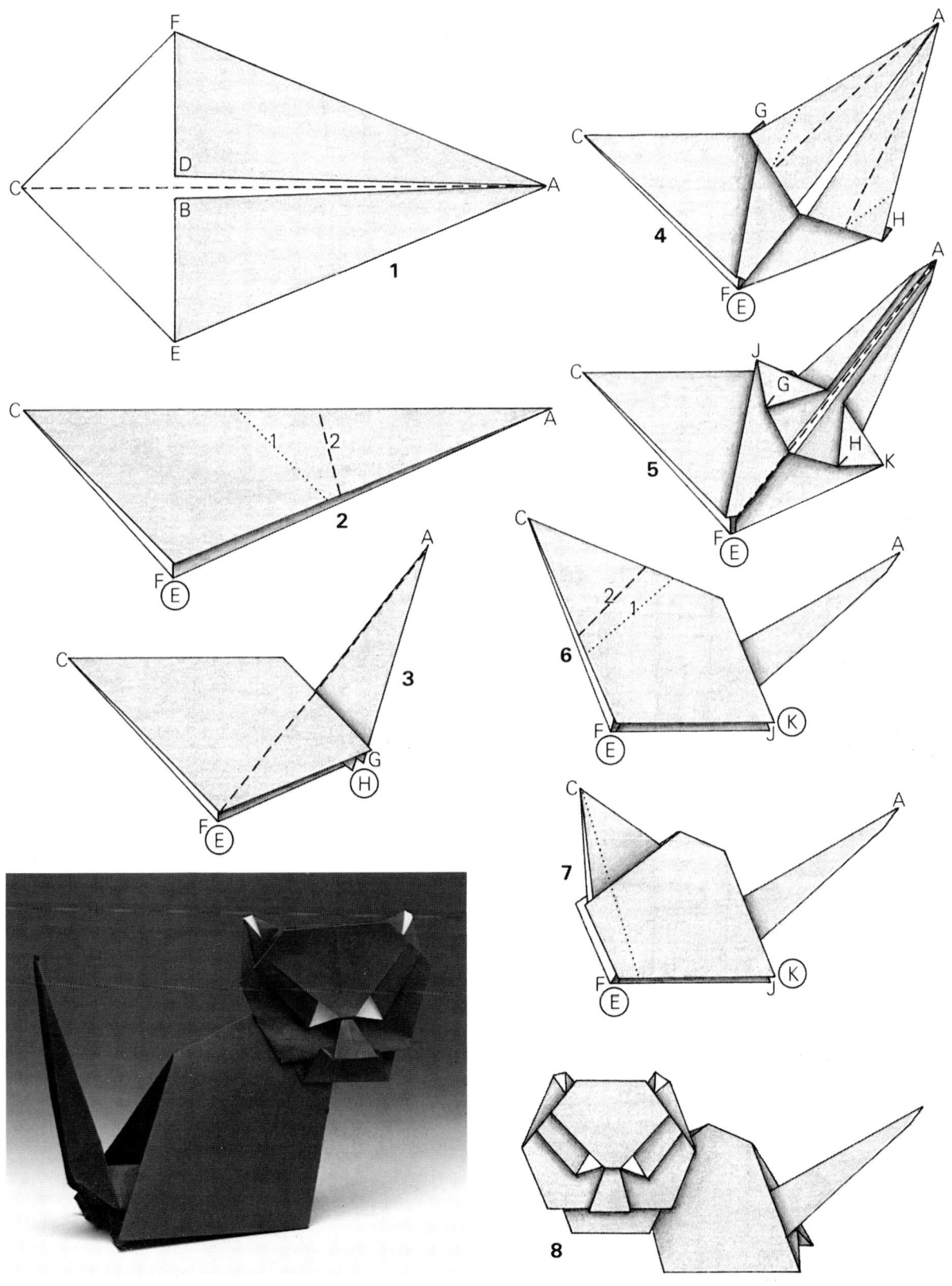

Grundform 3

Silberfischlein sieht
Aus, als ob die Seele des
Wassers sich bewegt!

Haiku von Sodô 1641–1716

Grundform 3

Ausgang: Quadratisches Faltblatt, Farbseite hinten.

1 Im Mittelbruch Kante A–D auf Kante B–C falten.
2 Grundform 3.

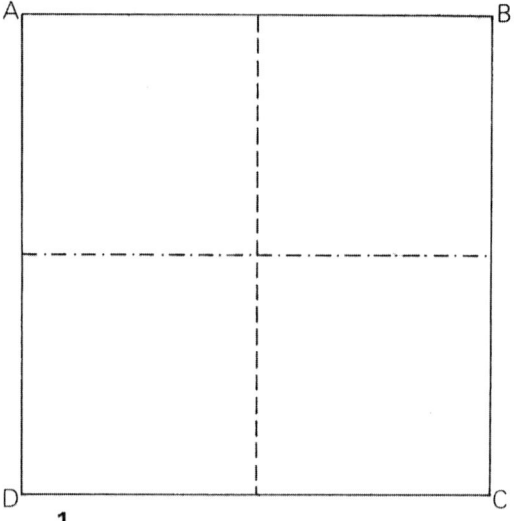

1

Seit Fröbel ist diese Grundform bei uns als „Buch" oder „Heft" bekannt. Bei den meisten aus ihr entwickelten Figuren ist die Mittelbruchlinie E–F beherrschend, sei es als Dachfirst, Bootskiel, Rücken- oder Bauchlinie. Für diese Modelle könnte man auch ein rechteckiges Faltblatt benutzen und dadurch die Figuren variieren. Durch die längere Mittelbruchlinie eines rechteckigen Blattes wird das Haus höher oder länger, aus der Bank wird ein Klavier usw.

Neben der beherrschenden Mittelbruchlinie finden sich bei dieser Grundform bereits sechs Endpunkte, die Ecken A, B, C, D, E und F. Da aber die Kantenlänge vom Mittelbruch zu den Ecken A, B, C und D nur gering ist, können aus ihnen auch nur kurze Teile gefaltet werden, z. B. die kurzen Beine eines Schweines, wobei dann die Ecken E und F Kopf und Schwanz bilden müssen. Eine aus dieser Grundform entwickelte Tierfigur kann also außer Kopf, Schwanz und vier kurzen Füßen nicht auch noch Ohren haben.

Die beste Möglichkeit für das Entwickeln neuer Figuren ist jedoch die beim Katamaran angewandte Faltung, bei der alle Mitten der vier Kanten des Faltblatts im Mittelpunkt zusammentreffen.

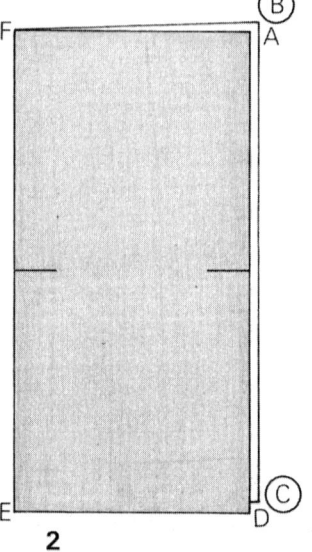

2

Bank

Ausgang: Grundform 3

1 Arbeit drehen. Mittelbruch knicken. Talfalten in den gestrichelten Linien.
2 Bergfalten in den punktierten Linien. Dabei die Kante E–C nach links und die Kante F–B nach rechts ziehen, die Talfalten wieder öffnen, so daß E und F nach unten fallen.
3 Talfalte in der gestrichelten Linie 1. Bergfalte in der punktierten Linie 2. Talfalten in den Linien 3. Mittelteil mit Ecke A und D halb nach unten drücken.

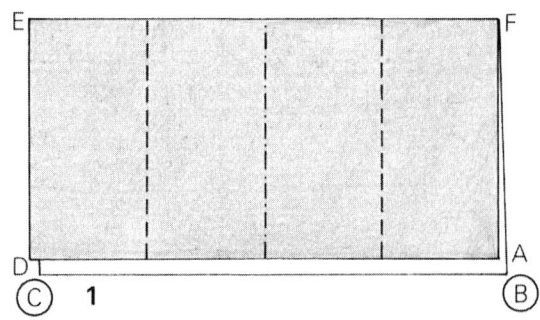

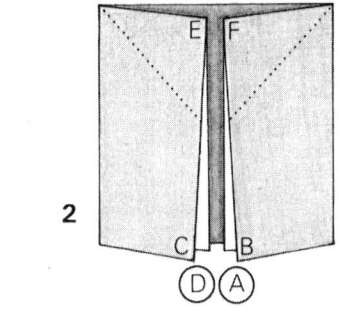

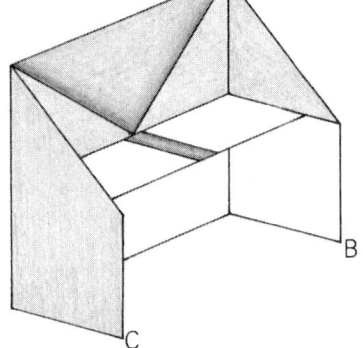

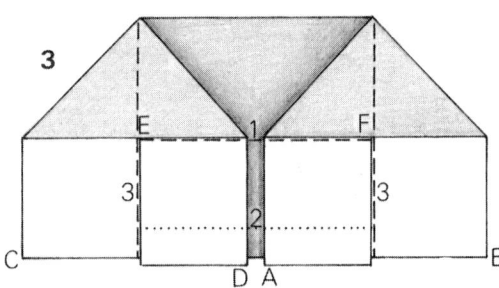

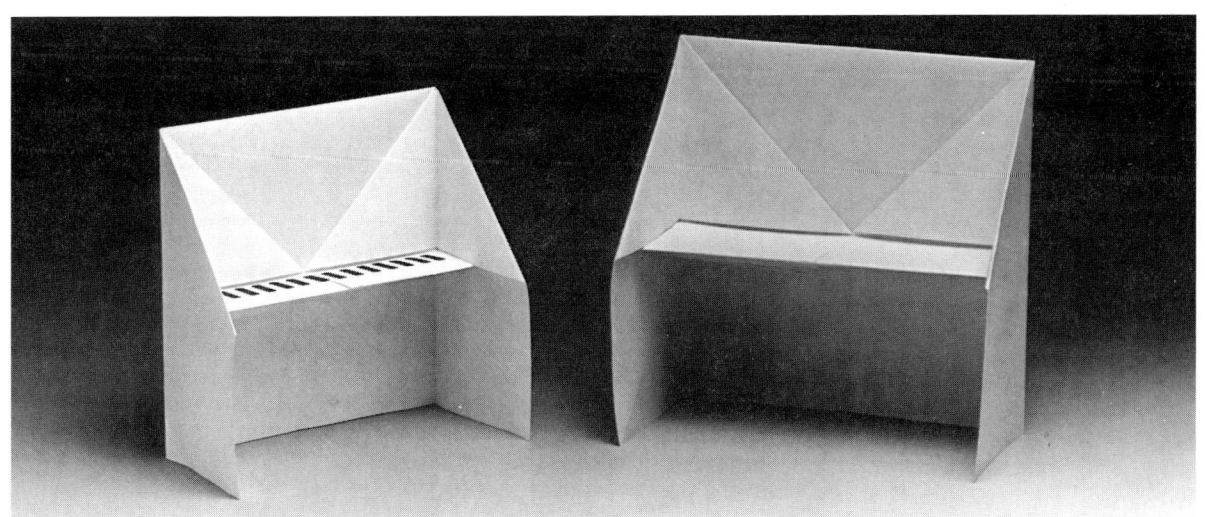

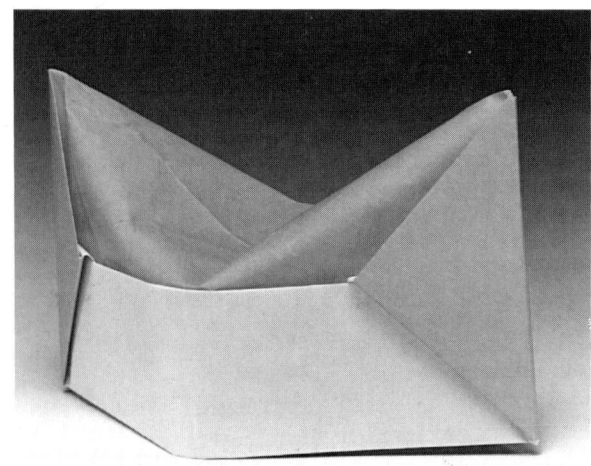

Schiffchenmütze

Ausgang: Figur 3 der Bank Seite 69

1 Die Ecken A und D durch Talfalten auf die Ecken B und C bringen.
2 Talfalten vorn und hinten in den Linien 1 und 2.
3 Bei den Ecken A und D Talfalten.
4 Durch Talfalten Ecke E nach rechts und Ecke F nach links bringen.
5 Die Kanten D–E und F–A innen nach unten falten. Wenden und nach Abb. 3–5 den Faltvorgang mit den Ecken B und C wiederholen.

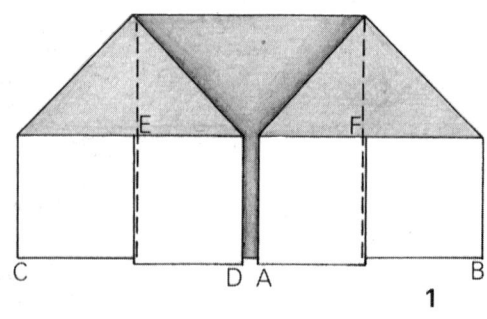

1

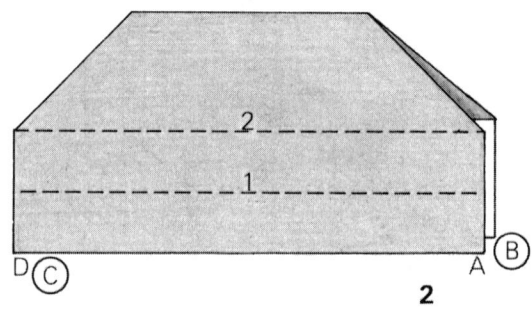

2

3

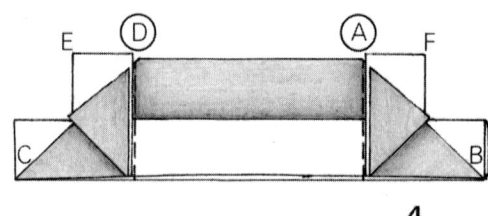

4

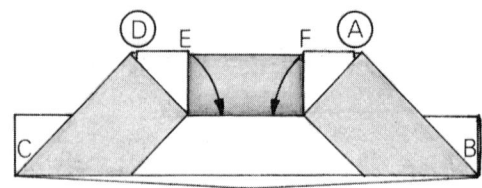

5

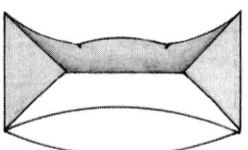

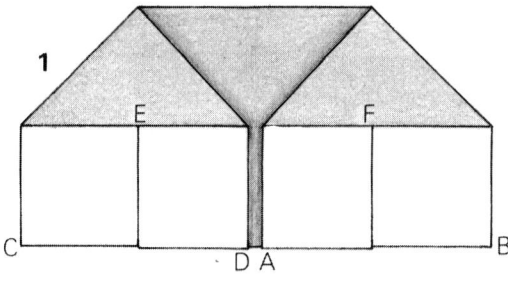

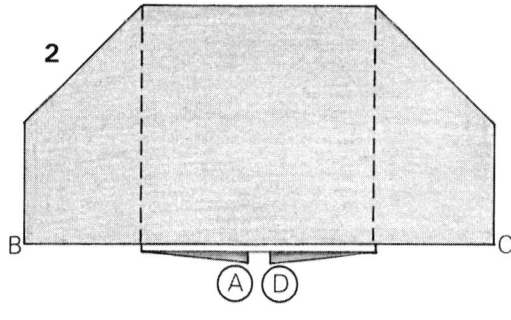

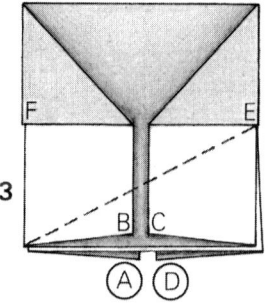

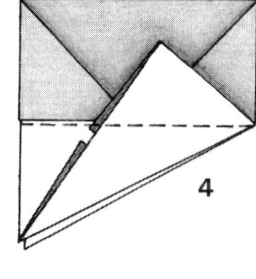

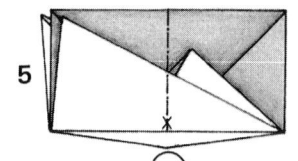

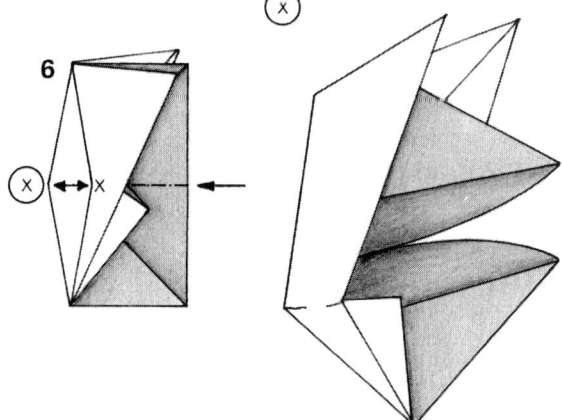

Fuchskopf Spielfigur

Ausgang: Figur 3 der Bank Seite 69

1 Wenden.
2 Talfalten in den gestrichelten Linien.
3 Talfalten vorn und hinten in der gestrichelten Linie.
4 Talfalten vorn und hinten in der gestrichelten Linie.
5 Arbeit drehen.
6 Arbeit aufnehmen, bei den Punkten x auseinanderziehen und gleichzeitig den mit Pfeil gekennzeichneten Punkt O nach innen drücken.

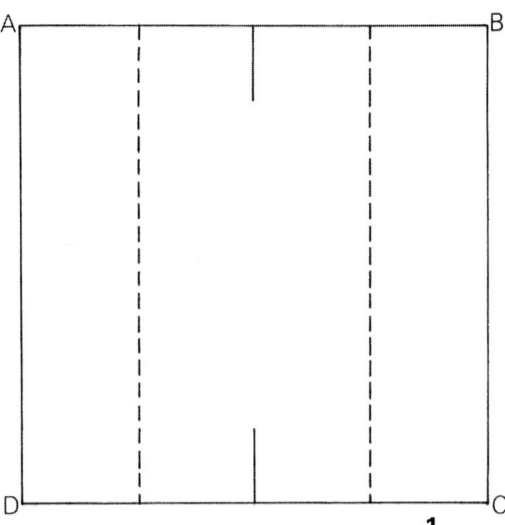

A · B
D · C
1

Haus

Ausgang: Grundform 3

1 Grundform öffnen. Talfalten in den gestrichelten Linien.
2 Mittelbruch knicken. Talfalten in den gestrichelten Linien.
3 Talfalten in den gestrichelten Linien bei den vorderen Teilen.
4 Talfalten in den gestrichelten und Bergfalten in den punktierten Linien (siehe Abb. 4a und b).
5 Talfalte im Mittelbruch.
6 Durch Gegenbruchfalten nach innen in den punktierten Linien kann die Dachform verändert werden.

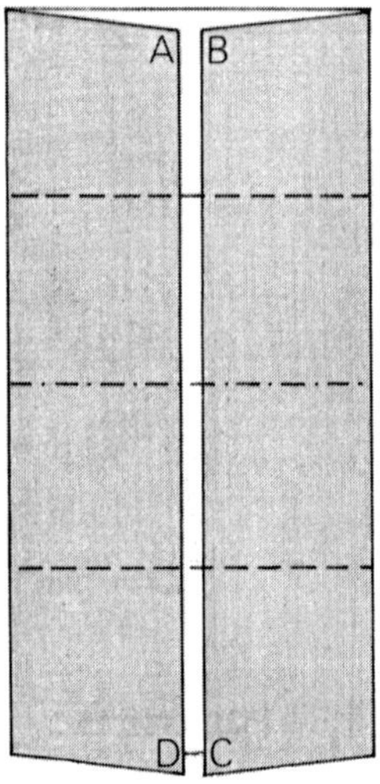

2
A B
D C

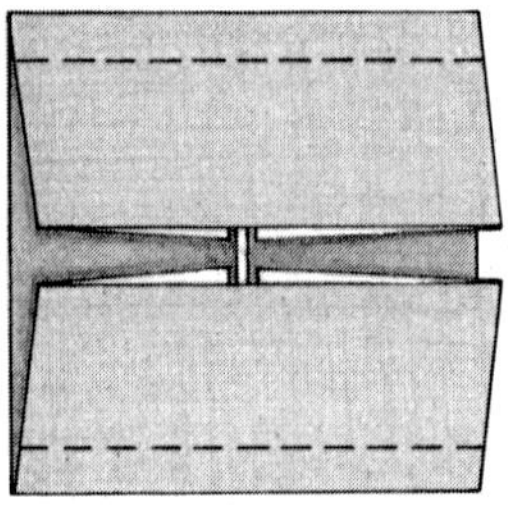

3

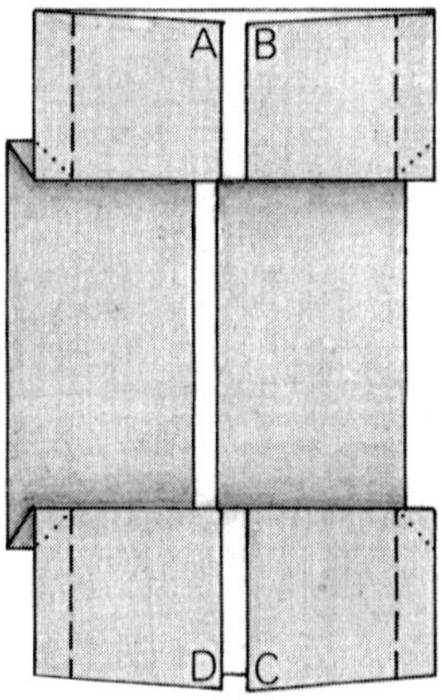

4
A B
D C

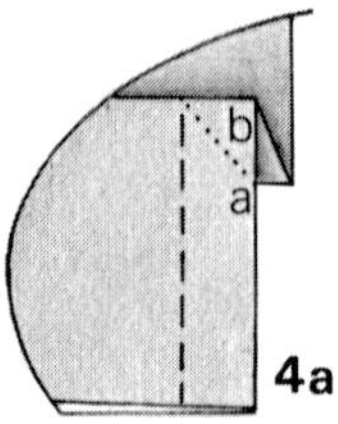

4a
b
a

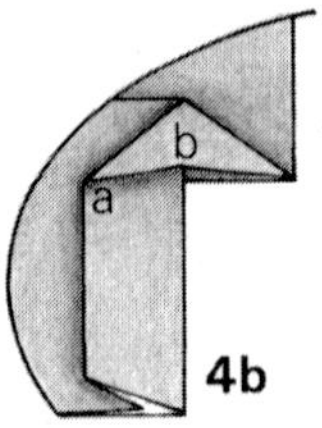

4b
b
a

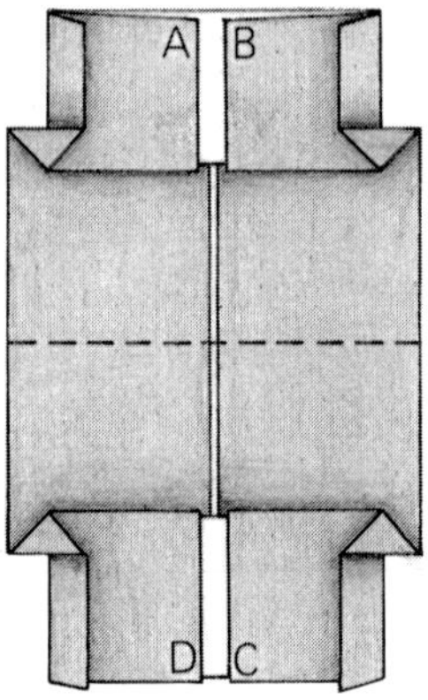

5
A B
D C

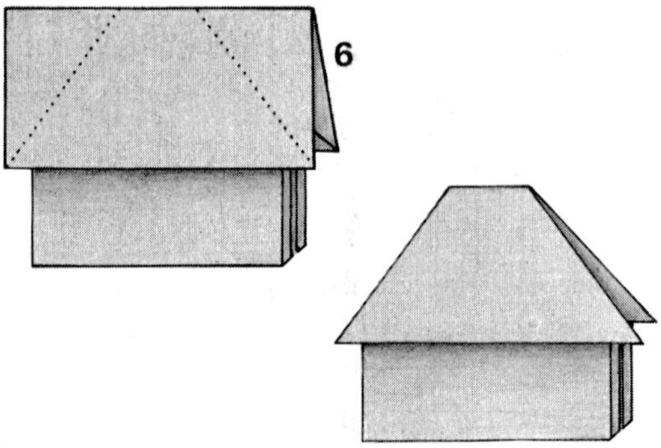

6

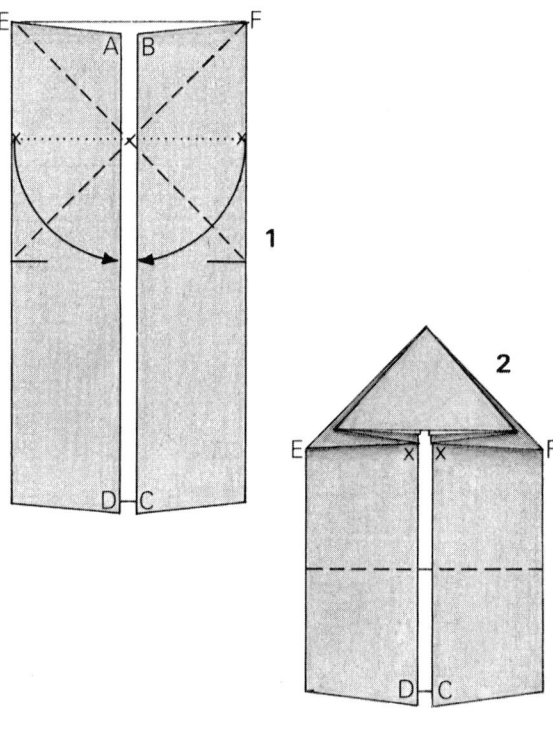

Springfrosch Spielfigur

Ausgang: Figur 2 vom Haus Seite 72

1 Die eingezeichneten Berg- und Talfalten ausführen und wieder öffnen. Dann die Punkte x unter Ausnutzung der vorhandenen Brüche auf den Mittelbruch ziehen. Dadurch fallen auch die Ecken A und B auf den Mittelbruch.
2 Talfalte in der gestrichelten Linie.
3 Talfalte in den gestrichelten Linien.
4 Bei den Spitzen E und F Talfalten. Talfalte in der gestrichelten Linie unten.
5 Talfalte in der gestrichelten Linie.
6 Wenden.

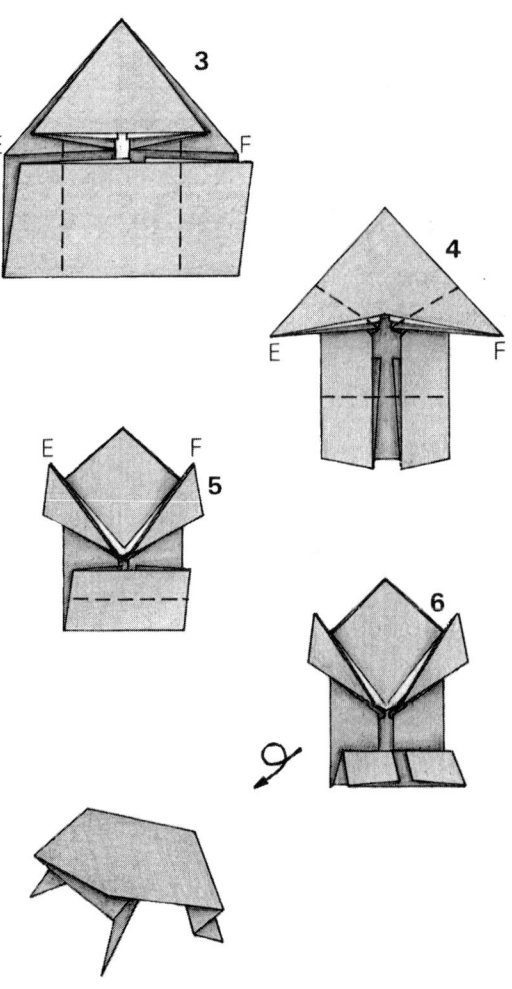

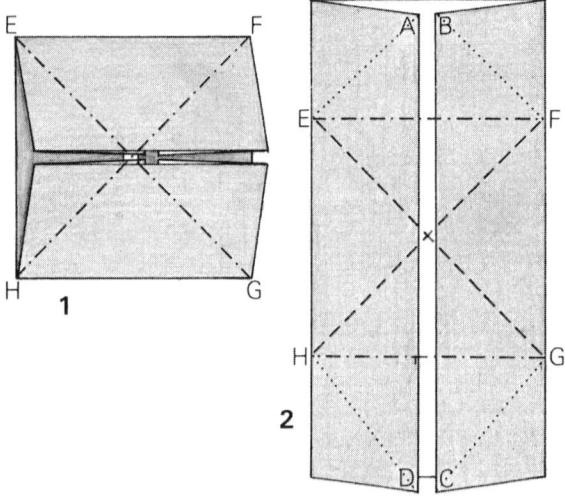

1

2

Katamaran

Ausgang: Figur 3 vom Haus Seite 72

1 Die Diagonalen E–G und F–H knicken. Arbeit zur in Abb. 2 gezeigten Figur öffnen.
2 Durch eine Tal- und eine Bergfalte in den vorhandenen Brüchen die Ecke A nach links falten. Mit den Ecken B, C und D wiederholen.
3 Bergfalte im Mittelbruch.

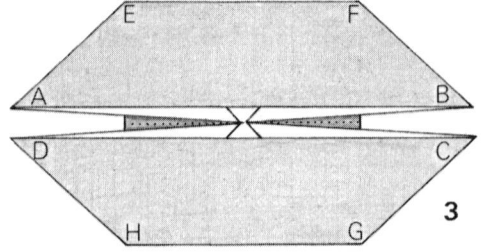

3

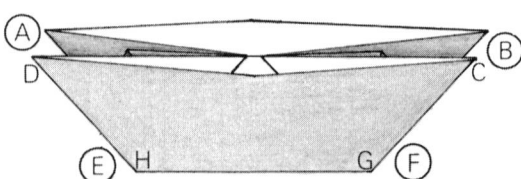

Segelschiff

Ausgang: Figur 3 vom Katamaran Seite 74

1 Bei Spitze A Talfalte.
2 Wenden.
3 Durch eine Talfalte Spitze B nach unten
bringen.
4 Bei Spitze B Talfalte.

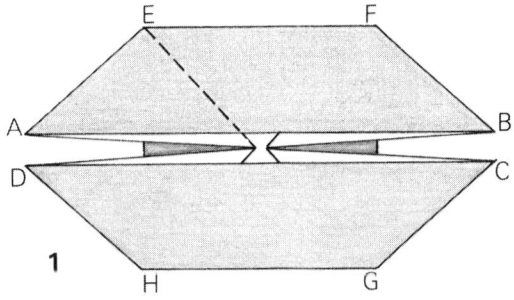

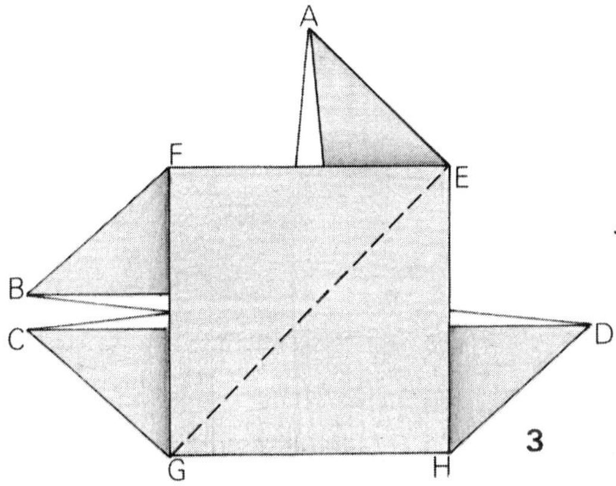

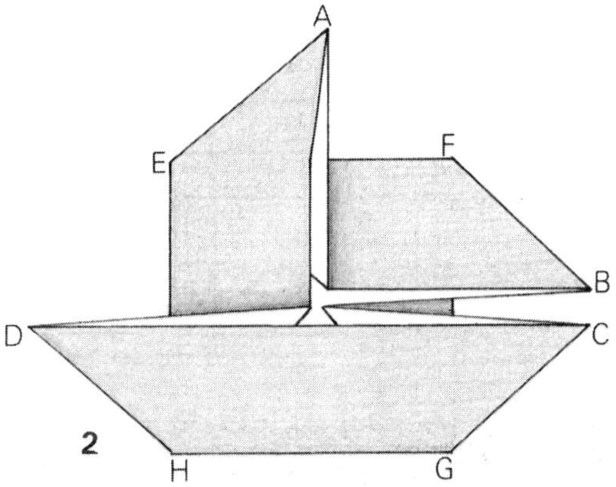

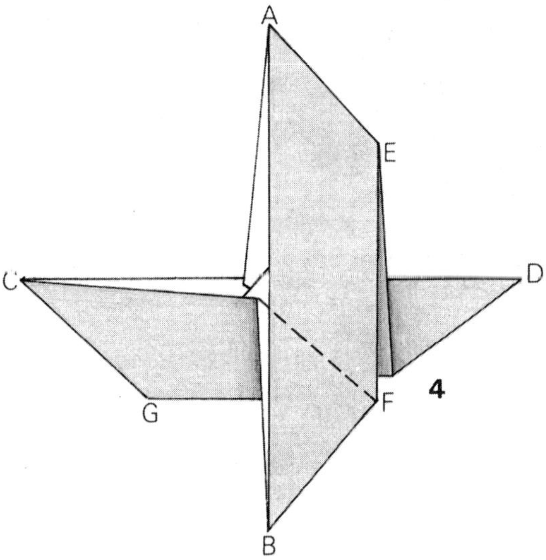

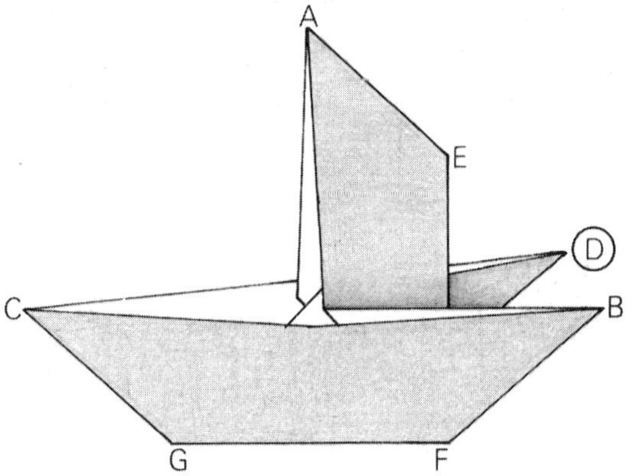

Schwein

Ausgang: Figur 2 des Katamaran Seite 74

1 Arbeit drehen. Ecke A im vorhandenen Bruch
an die Mitte der Arbeit falten. x fällt dadurch
auf den in Abb. 2 gezeigten Punkt.
2 Die Ecken B, C und D wie Ecke A falten.
3 Bergfalte im Mittelbruch.
4 Bei Spitze D vorn und Spitze C hinten Talfalten.
Bei Spitze J durch Gegenbruchfalten nach
innen und außen den Schwanz formen.
5 Die Spitze A vorn und die Spitze B hinten
durch Talfalten nach rechts bringen. Gegenbruchfalte nach innen bei Spitze K.
6 Bei Spitze A vorn und Spitze B hinten Talfalten.
Bei Spitze K Gegenbruchfalte nach innen.

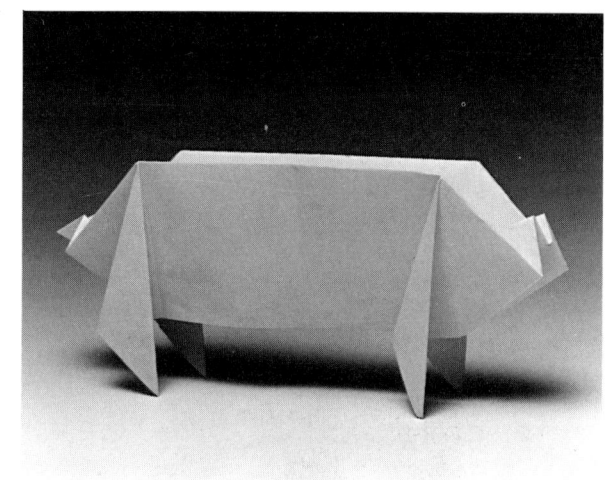

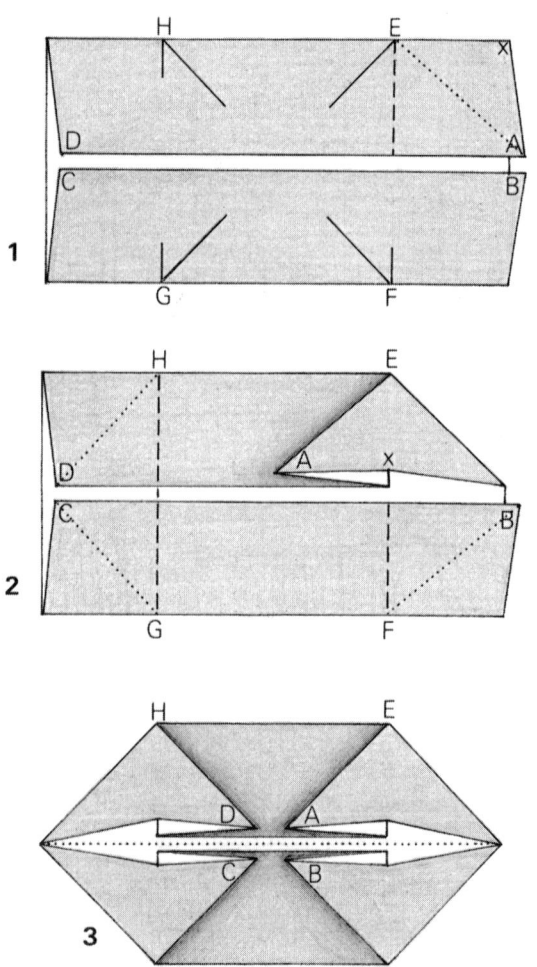

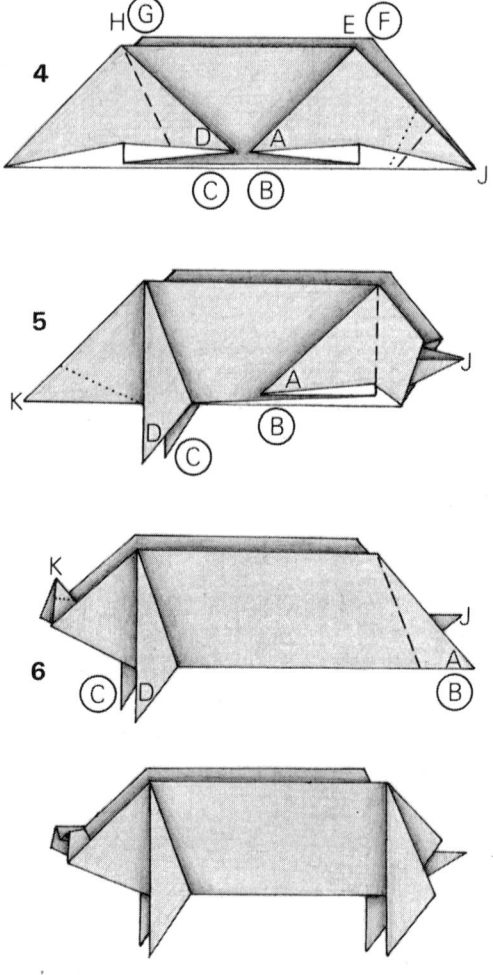

Schildkröte

Ausgang: Figur 3 des Katamarans Seite 74

1 Arbeit drehen. Bei den Spitzen B und C Talfalten. Bei den Ecken E und H Talfalten.
2 Bei den Spitzen A und D Talfalten. Bei den Spitzen B und C Talfalten.
3 Bei den Spitzen A und D Gegenbruchfalten nach innen. Bei den Spitzen B und C Talfalten. Für Kopf und Schwanz in den durchgehenden Linien einschneiden und die Teile anschließend in den gestrichelten Linien nach außen falten.
4 Bei den Spitzen B und C Gegenbruchfalten nach innen. Wenden.

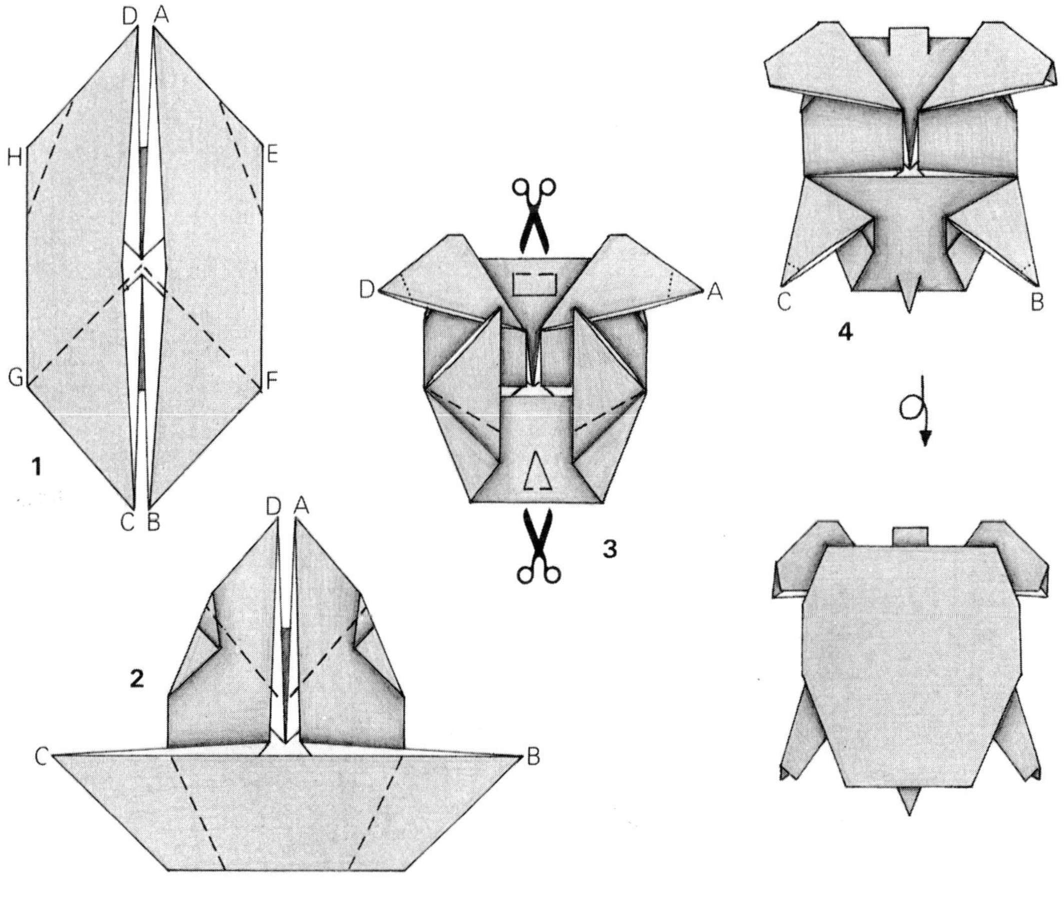

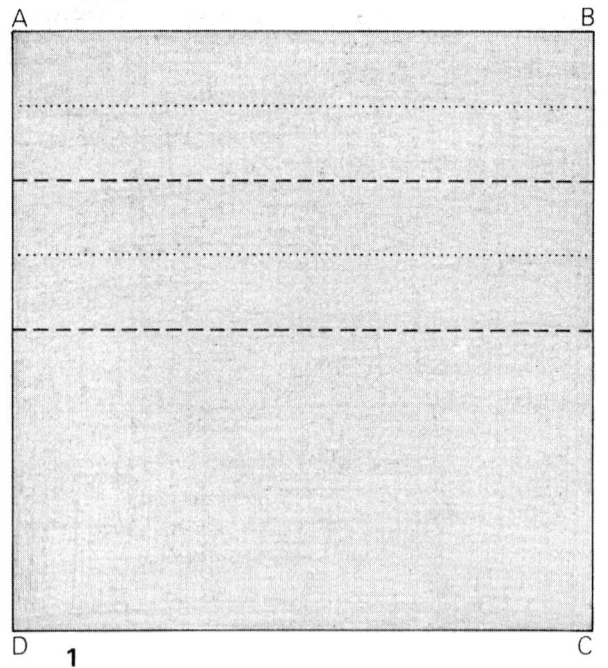

1

Taube

Ausgang: Grundform 3, Farbseite oben

1 Grundform öffnen. Drehen. Talfalten in den gestrichelten und Bergfalten in den punktierten Linien. Wenden.
2 Talfalten in den gestrichelten Linien.
3 Talfalten in den gestrichelten Linien 1 und 2.
4 Arbeit drehen.
5 Talfalte im Mittelbruch.
6 Bei Spitze E Gegenbruchfalte nach außen.
7 Bei Spitze E durch Gegenbruchfalte nach außen den Kopf formen.

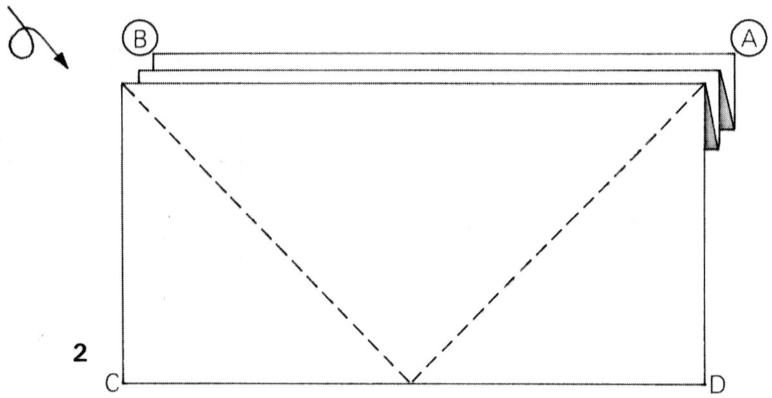

2

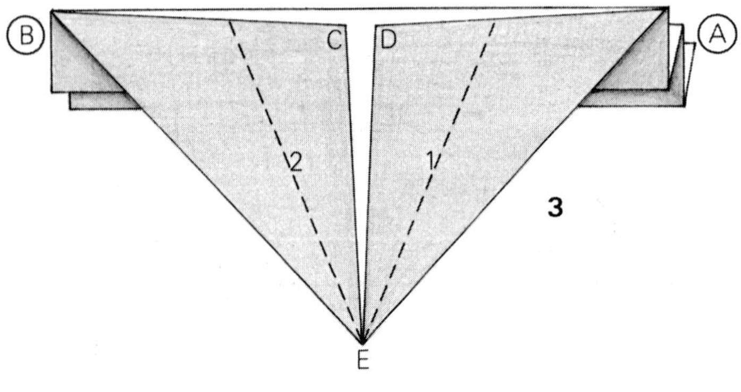

3

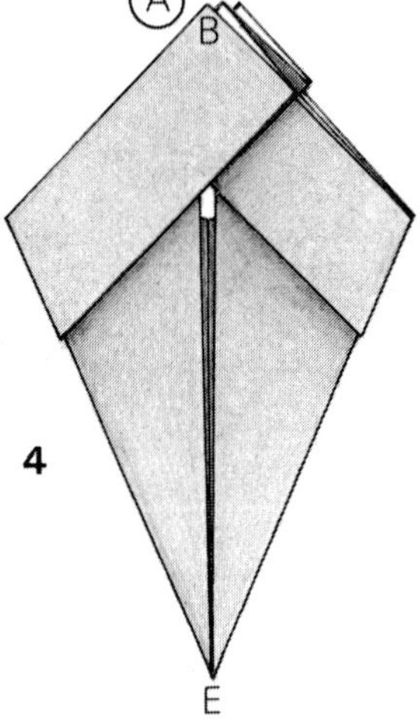

4

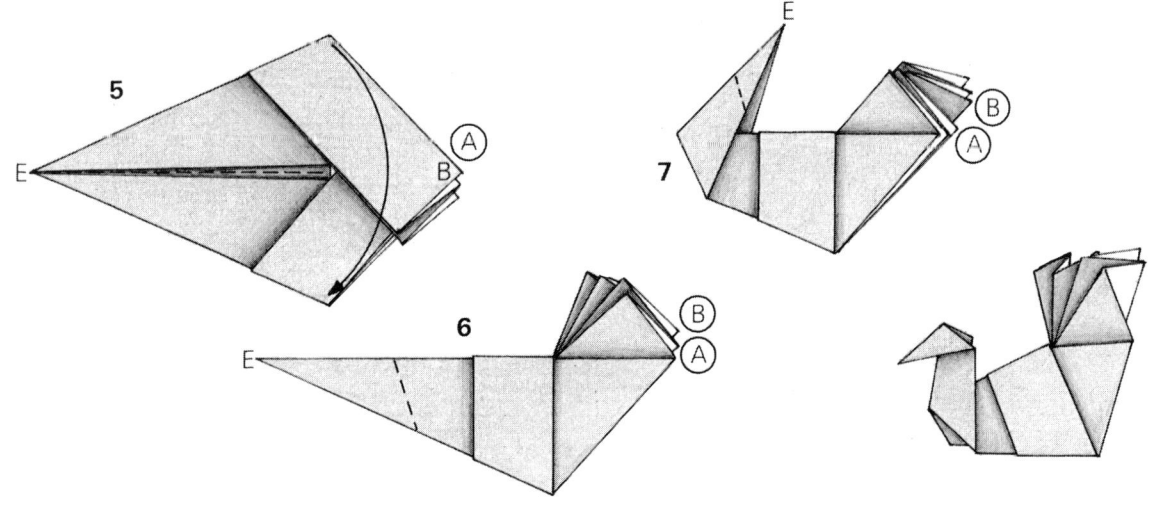

5

E

(A)
B

6

E

(B)
(A)

E

7

(B)
(A)

Goldfisch

Ausgang: Grundform 3

1 Arbeit drehen. Talfalten in den gestrichelten Linien.
2 Talfalten in den Bruchlinien. Öffnen. Die Punkte x der vorderen Papierlage nach außen ziehen. In den Brüchen entstehen Bergfalten, die Ecken E und F fallen auf die Außenkanten.
3 Bergfalten in den punktierten Linien.
4 Talfalte vorn und hinten.
5 Vorn bei den Spitzen A und D Talfalten. Hinten bei den Spitzen B und C ebenfalls jeweils eine Talfalte. Arbeit drehen.
6 Die Arbeit aufnehmen, ins Innere fassen, seitwärts auseinanderdrücken, H liegt auf G.

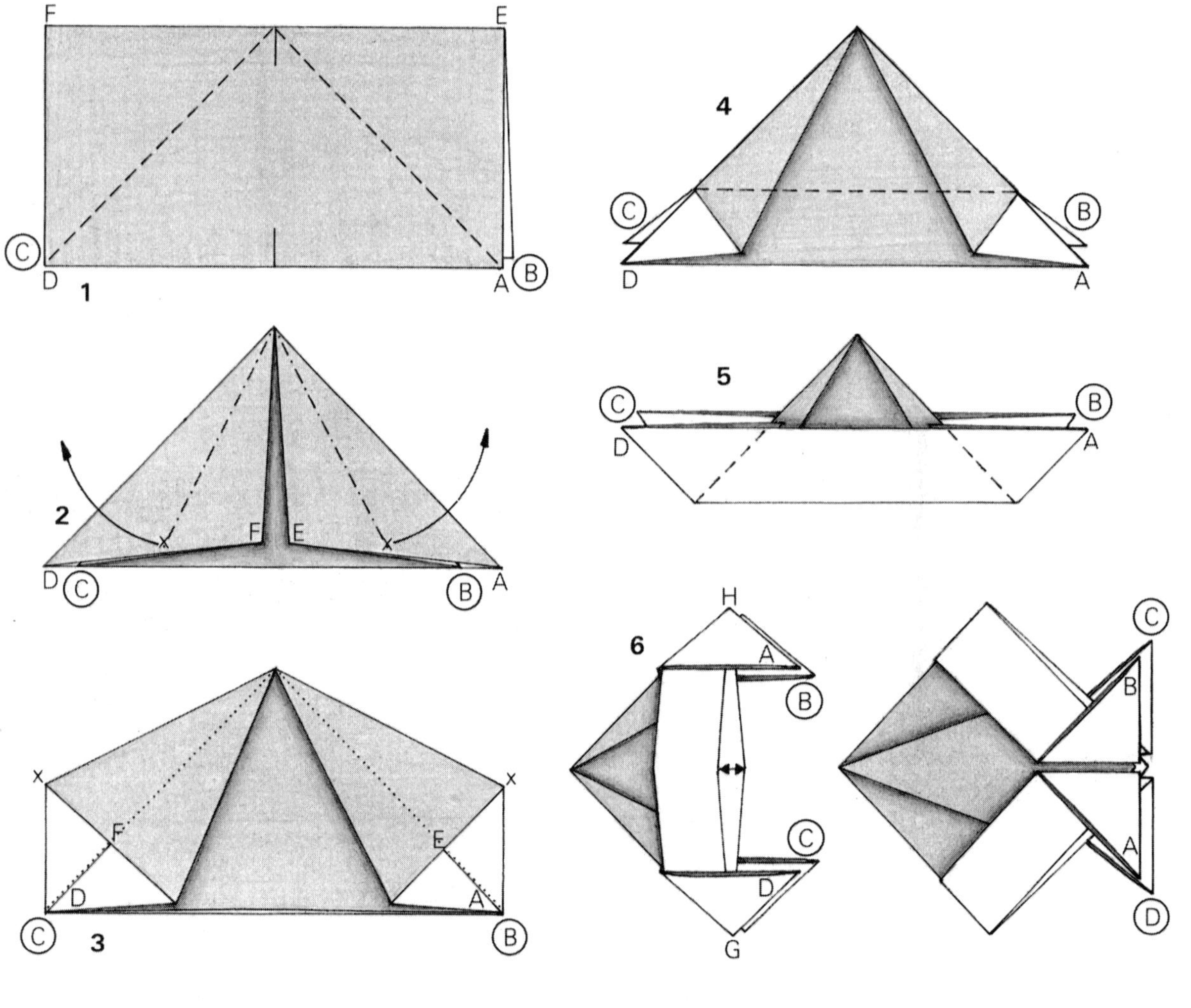

Boot

Ausgang: Grundform 3

1 Arbeit drehen und öffnen. Talfalten in den Linien 1 und 2.
2 Talfalten an allen vier Ecken.
3 Talfalten in den gestrichelten Linien.
4 Talfalten in den gestrichelten Linien.
5 Bergfalte im Mittclbruch.
6 Die Arbeit umkrempeln. Die jetzt außen liegenden Seiten bilden die Innenwände des Bootes.

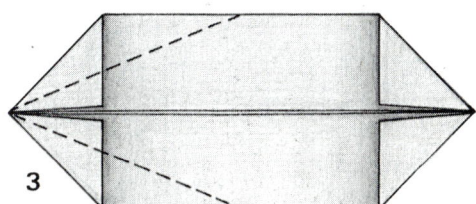

3

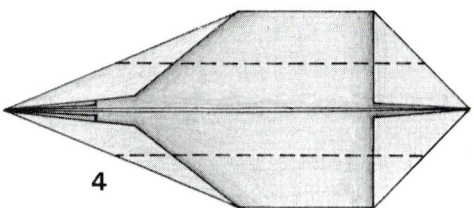

4

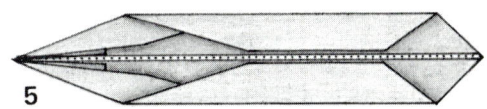

5

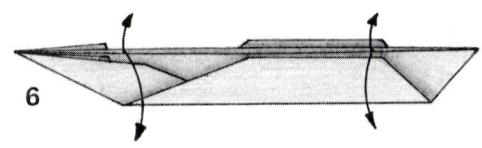

6

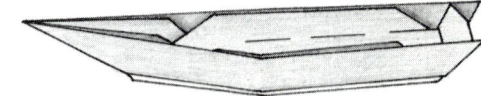

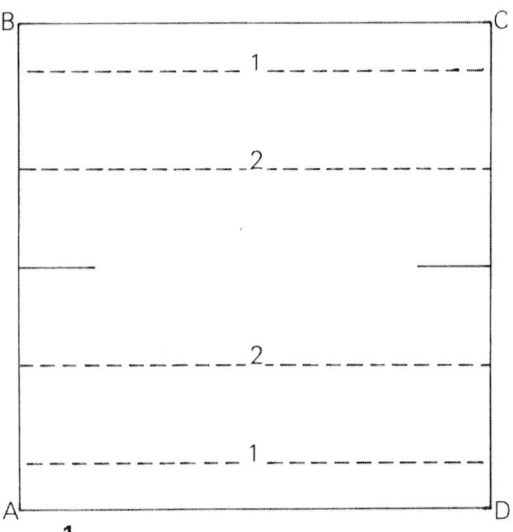

1

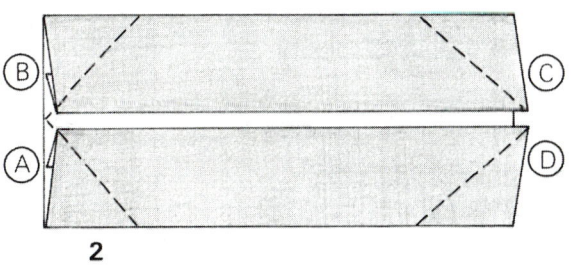

2

Grundform 4

*Boot und Ufer sind
Beide ins Gespräch vertieft –
Langer Sommertag.*

Haiku von Buson 1715–1783

Grundform 4

Ausgang: Quadratisches Farbblatt, Farbseite hinten

1 Mittelbrüche knicken. Durch Talfalten alle vier Ecken an den Mittelpunkt bringen.
2 Grundform 4.

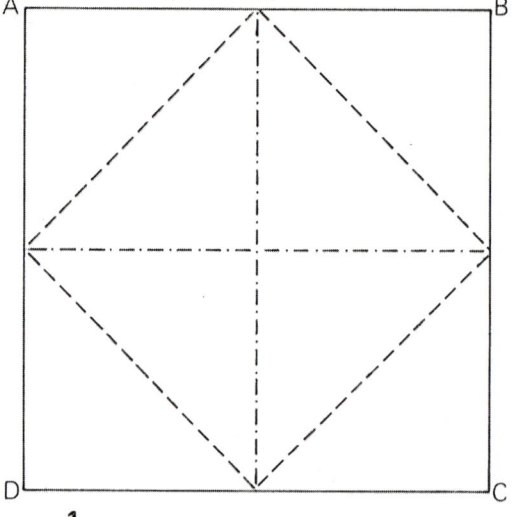

1

Bei uns nennt man diese Grundform gewöhnlich den „Briefumschlag". Wir kennen sie als Anfangsfaltung bei der beliebten Faltfigur „Himmel und Hölle". Bei den aus ihr entwickelten plastischen Modellen finden wir fast immer die ursprünglich quadratische Form wieder, z. B. als Bootskasten der Dschunke, als den von den Motorhauben umgrenzten Innenraum des Bootes, und selbst die Lotosblüte ist im Grunde eine quadratische Form mit abgerundeten Ecken.

Diese Grundform bietet eine große Anzahl von Endpunkten. Beim einmaligen Falten sind es vier (Windmühle). Wird sie dreimal übereinander gefaltet, sind es bereits acht (Lotosblüte). Alle diese Endpunkte weisen aber zunächst zum Mittelpunkt, den sie in gleichem Abstand umgeben, und stehen dabei in Wechselwirkung zueinander. Jede nach außen gefaltete Spitze muß daher eine andere an den Mittelpunkt heranziehen.

Bei dieser Grundform wird meist rund um den Mittelpunkt des Faltblattes gefaltet. Der Mittelpunkt selbst bleibt dabei unberührt. Dadurch eignet sich diese Form vorzüglich zum Bilden von Hohlräumen, wie die verschiedenen Schachtelformen, aber auch „Pfeffer und Salz" oder „Himmel und Hölle" zeigen.

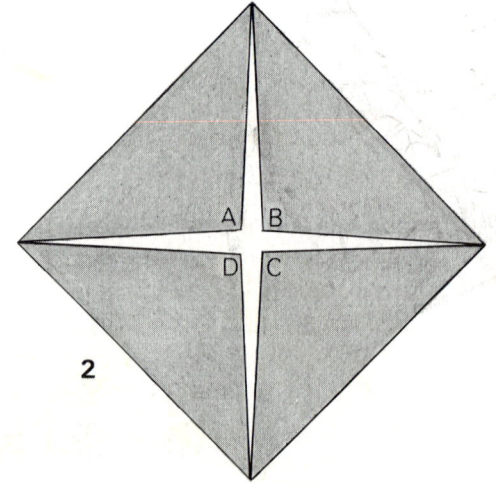

2

Lotosblüte

Ausgang: Grundform 4

1 Nochmals alle Ecken an den Mittelpunkt falten.
2 Ein drittes Mal alle Ecken an den Mittelpunkt falten.
3 Wenden.
4 Erneut alle Ecken an den Mittelpunkt falten.
5 Die hinten im Mittelpunkt obenauf liegenden Ecken vorsichtig nach vorn ziehen. Dabei die Ecken E, F, G und H leicht nach außen drücken (siehe Abb. 6).
6 Nach den ersten vier Ecken auch die restlichen hinten verbliebenen vier Ecken nach vorn ziehen.

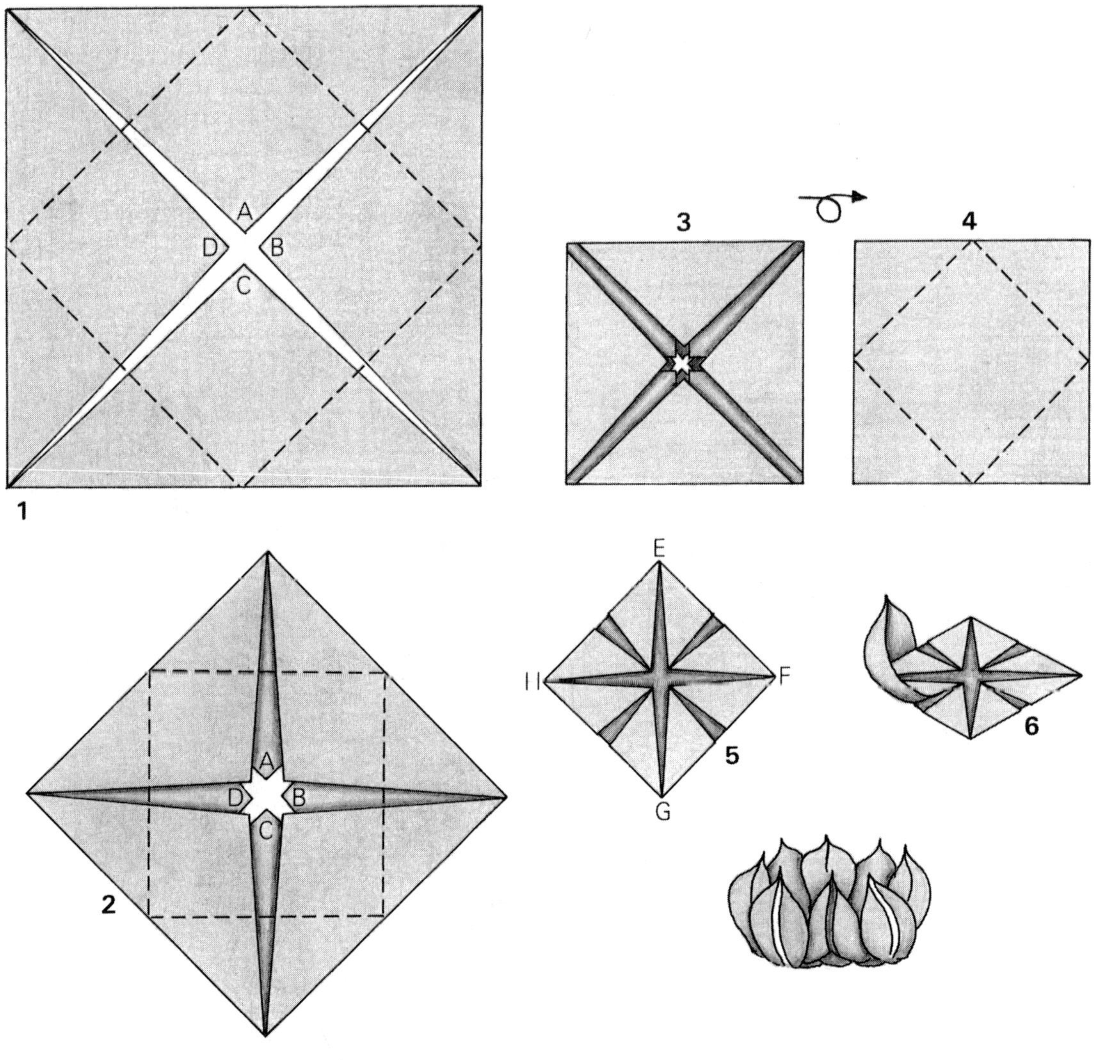

Viereckige Schachtel

Ausgang: Grundform 4

1 Mittelbruch knicken. Talfalten in den gestrichelten Linien.
2 Mittelbruch knicken. Talfalten in den gestrichelten Linien.
3 Alle Falten öffnen.
4 Die Ecken B und D in den Linien 1 und 3 an den Mittelbruch falten. In den Linien 2 und 4 hochfalten. Dadurch ergeben sich die bei Ecke B und D eingezeichneten Bergfalten. Bergfalten in den Linien 5 und 6. Ecke C in der Talfalte 7 darüberklappen. Mit Ecke A wiederholen.

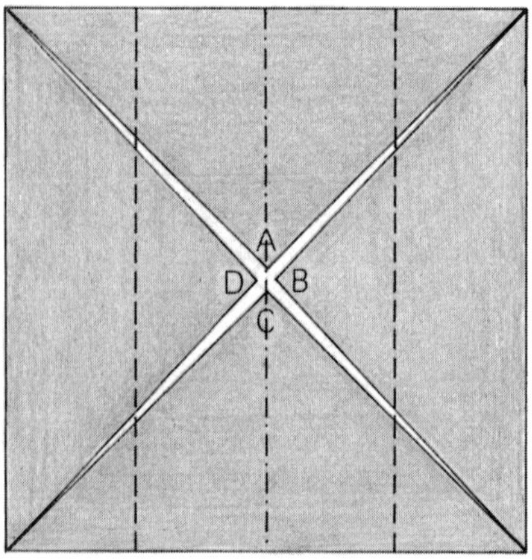

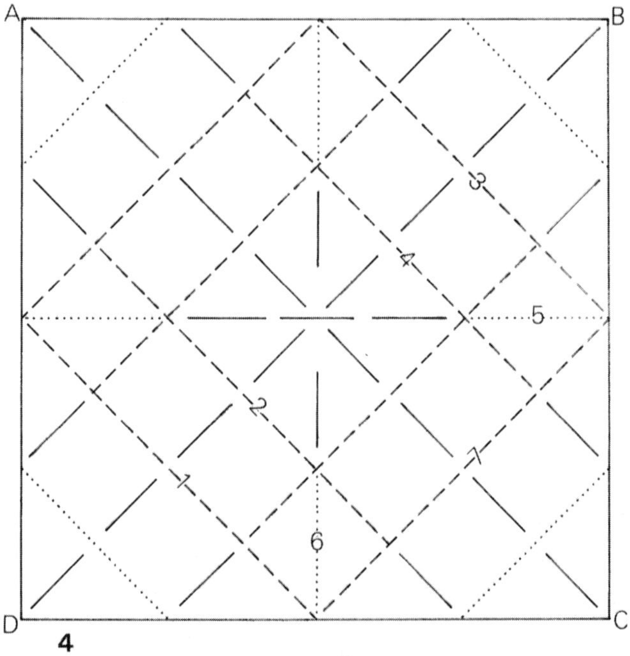

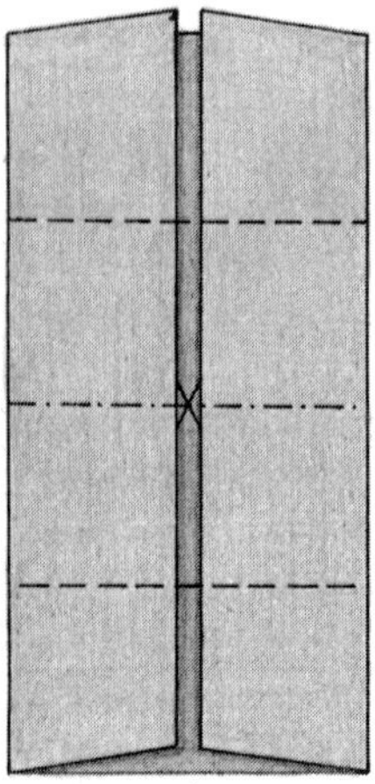

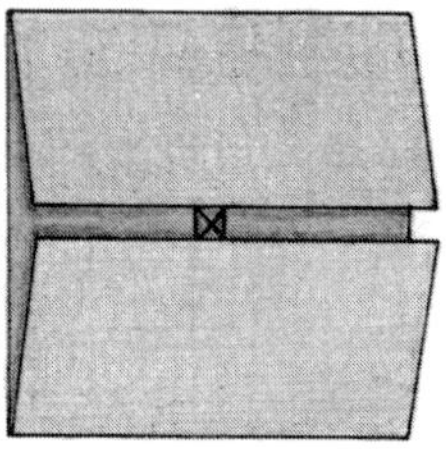

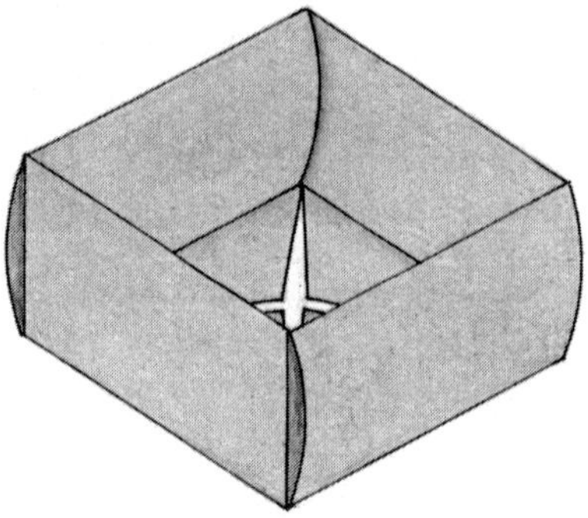

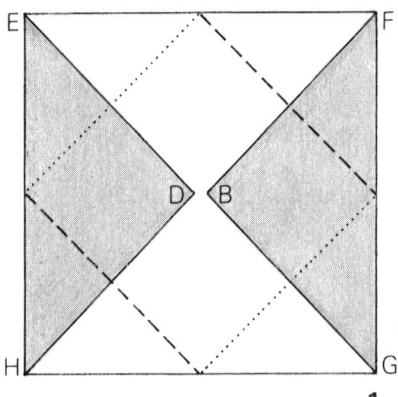

1

Windrad Spielfigur

Ausgang: Grundform 4, aber die Ecken A und C nach hinten an den Mittelpunkt falten

1 Die Ecken F und H nach vorn und die Ecken E und G nach hinten an den Mittelpunkt falten.
2 Den Mittelpunkt festhalten und die Ecken B und D nach außen ziehen.
3 Wenden.
4 Die Ecken A und C in gleicher Weise herausziehen.

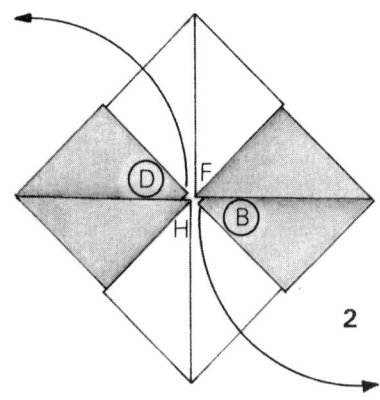

2

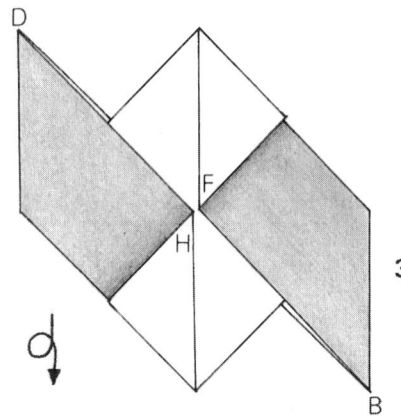

3

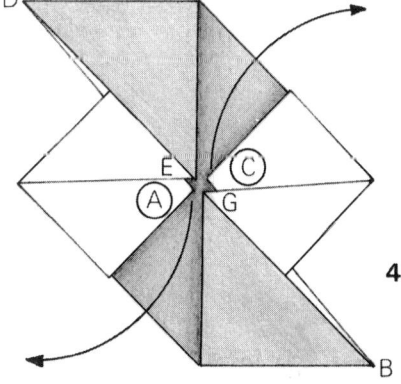

4

Motorboot

Ausgang: Grundform 4
Die Ecken A und C jedoch nicht ganz an den Mittelpunkt falten.

1 Mittelbruch knicken. Bergfalten in den punktierten Linien. Wenden.
2 Talfalten in den Linien 1 und 2.
3 Talfalten in den gestrichelten Linien. Arbeit drehen.
4 Bergfalte im Mittelbruch.
5 Das Innere nach außen krempeln.
6 Durch Hochziehen der Ecken x die Motorhauben bilden.
7 Bergfalten an den Motorhauben.

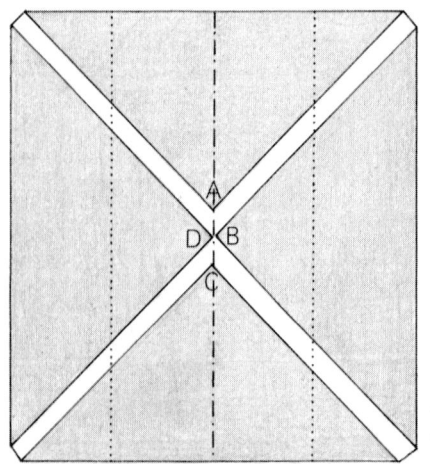

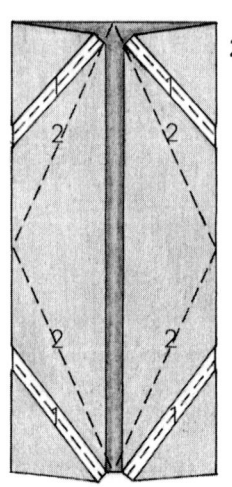

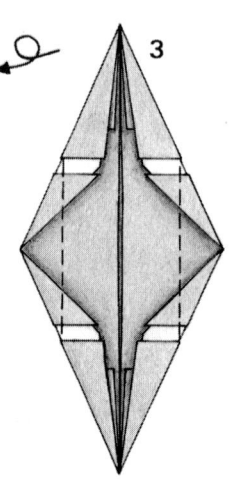

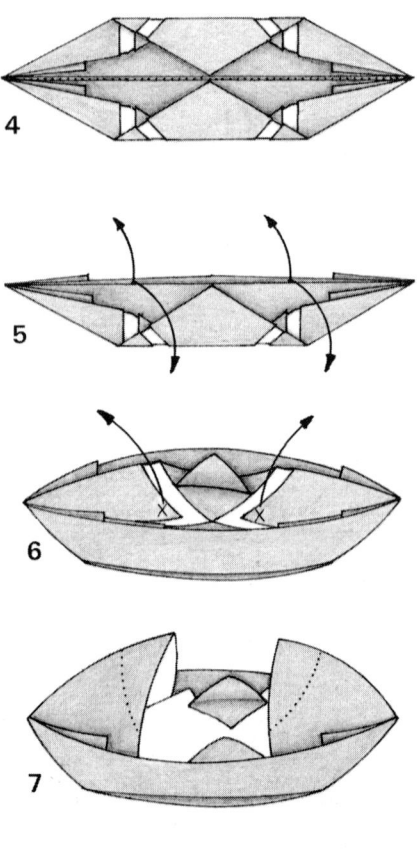

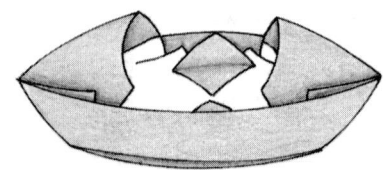

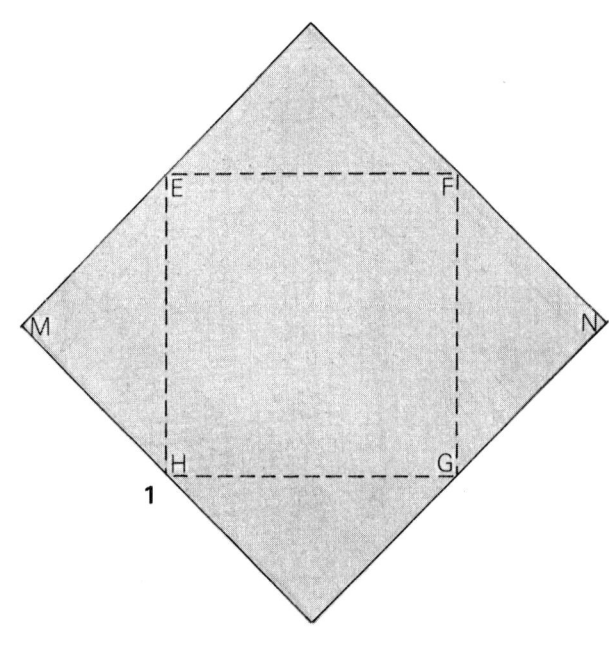

Dampfer

Ausgang: Grundform 4

1 Wenden. Alle vier Ecken an den Mittelpunkt falten.
2 Wenden.
3 Erneut alle vier Ecken an den Mittelpunkt falten. Wenden.
4 Bei Ecke K das Quadrat seitwärts öffnen, so daß Punkt x nach oben auf Ecke K fällt. Das Quadrat bei Ecke L in gleicher Weise falten.
5 Talfalte im Mittelbruch.
6 Die innen liegenden Ecken M und N seitwärts herausfalten.

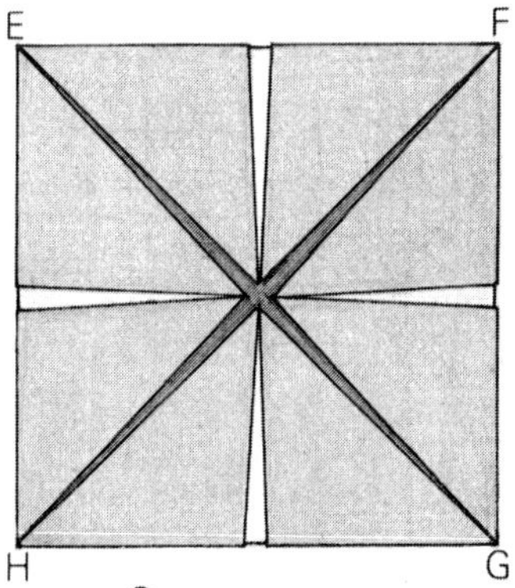

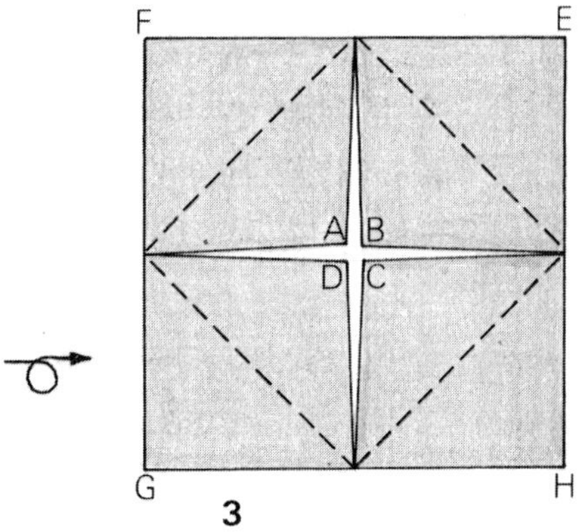

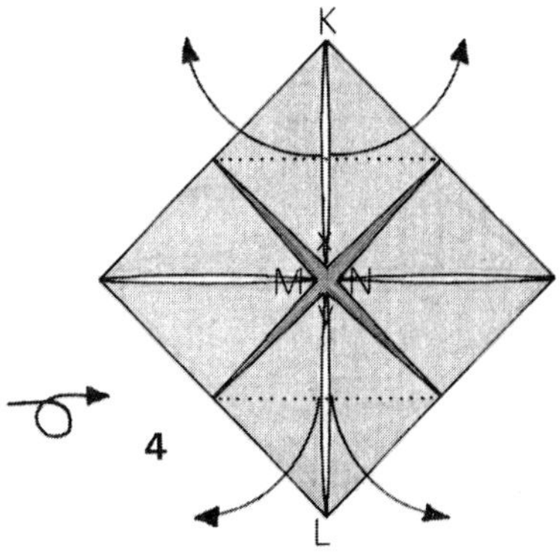

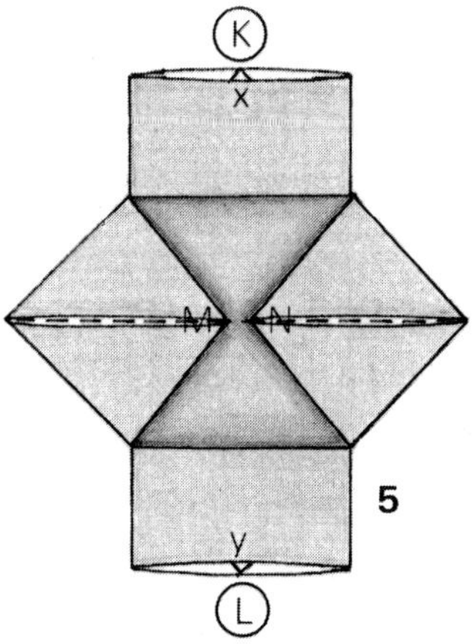

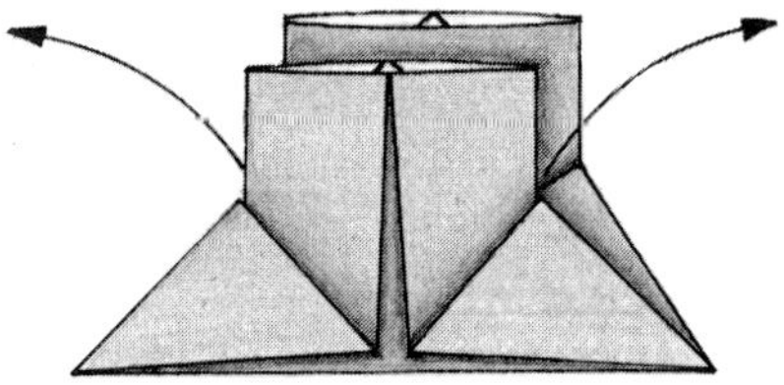

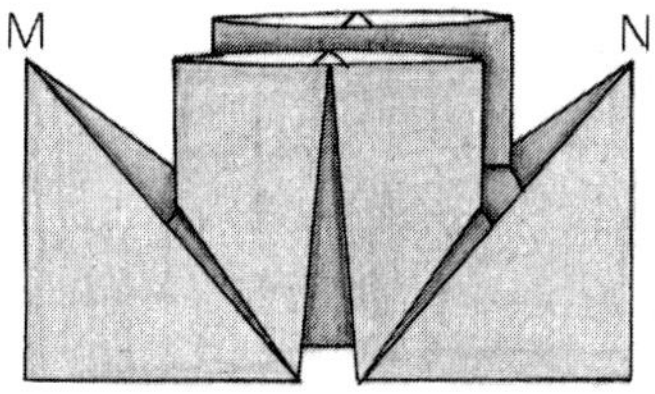

„Pfeffer und Salz" und „Himmel und Hölle"
Spielfigur

Ausgang: Figur 2 des Dampfers Seite 89

1 Talfalten im Mittelkreuz. Öffnen. Bergfalten in
den Diagonalen. Öffnen. Die Ecken H und F
auf Ecke G ziehen, dadurch fällt auch Ecke E
auf Ecke G.

2 Die Arbeit aufnehmen und die vier Ecken A, B,
C und D nach außen klappen. Die an diesen
vier Ecken vorhandenen Bergfalten zu Talfalten
umstreichen.

3 Für „Himmel und Hölle" die Figur umdrehen,
jeweils Daumen und Zeigefinger einer Hand in
zwei nebeneinanderliegende Tüten stecken.
Das Modell läßt sich in zwei Richtungen auf
und zu klappen. Eine Klappe blau, die andere
rot färben.

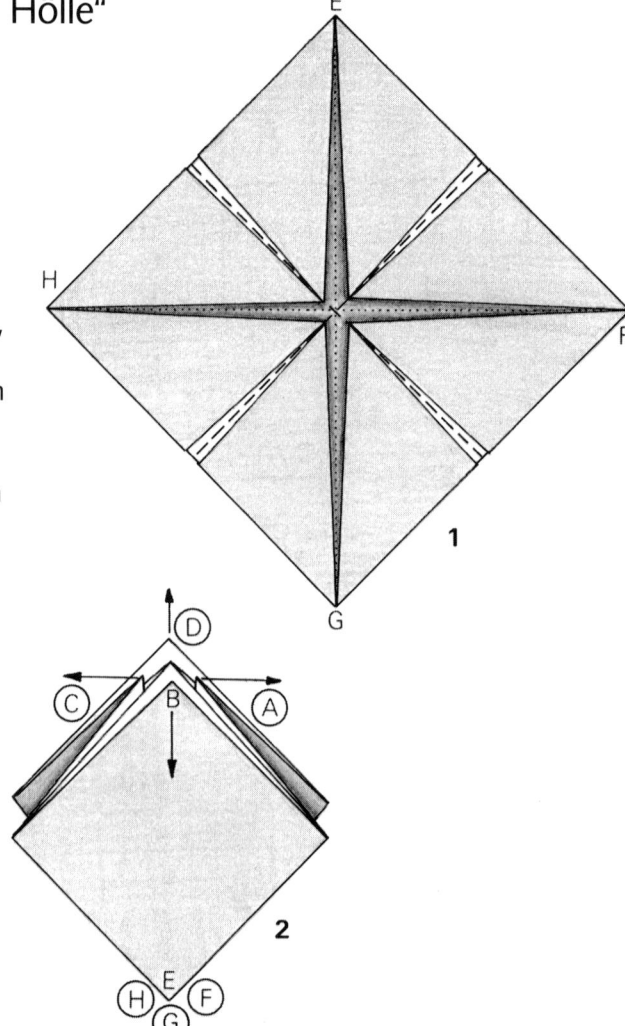

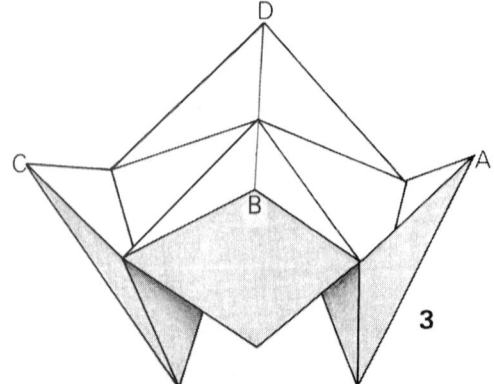

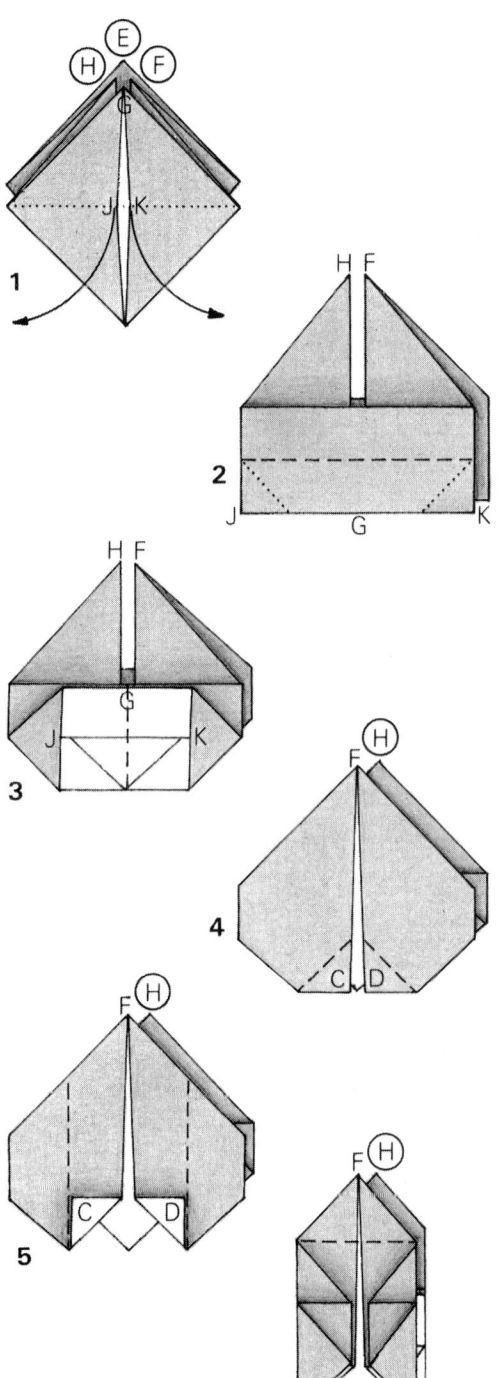

Japanischer Verkaufsstand

Ausgang: Grundform 4
Arbeit wenden und nach den Anweisungen zur
Abb. 1 „Pfeffer und Salz" Seite 90 falten. In die
in Abb. 1 gezeigte Position bringen.

1 Ecke G vorn nach unten falten, dabei die
Punkte J und K nach außen ziehen. Hinten
diesen Vorgang mit Ecke E wiederholen.
2 Durch die Talfalte fällt G auf die Mitte der
Arbeit und J und K in die aus Abb. 3 ersichtliche Lage. Auf der Rückseite E in gleicher
Weise falten.
3 Vorn rechte Seite mit K nach links, entsprechend hinten linke Seite nach rechts falten.
4 Talfalten vorn und hinten in den gestrichelten
Linien.
5 Talfalten vorn und hinten.
6 Bei Spitze F vorn und Spitze H hinten Talfalten.
7 Talfalten vorn und hinten. Die gefalteten Teile
jeweils in die beiden kleinen Taschen stecken.
8 Die fertige Figur aufziehen und den Boden
formen.

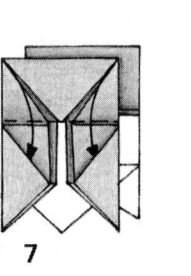

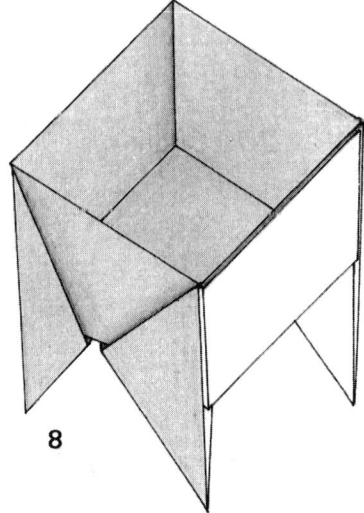

Korea-Dschunke

Ausgang: Figur 2 der viereckigen Schachtel
Seite 86

1 Bergfalte im Mittelbruch.
2 In der Strichpunktlinie knicken. Ecke J nach
   links oben und Ecke K nach rechts oben
   ziehen. Dabei die Punkte G und H auf die
   Punkte x drücken.
3 Wenden und wie bei Abb. 2 wiederholen.
   Wenden.
4 Den hinten liegenden Teil nach oben klappen.
5 Bergfalten in den punktierten Linien.
6 Punkt a nach oben und Punkt b nach unten
   ziehen. Dabei die Punkte x nach rechts bzw.
   links drücken.
7 Ecke A und C herausziehen. Arbeit drehen.
8 Wenden.
9 Talfalten in den gestrichelten Linien.
10 Talfalten in den Linien 1, 2 und 3. Bei Spitze A
   Talfalten.
11 Talfalte im Mittelbruch.
12 Die Punkte x jeweils mit einer Hand fassen
   und seitwärts schräg nach oben herausziehen.

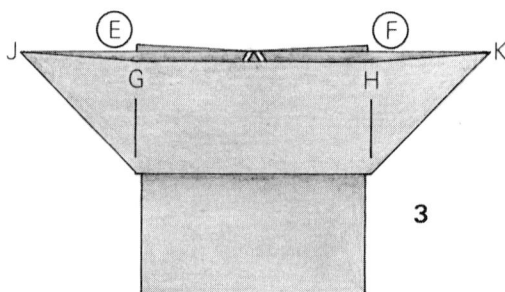

3

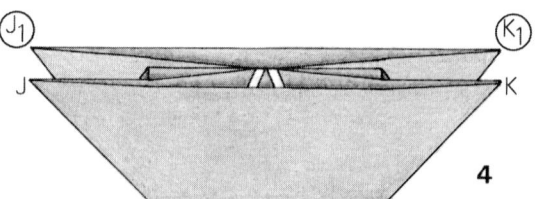

4

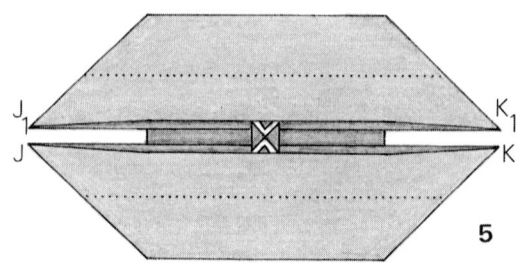

5

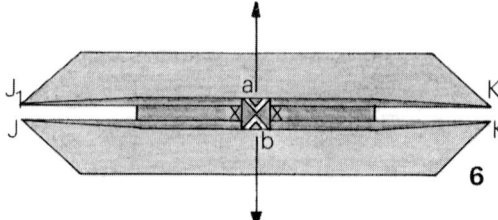

6

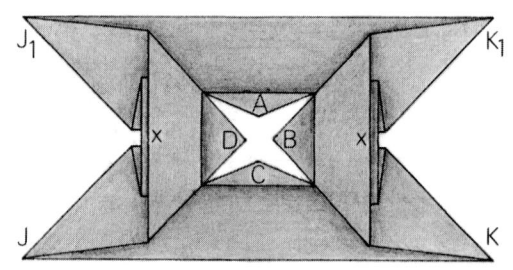

7

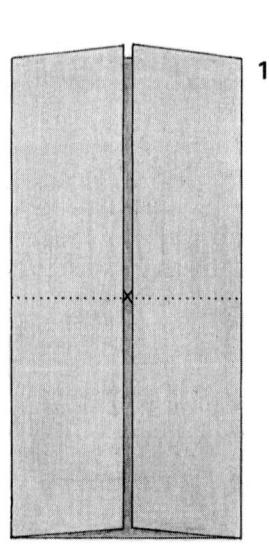

1

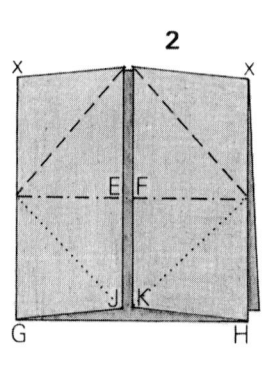

2

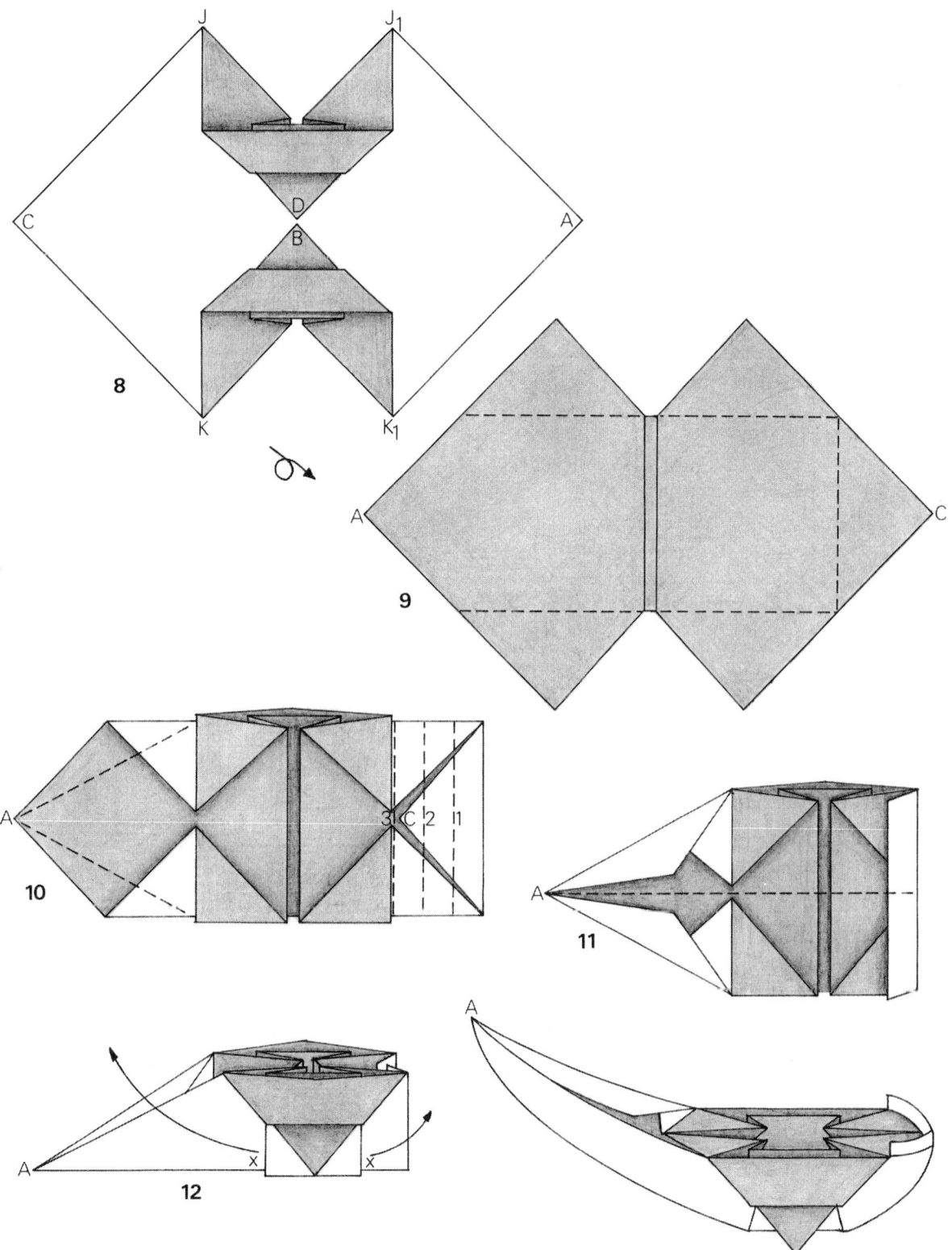

Grundform 5

Tropfen hellen Taus –
Wählerisch sind sie ja nicht,
Sitzen überall!

Haiku von Sôin 1605–1682

Grundform 5

Ausgang: Quadratisches Faltblatt, Farbseite hinten

1 Talfalten in den Diagonalen. Bergfalten in den
Mittelbrüchen. Öffnen. Die Punkte b und d
auf Punkt a ziehen, dadurch fällt auch Punkt c
auf Punkt a.
2 Grundform 5.

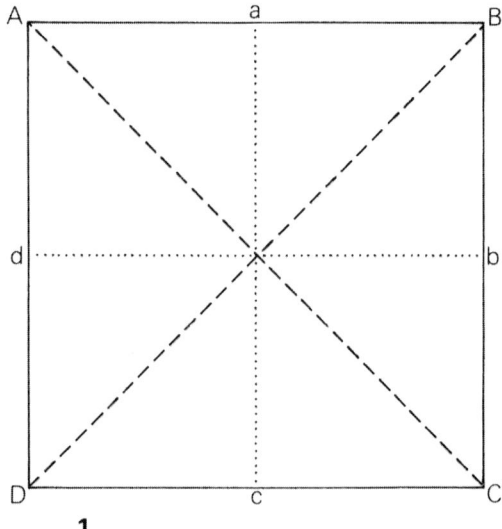

1

Diese Grundform nennt man bei uns oft das Fliegerdreieck, weil aus ihr die bekannte Faltfigur
„Flieger", auch „Schwalbe" genannt, entsteht. An
ihr fallen uns sofort die vier Endpunkte A, B, C
und D auf, die vom Zentralpunkt E und dem
Mittelbruch fortstreben. Diese vier Endpunkte
finden wir in den vier Blütenblättern des Enzians,
den Flügeln des Schmetterlings und den Füßen
des Frosches wieder. Die Spitze E wird im allgemeinen als Kopf oder Kelchspitze den Mittelpunkt der Figur bilden. Die breite Ausladung der
Endpunktspitzen macht diese Grundform als
Ausgangspunkt für Flugmodelle und Windgleiter
besonders geeignet.
Wichtig ist bei ihr außerdem die Tütenbildung,
die schon auf die Möglichkeit einer Hohlraum-
gestaltung hinweist. Ein Beispiel dafür ist der
Würfel, bei dem durch das Zusammenfügen der
Endpunktspitzen der Hohlraum geschlossen
wurde. Eine Kombination von Hohlraumbildung
und Endpunktfaltung stellen Figuren wie die
Enzianblüte und der Frosch dar. Durch die zwei-
fache Gestaltungsmöglichkeit bietet diese Grundform einen guten Ansatz für eigene schöpferische
Versuche.

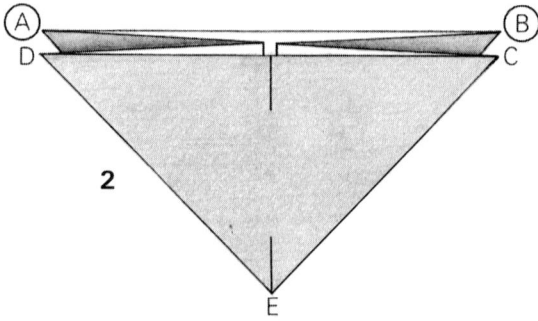

2

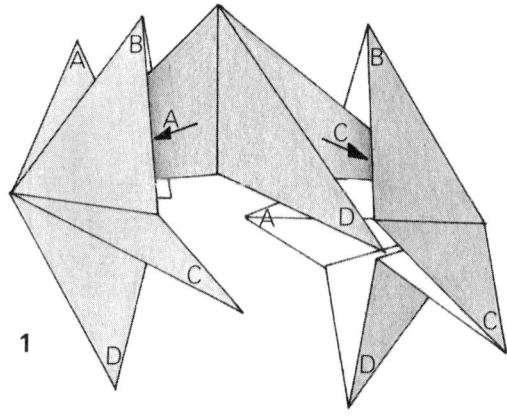

1

Ampel

Ausgang: Grundform 5

1 Die Grundform sechsmal in verschiedenen Farben falten. Alle Figuren drehen und die vier Spitzen im rechten Winkel zur Mittelachse stellen.
Die Spitzen A und C einer Figur jeweils in die Spitzen B von zwei weiteren Figuren stecken.

2 Die Spitze B von Figur 4 in die Spitze D von Figur 1 stecken. Gleichzeitig die Spitzen C von Figur 2 und 3 in Spitze A und C von Figur 4 schieben. Figur 5 und 6 in gleicher Weise anfügen. Von jeder gefalteten Grundform liegen zwei gegenüberliegende Spitzen innen und zwei außen.

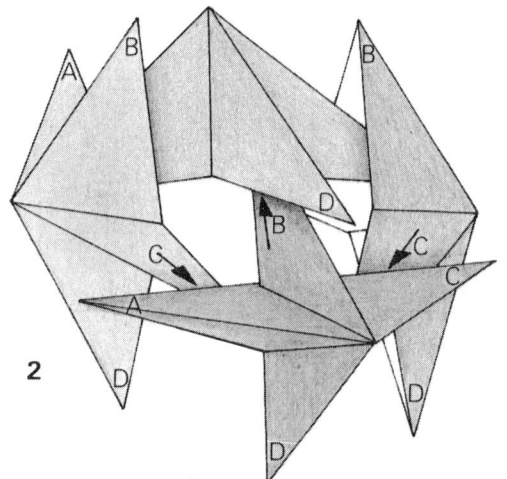

2

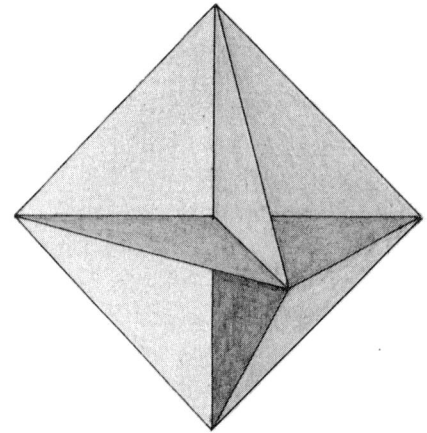

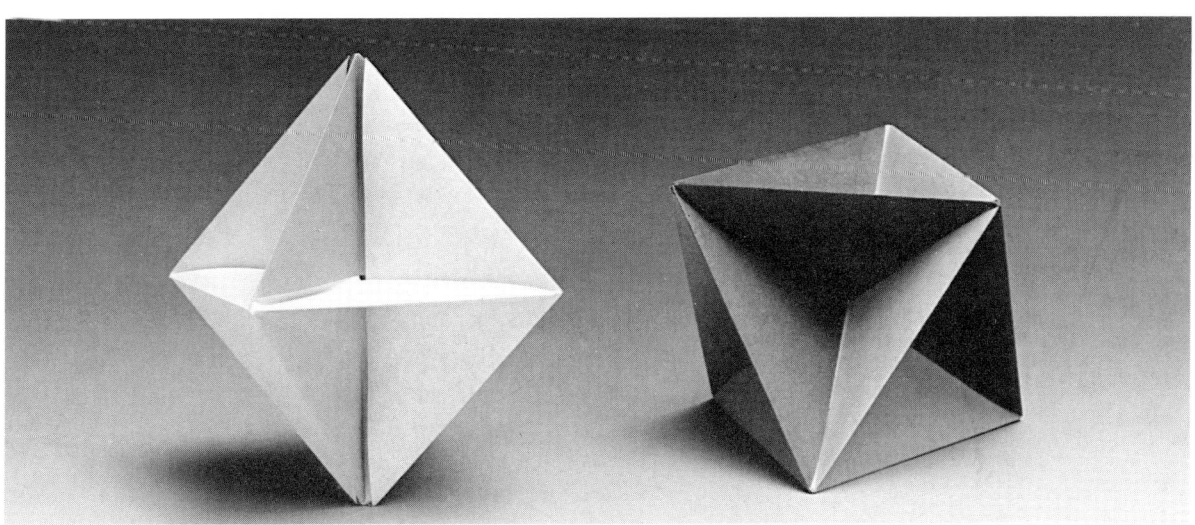

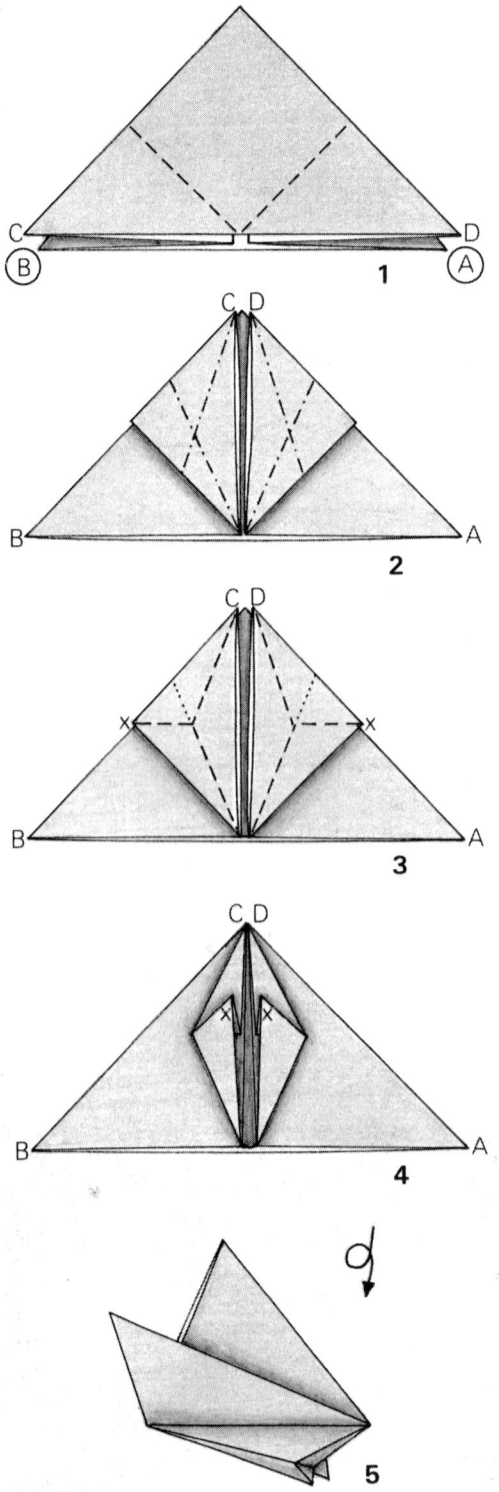

1

2

3

4

5

Schmetterling Spielfigur
Teufel Spielfigur

Ausgang: Grundform 5

1 Arbeit drehen. Talfalten bei den Spitzen C und D.

2 In den Strichpunktlinien die Außenkanten der aus den Spitzen C und D gebildeten Dreiecke an den Mittelbruch falten und öffnen.

3 Die Außenkanten in den vorhandenen Brüchen an den Mittelbruch falten. Durch die eingezeichneten Berg- und Talfalten legen sich die Ecken x vorn auf die Arbeit.

4 Arbeit wenden und die Flügel A und B leicht hochstellen.

5 Das fertige Schmetterlings-Modell.

6 Für den „Teufel" die Faltgänge 1–4 mit den Spitzen A und B wiederholen. Die Figur bei den Spitzen x halten und kräftig in die Öffnung unten hineinblasen.

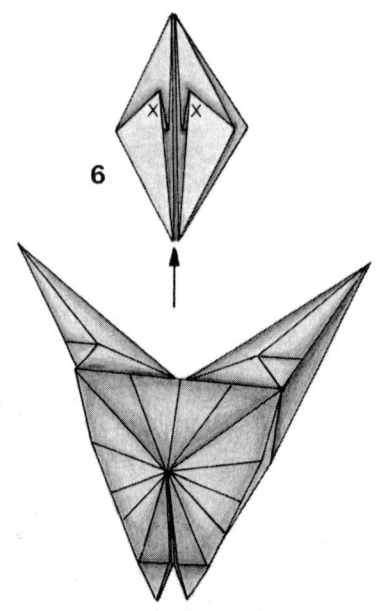

6

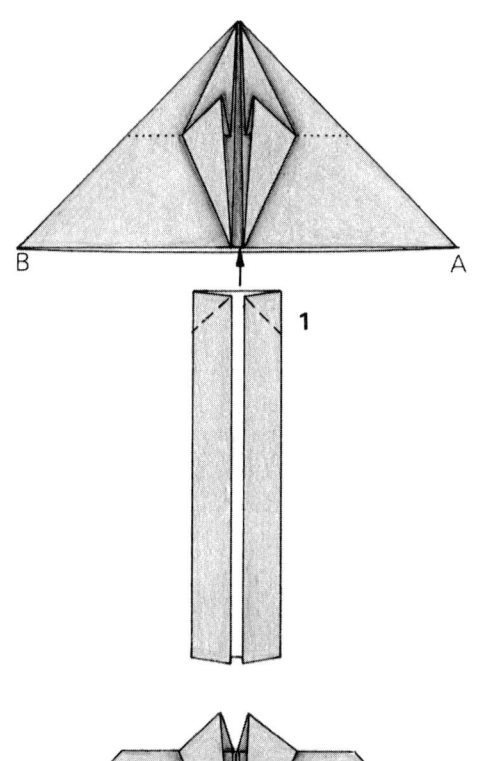

Schwalbe oder Flieger Spielfigur

Ausgang: Figur 4 des Schmetterlings Seite 98

1 Aus einem Papierstreifen den Schwanz falten und in die Figur stecken. Bergfalte in der punktierten Linie.

2 Talfalte in der punktierten Linie, so daß Spitze B auf Spitze A fällt. Arbeit drehen.

3 Die Flügel durch Talfalten vorn und hinten bei den Spitzen A und B in die gewünschte Position bringen.

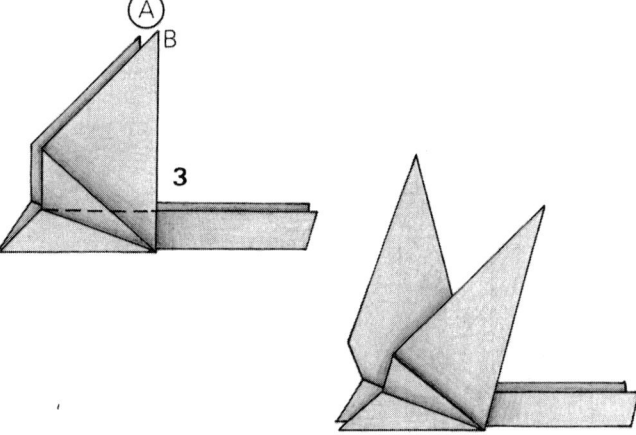

Ballon oder Würfel

Ausgang: Grundform 5

1 Arbeit drehen. Talfalten vorn und hinten.
2 Talfalten vorn und hinten.
3 Talfalten vorn in den gestrichelten Linien bei den Spitzen C und D. Talfalten hinten bei den Spitzen A und B. Die Spitzen A, B, C und D in die Tüten bei den Ecken F, G, H und J stecken.
4 Die noch herausstehenden Kanten durch Talfalten vorn und hinten in die Tüten stecken.
5 Bei den Punkten x fassen und kräftig in die unten liegende Spitze blasen. Es entsteht der Ballon.
6 Durch Einstreichen der Kanten wird aus dem Ballon ein Würfel.

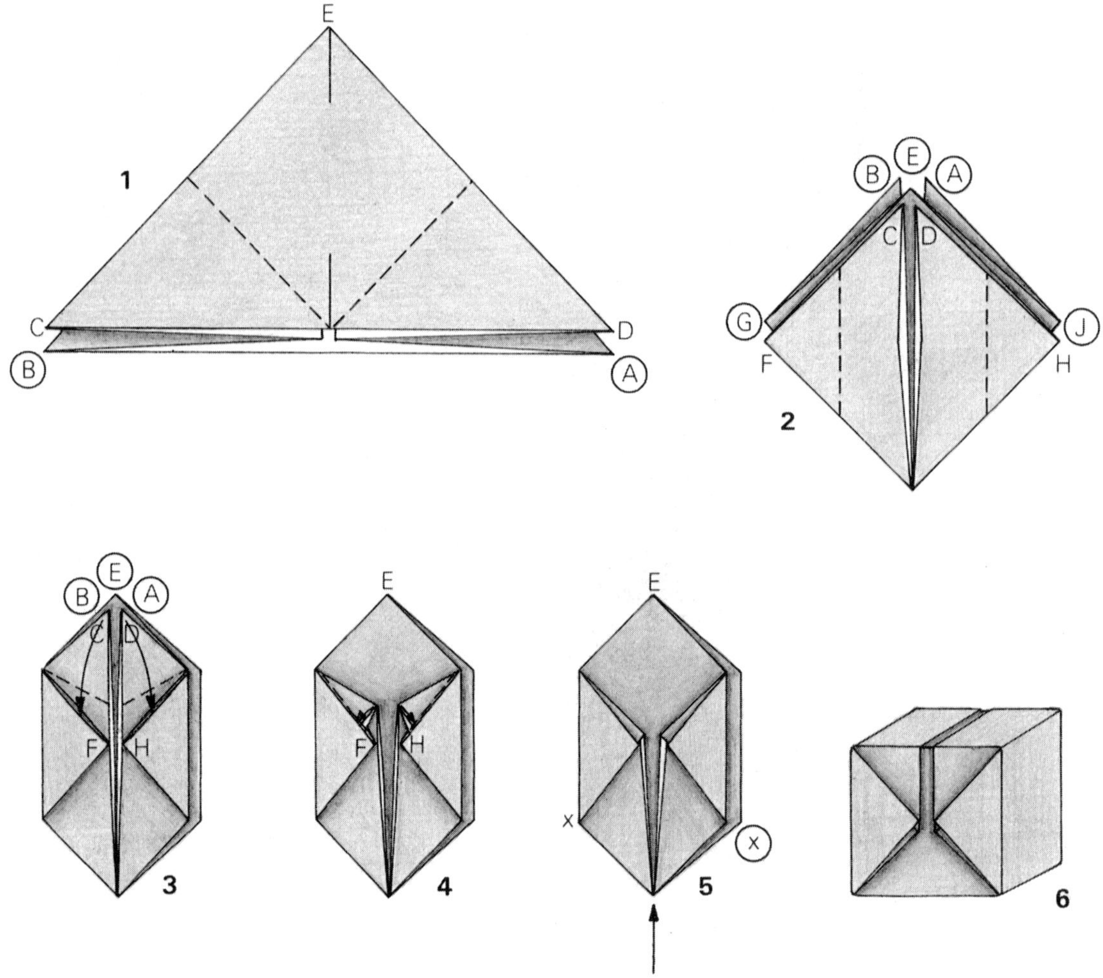

Kirche

Ausgang: Figur 2 des Ballons Seite 100

1 Die Punkte x auf die in Abb. 2 gezeigte Position ziehen. Dadurch fallen die Spitzen C und
D unten auf den Mittelbruch. Die entstehenden
Bergfalten einstreichen. Auf der Rückseite
wiederholen.

2 Ecke K vorn im Mittelbruch nach links und
Ecke H hinten nach rechts klappen.

3 Talfalten vorn und hinten.

4 Ecke L vorn im Mittelbruch nach links und Ecke
G hinten nach rechts klappen.

5 Die Ecken A und B nach außen klappen. Durch
die Bergfalten fallen die Punkte o auf die in
Abb. 6 gezeigte Stelle.

6 Talfalte bei Spitze P.

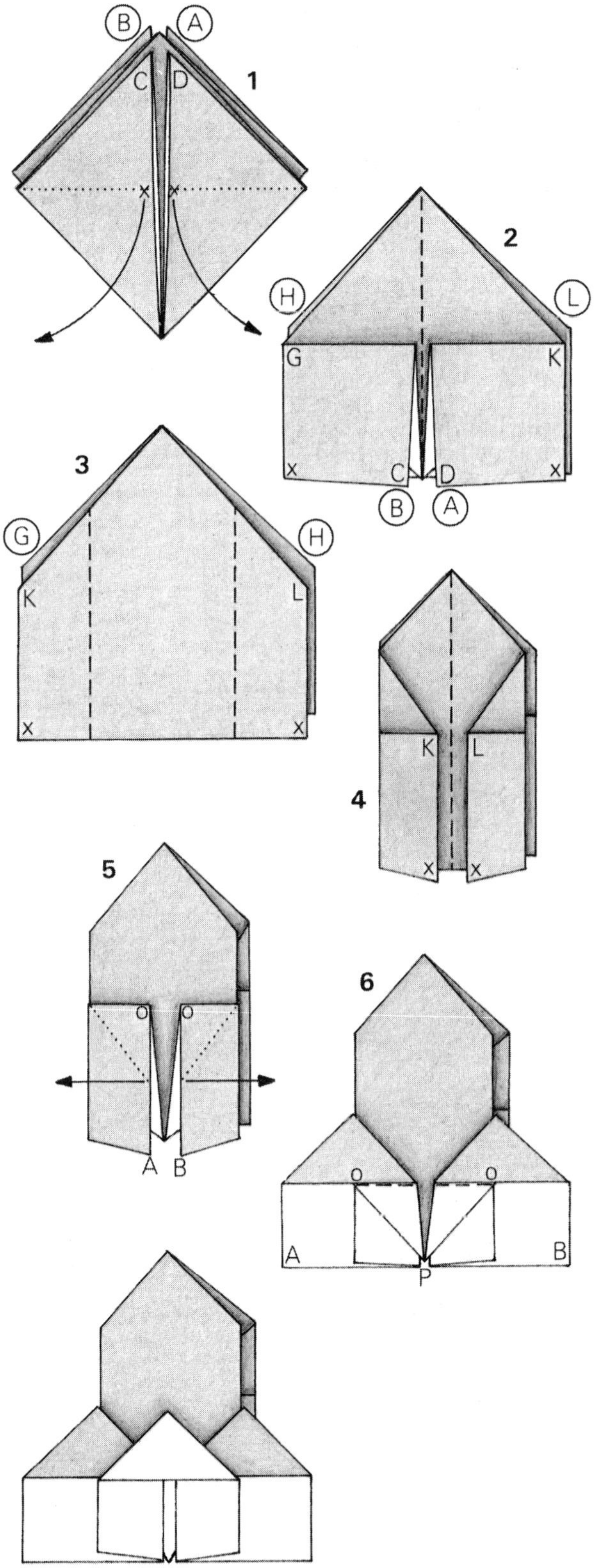

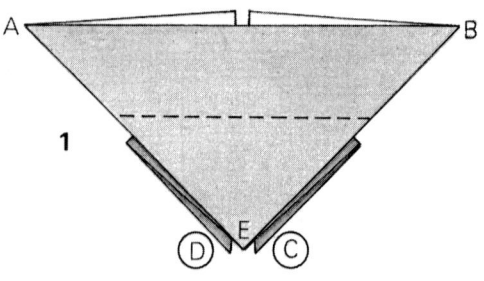

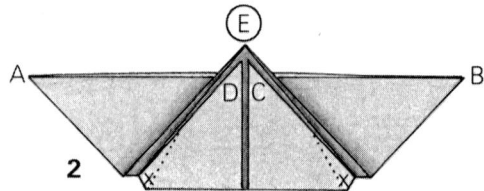

Schmetterling

Ausgang: Figur 2 vom Schmetterling Seite 98

1 Arbeit drehen und wenden. Talfalte in der gestrichelten Linie.
2 Die Spitzen C und D nach unten ziehen und gleichzeitig die Ecken x in Richtung des Mittelbruchs drücken.
3 Berg- und Talfalte bei Ecke E. Talfalte im Mittelbruch, so daß Spitze A auf Spitze B fällt. Arbeit drehen.
4 Durch Talfalten vorn und hinten die Flügel seitwärts falten.

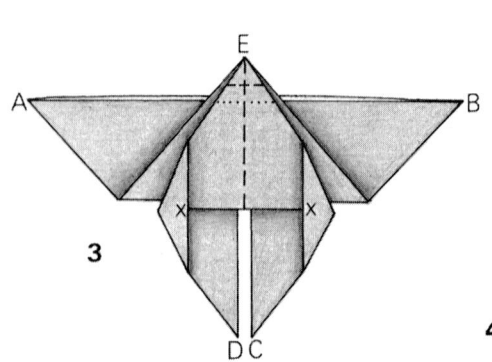

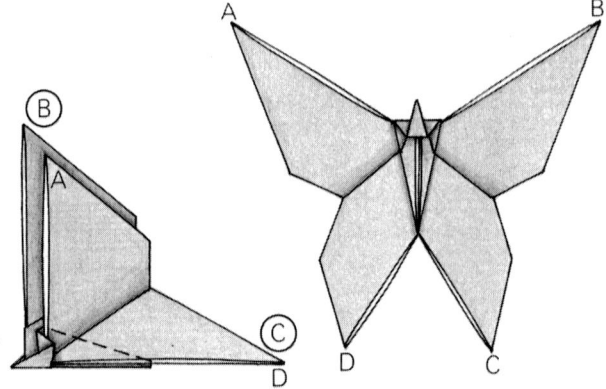

Enzianblüte

Ausgang: Grundform 5
Nach Möglichkeit einfarbiges Papier verwenden.

1 In den Strichpunktlinien knicken. Spitze C nach
oben ziehen, so daß Punkt a auf Punkt b fällt.
2 Mit den Spitzen D, B und A diesen Faltvorgang
wiederholen. Dazu die einzelnen Teile wie
Buchseiten im Millelbruch umblättern.
3 Talfalten in den gestrichelten Linien an allen
vier Blattformen.
4 Talfalten in den gestrichelten Linien an allen
vier Blattformen.
5 Die Spitzen A, B, C und D nach außen falten.

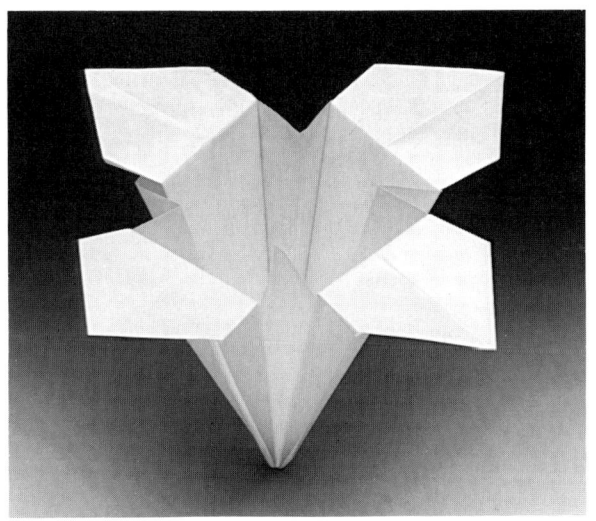

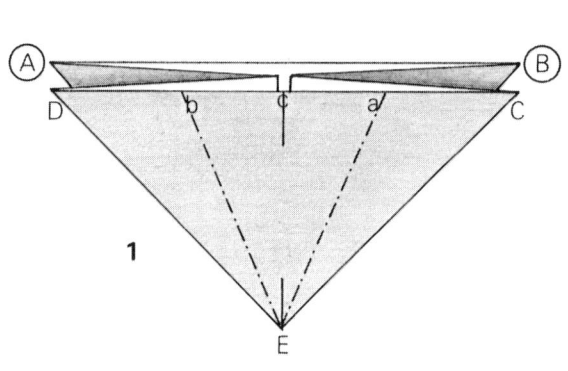
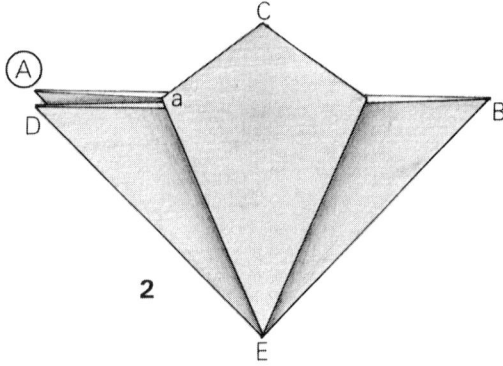

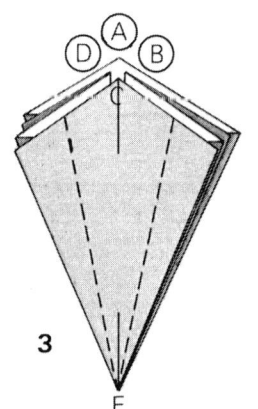
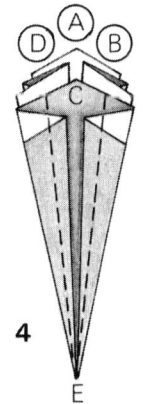
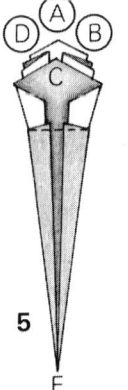
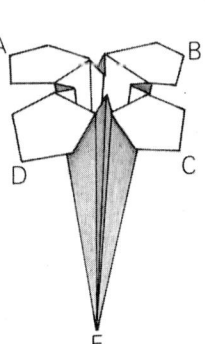

Frosch

Ausgang: Grundform 5

1 Kante D–F an den Mittelbruch knicken. Öffnen. Kante D–E an den Mittelbruch knicken. Öffnen.

2 Talfalten in den gestrichelten Linien. Bergfalte in der punktierten Linie. Punkt a fällt auf Punkt b.

3 Den gefalteten Teil nach links klappen und die Faltungen von Abb. 1 und 2 bei Spitze A wiederholen.

4 Die Ecke x im Mittelbruch wieder nach rechts klappen, und die Faltungen von Abb. 1 bis 3 mit Spitze C und B wiederholen.

5 Die vorhandenen Bruchkanten E–x verändern, so daß die Spitzen C und D in die aus Abb. 6 ersichtliche Position fallen. Dadurch verändern sich die bei b liegenden Falten.

6 Die Spitzen C und D nach oben falten.

7 Bei Spitze C und D Talfalten.

8 Durch Talfalten in den gestrichelten Linien Vorder- und Hinterfüße bilden.

9 Bei den Spitzen A und B Tal- und Bergfalten. Bei Spitze F Talfalte.

10 Wenden.

11 Den oberen Teil bei den Punkten x etwas hochziehen und gleichzeitig die Spitze E leicht nach innen drücken.

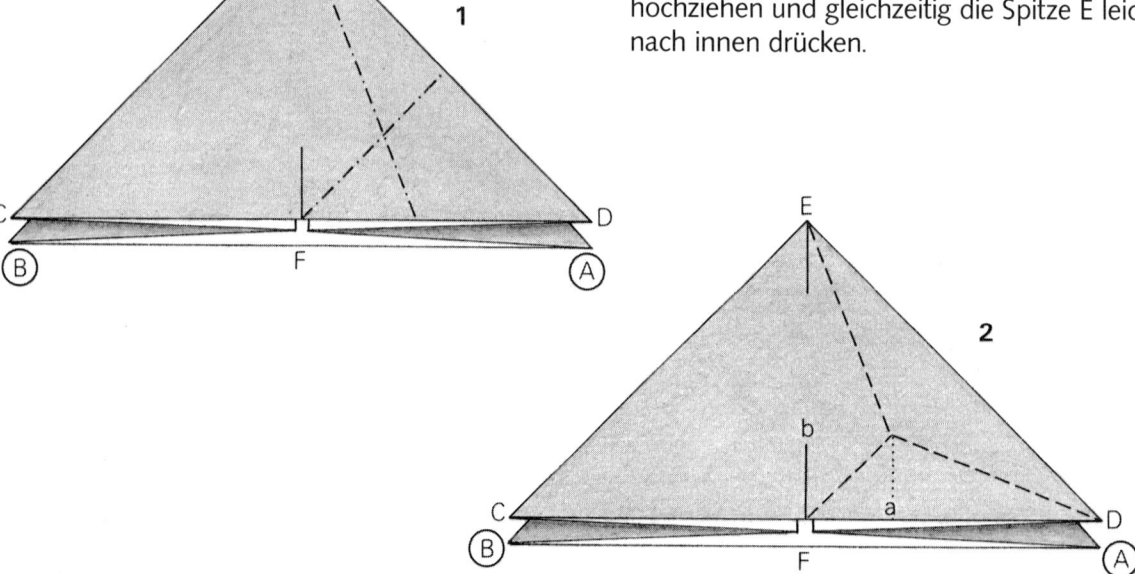

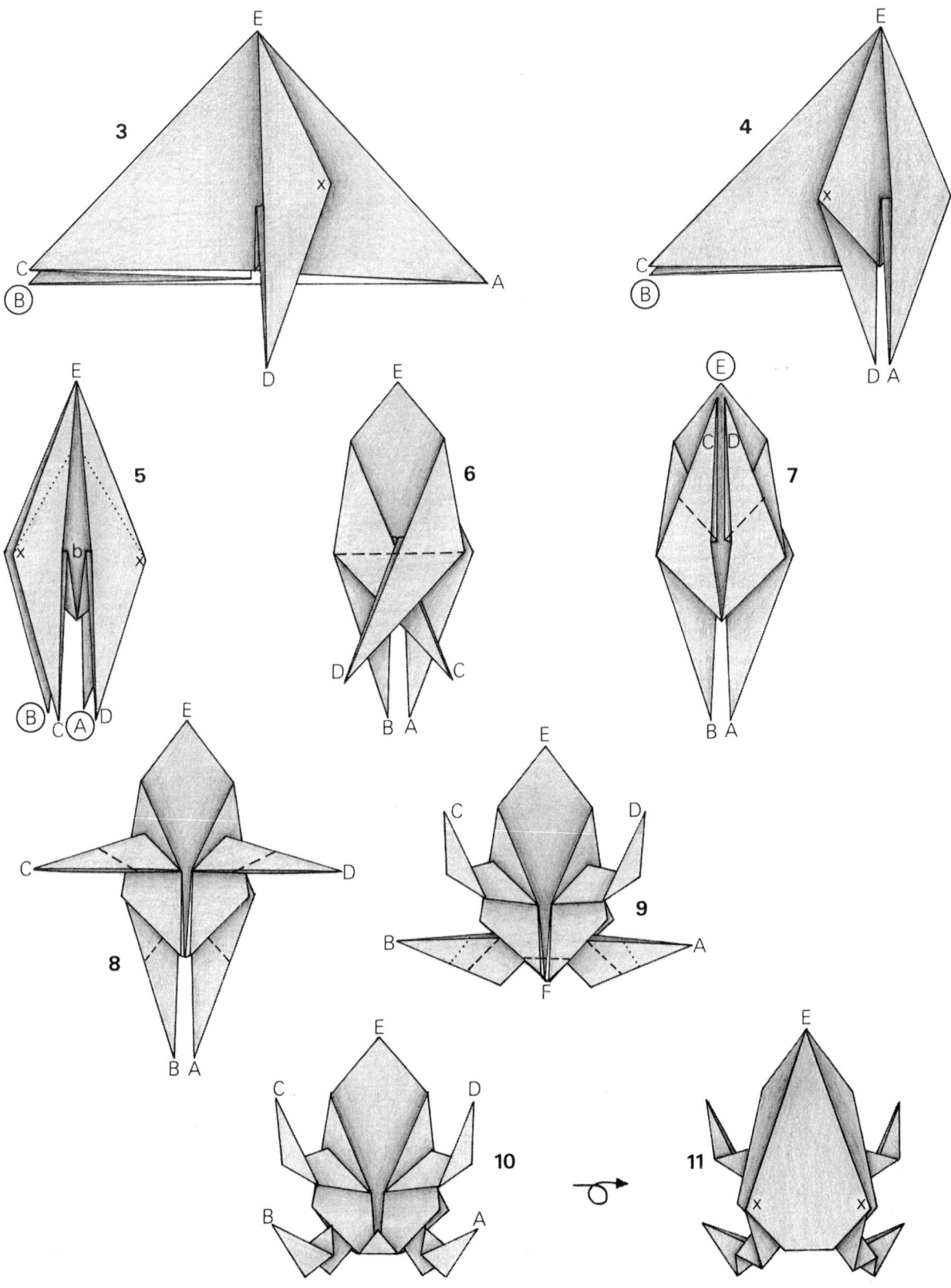

Grundform 6

Weht der kühle Wind,
Wird der leere Himmelsraum
Voller Föhrenklang.

Haiku von Onitsura 1660–1738

Grundform 6

Ausgang: Quadratisches Faltblatt, Farbseite hinten

1 Bergfalten in den Diagonalen. Öffnen. Talfalten in den Mittelbrüchen. Öffnen. Die Ecken B und D auf Ecke A ziehen. Dadurch fällt auch die Ecke C auf Ecke A.

2 Grundform 6.

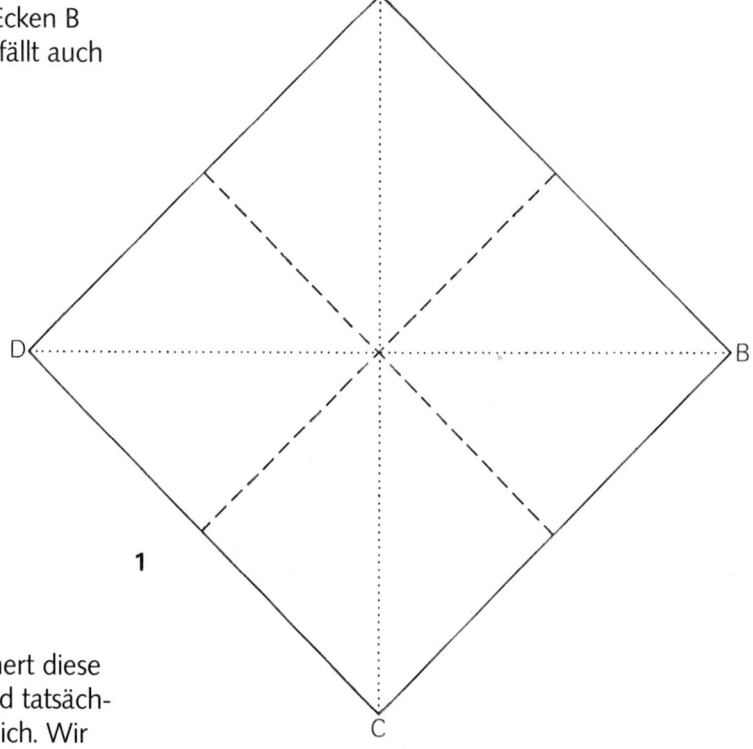

Trotz des quadratischen Formats erinnert diese Grundform an das „Fliegerdreieck", und tatsächlich sind sich auch die Ergebnisse ähnlich. Wir finden auch hier vier nach außen strebende Endpunkte, deren Lage aber von den vier weiteren, oben an der Mittelachse liegenden Endpunkten A, B, C und D bestimmt wird. Je weiter diese vier Endpunktspitzen nach außen gefaltet werden, desto näher müssen die anderen vier an den Mittelpunkt rücken (Beispiel Schwertlilie). Die Hohlraumbildung ist hier noch ausgeprägter als bei der Grundform 5. Deshalb lassen sich aus dieser Form besonders gut Dosen und Schachteln falten und – da sie im Aufbau ganz ähnlich sind – auch Kelchblüten.

Außerdem bieten sich Kombinationsmöglichkeiten an. Die Froschfigur (Seite 120) zeigt z. B., wie sich die Hohlraumbildung mit dem Falten der Endpunktspitzen kombinieren läßt.

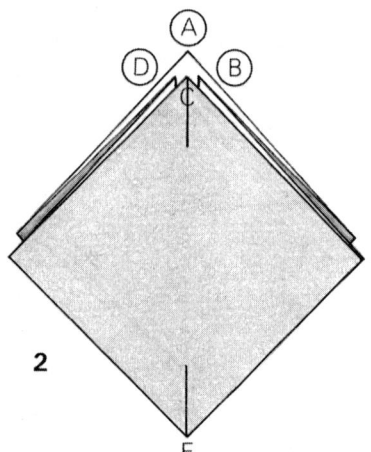

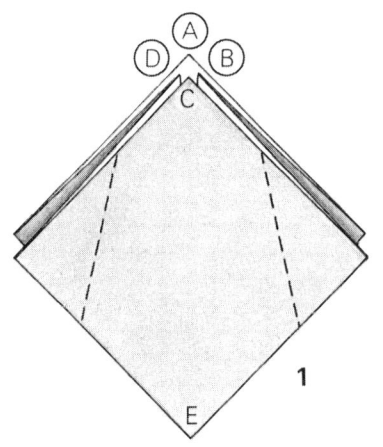

1

Tulpenblüte

Ausgang: Grundform 6

1 Vorn und hinten Talfalten in den gestrichelten Linien.
2 Vorn und hinten Bergfalten in den punktierten Linien.
3 Vorn und hinten Talfalten in den gestrichelten Linien.
4 Die Blüte öffnen und den Blütenboden E leicht nach innen drücken.

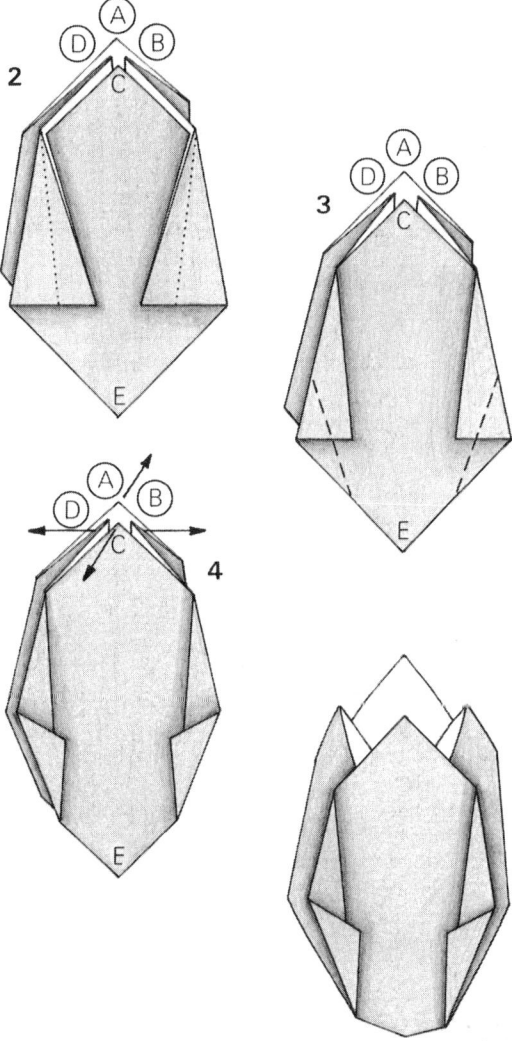

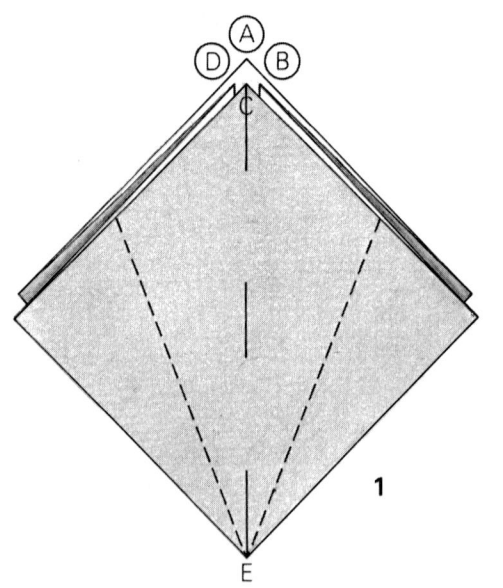

Zauberblüte

Ausgang: Grundform 6
Am besten eignet sich einfarbiges Papier. Bei zweifarbigem Papier die Farbseite nach vorn legen.

1 Talfalten vorn und hinten. Arbeit drehen.
2 Ecke F vorn und Ecke G hinten im Mittelbruch nach unten klappen.
3 Bei Spitze E Gegenbruchfalte nach innen.
4 Spitze E bei Punkt x zusammenhalten und die außen liegende Spitze D nach links ziehen. Dadurch öffnet sich die Blüte.

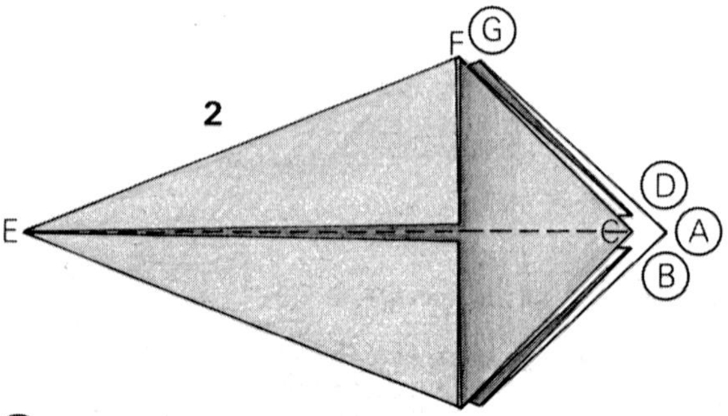

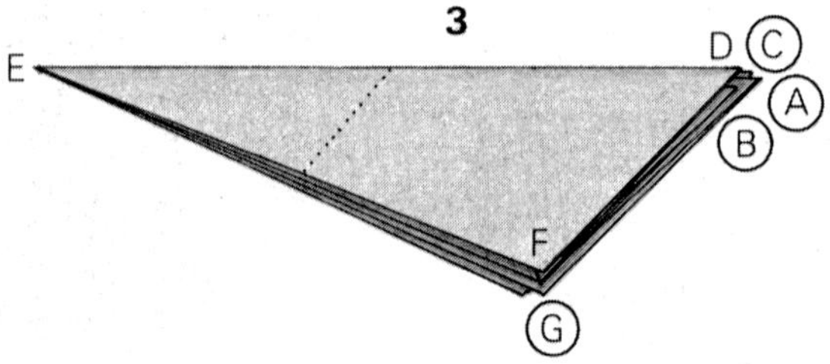

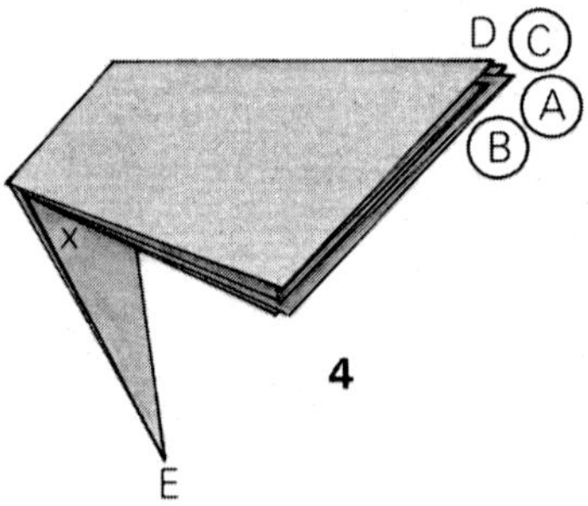

Becherblüte

Ausgang: Figur 2 der Zauberblüte Seite 110

1 Arbeit drehen. Bei Spitze E Berg- und Talfalte.
2 Alle Ecken nach außen falten, leicht einrollen und den Blütenboden formen.

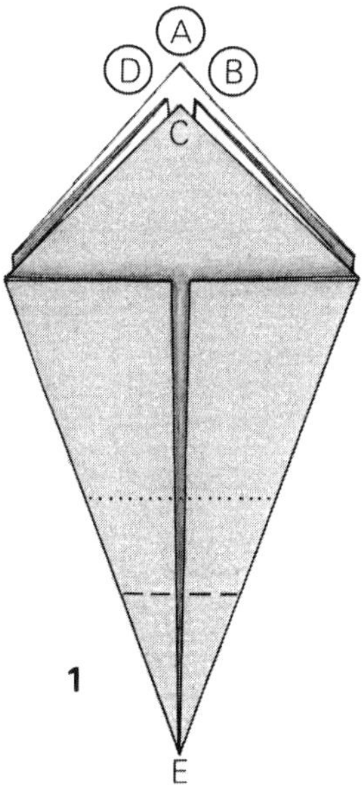

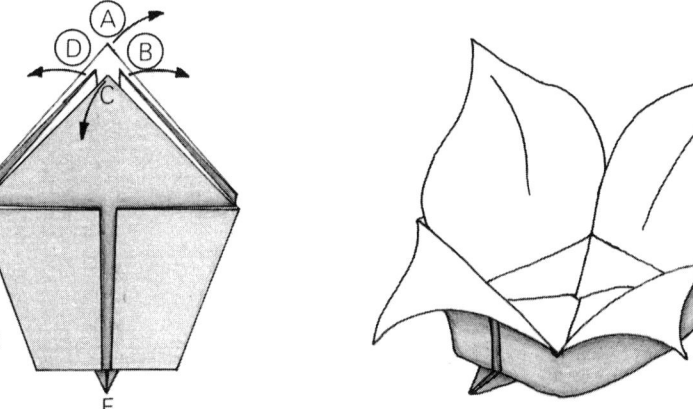

Schachtel

Ausgang: Grundform 6

1 Talfalten vorn und hinten in den Linien 1 und 2.
2 Ecke G vorn und Ecke F hinten im Mittelbruch
nach rechts bzw. links falten.
3 Talfalten vorn und hinten in den gestrichelten
Linien.
4 Bei Spitze B vorn und Spitze D hinten Talfalte.
5 Bei Spitze B Bergfalte und die Spitze unter
die Ecken G und H stecken. Hinten diesen Faltvorgang mit Spitze D wiederholen.
6 Die Schachtel auseinanderziehen und den
Boden E formen.

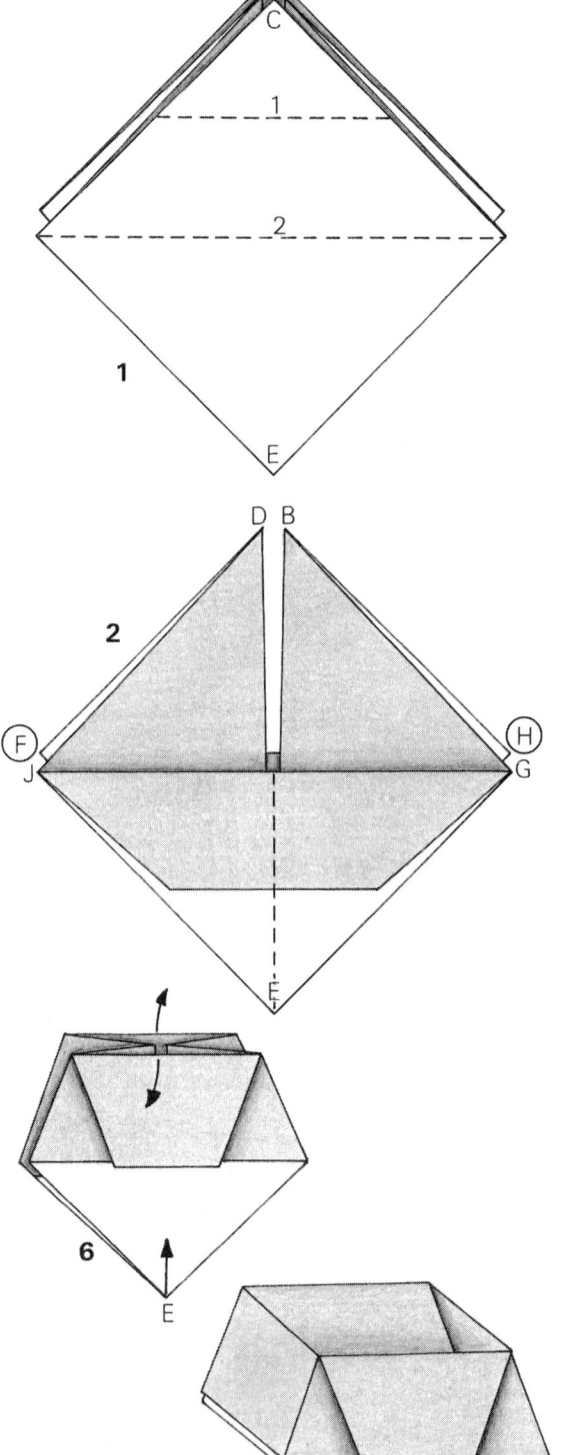

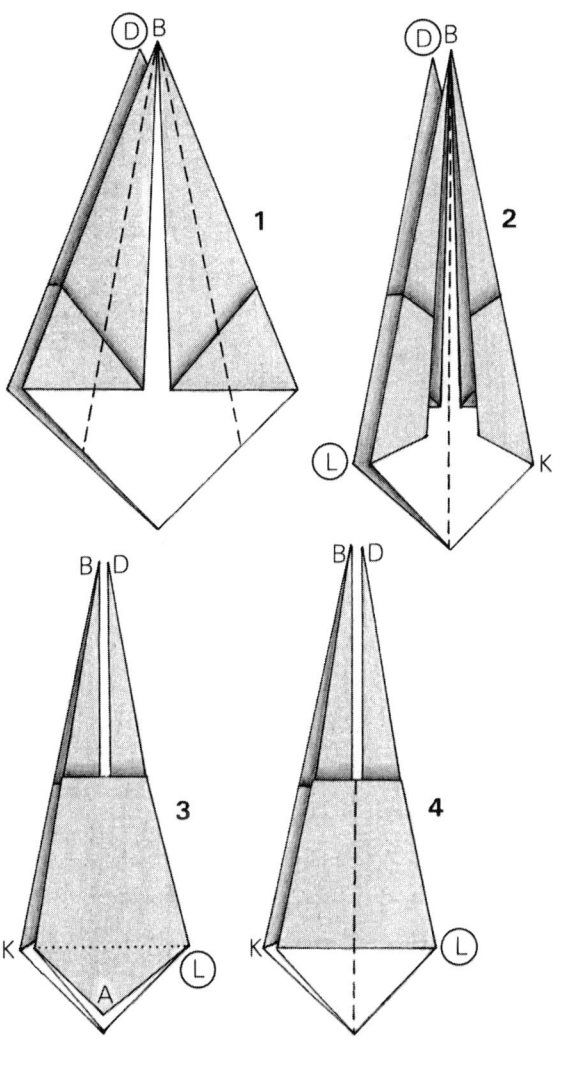

Kasserolle

Ausgang: Figur 4 der Schachtel Seite 112
Bei Abb. 1 der Schachtel nur Falte 2 ausführen.

1 Bei Spitze B vorn und Spitze D hinten Talfalten.
2 Ecke K vorn und Ecke L hinten im Mittelbruch
   nach rechts bzw. links klappen.
3 Bei Ecke A vorn und Ecke C hinten Bergfalte.
4 Ecke K vorn und Ecke L hinten im Mittelbruch
   nach rechts bzw. links klappen.
5 Bei Spitze B Talfalten. Die Spitze unter die
   Ecken G und H stecken.
6 Die Kasserolle oben auseinanderziehen, die Bergfalten beim Boden E einstreichen. Bei Spitze D
   durch Gegenbruchfalte den Stiel bilden.

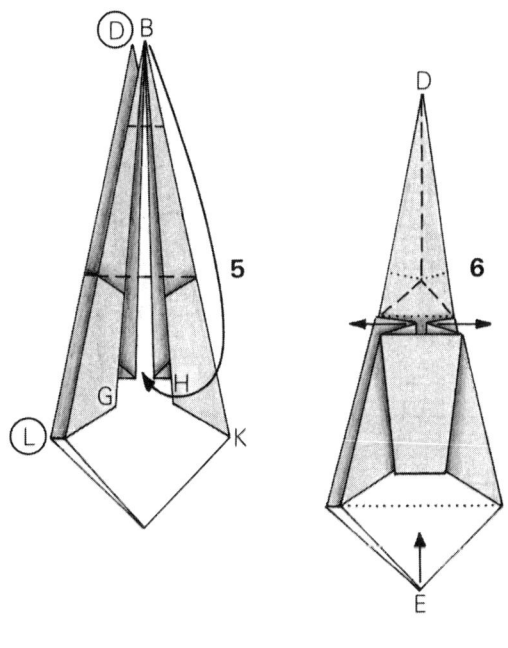

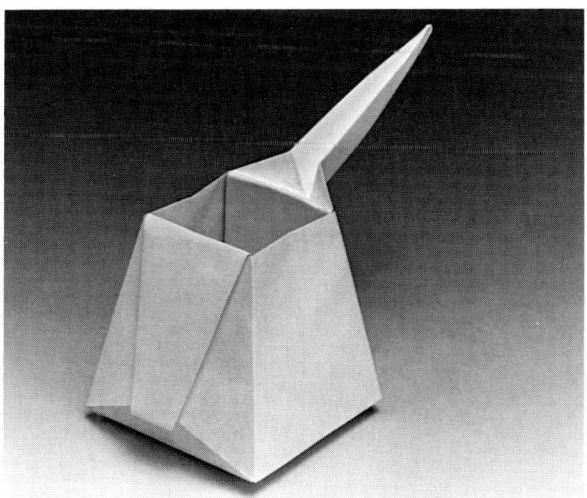

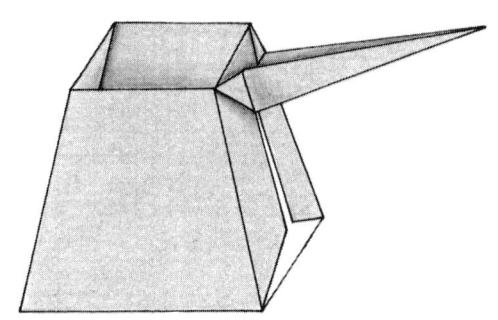

Sterndose

Ausgang: Grundform 6

1 Talfalten vorn und hinten.
2 Mit einem Finger in die Tüte bei F fahren und
  den vorn liegenden Teil nach außen drücken.
  Durch die Bergfalte fällt Ecke F auf die Außen-
  kante der Spitze C. Diesen Vorgang vorn mit
  der anderen Ecke und mit den beiden Ecken
  hinten wiederholen.
3 Vorn im Mittelbruch rechten Flügel auf linken,
  hinten linken auf rechten Flügel klappen.
4 Bei Spitze B vorn und Spitze D hinten Talfalten.
5 Die vier Spitzen nach außen falten. Die Dose
  auseinanderziehen und den Boden formen.

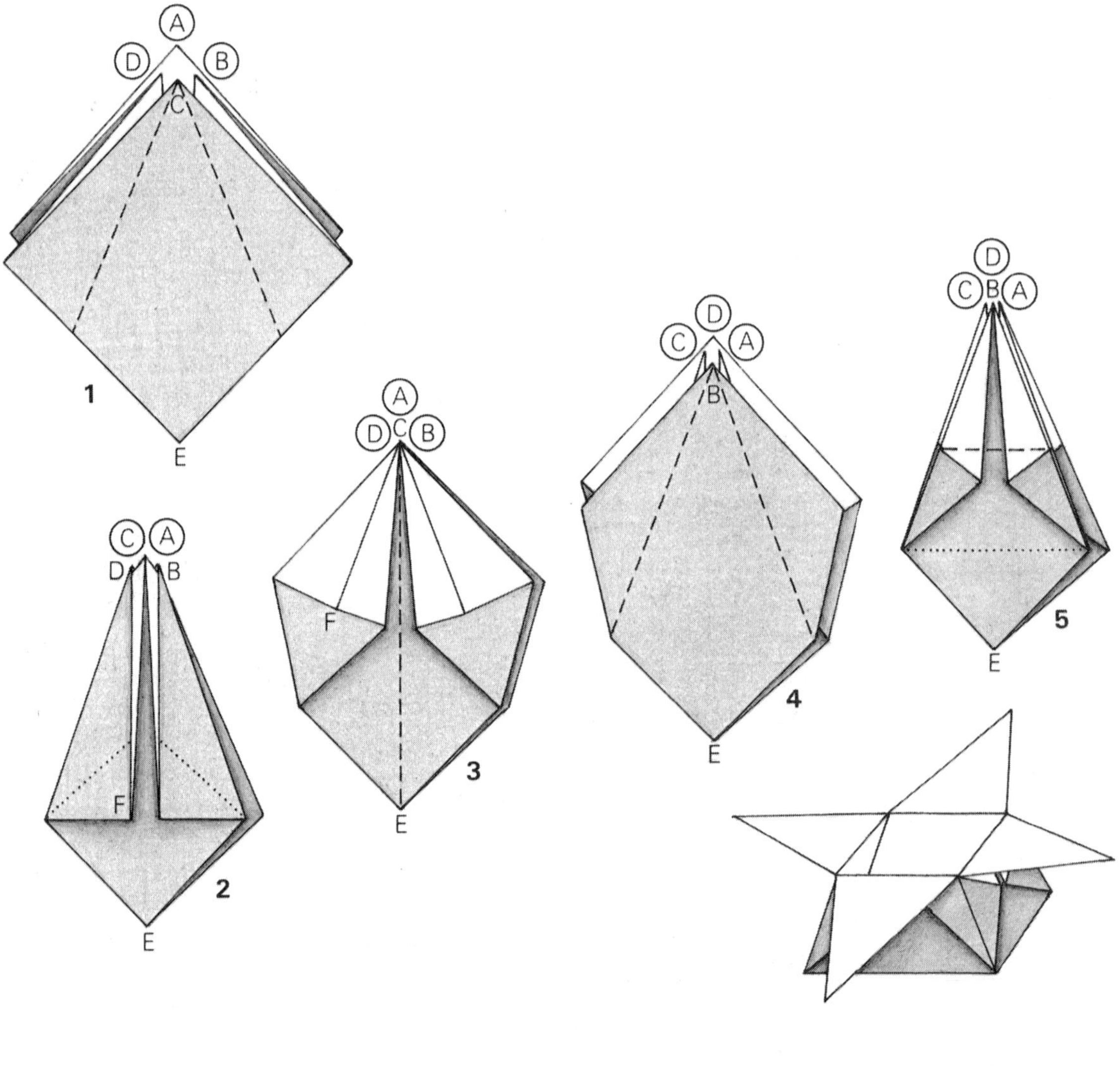

Schnecke

Ausgang: Grundform 6

1 Arbeit drehen. Bei Ecke C vorn und Ecke A hinten Bergfalten.
2 Im Mittelbruch vorn rechte Hälfte nach links, hinten linke Hälfte nach rechts klappen.
3 Talfalten vorn und hinten.
4 Im Mittelbruch vorn rechte Hälfte nach links und hinten linke Hälfte nach rechts klappen.
5 Die Spitzen B und D durch Gegenbruchfalten nach innen seitwärts herausfalten.
6 Bei Spitze B durch Gegenbruchfalte nach innen und außen den Kopf formen.

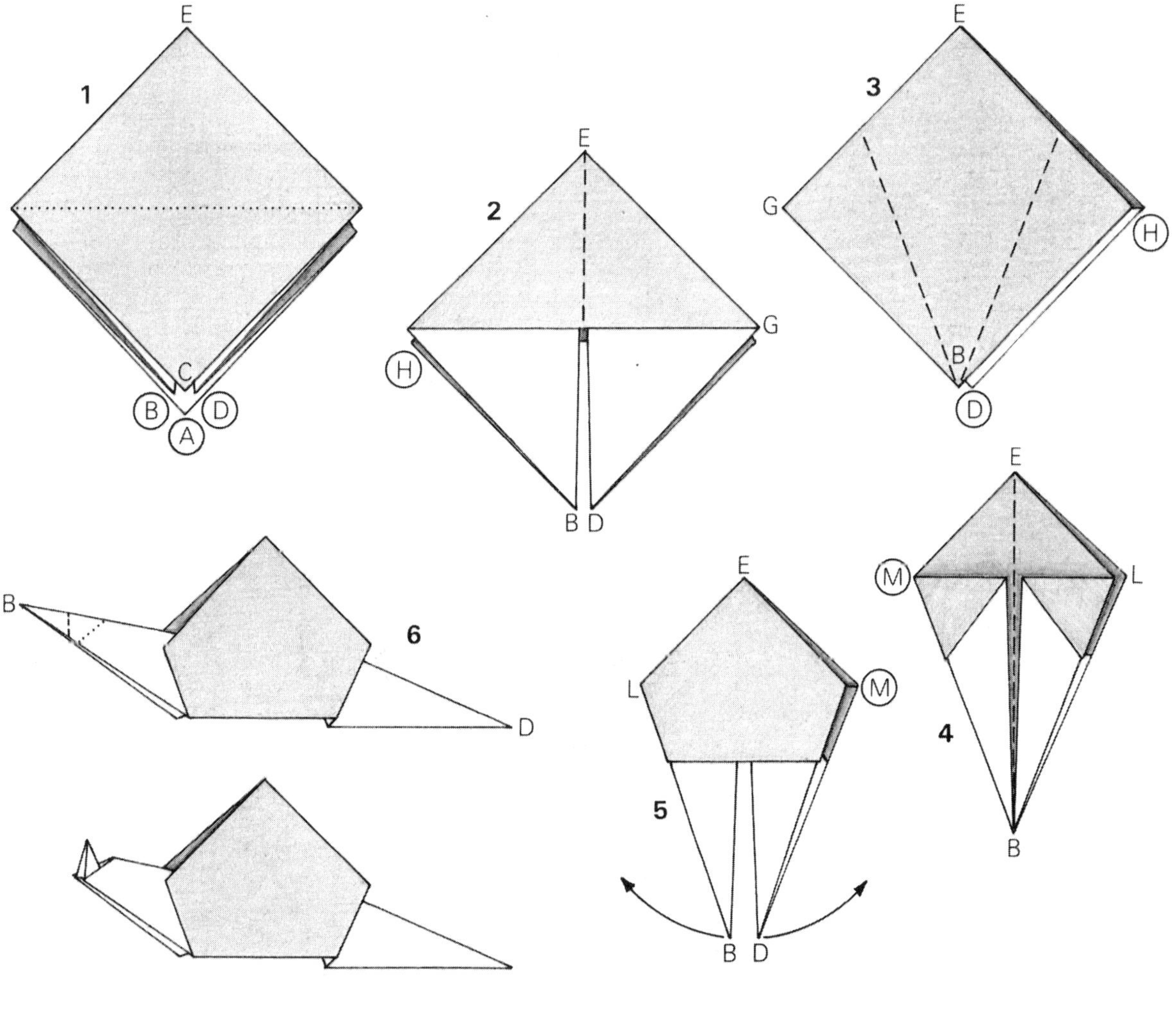

Schwertlilie

Ausgang: Grundform 6

1 In den Strichpunktlinien vorn und hinten knicken.
2 Durch eine Bergfalte Punkt a auf Punkt b ziehen, dadurch fällt Ecke F auf den Mittelbruch.
3 Den in Abb. 2 beschriebenen Vorgang mit den Ecken G, H und J wiederholen. Dabei die einzelnen Teile wie Buchseiten im Mittelbruch umblättern.
4 An allen vier Tüten Talfalten.
5 Spitze E in der Strichpunktlinie auf Spitze C und B knicken. Nach dem Öffnen Punkt F im entstandenen Bruch nach unten falten. Dies an allen vier Tüten wiederholen.
6 Spitze F nach oben klappen. Diesen Vorgang an allen Blattformen wiederholen.
7 Vordere Blattform im Mittelbruch nach rechts, hintere nach links umblättern.
8 An allen vier Blattformen Talfalten.
9 Die vier Blütenblätter nach außen falten und, wenn man will, von der Spitze her auf einen Bleistift rollen.

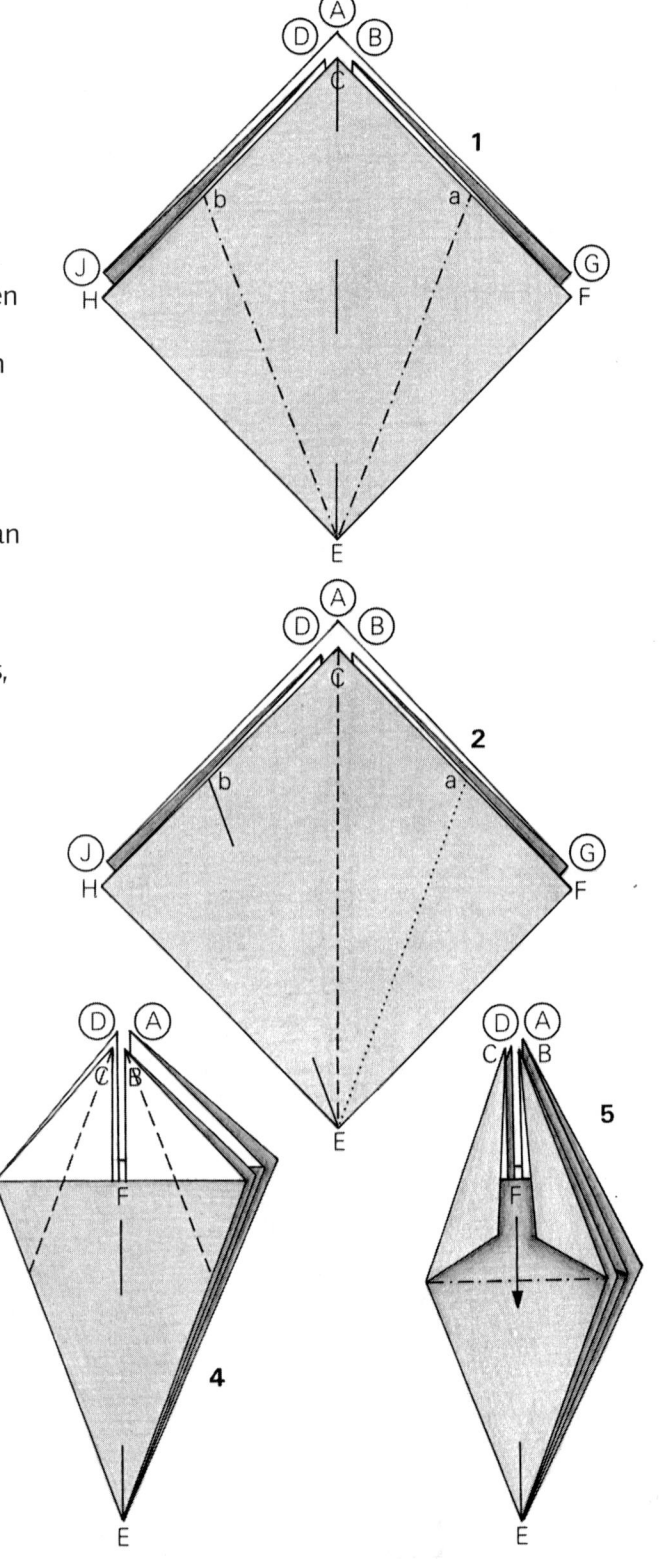

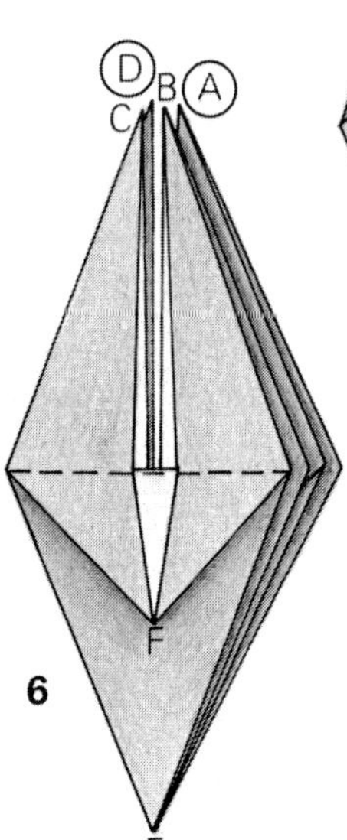

6

7

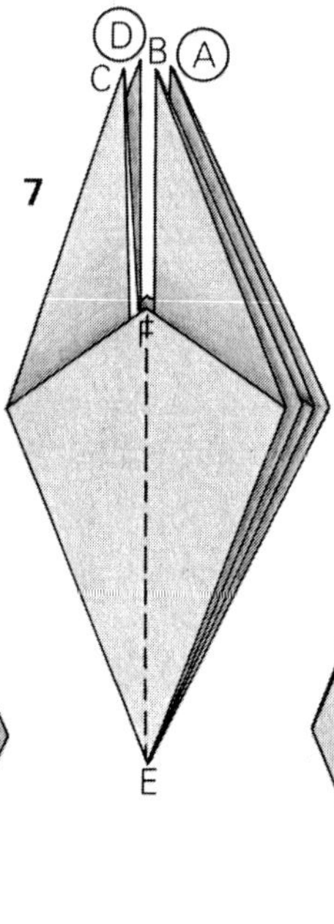

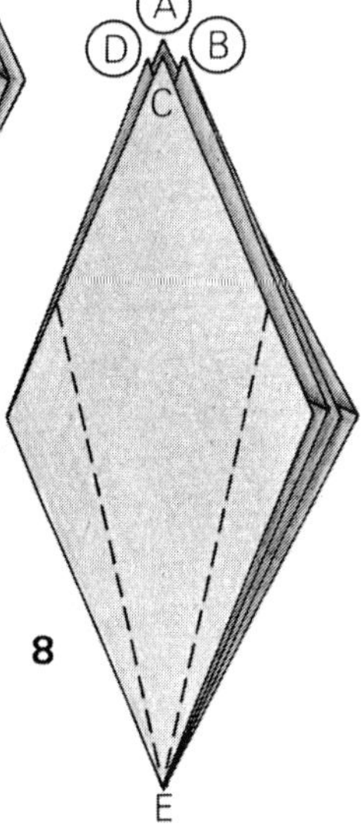

8

9

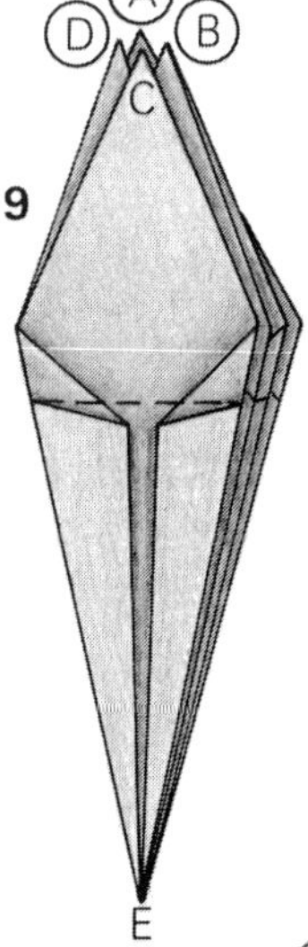

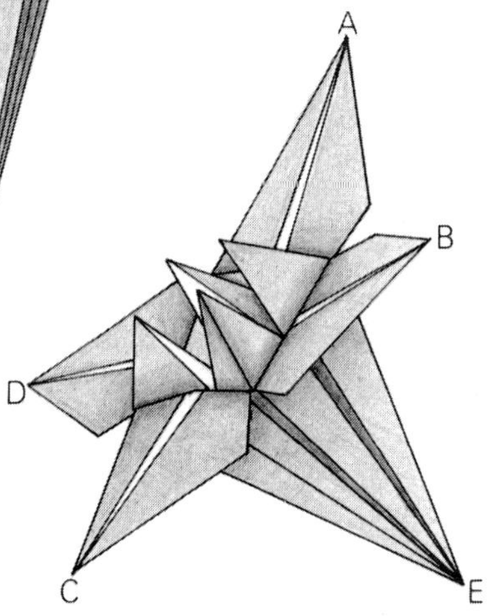

Sternblume

Ausgang: Figur 4 der Schwertlilie Seite 116

1 Im Mittelbruch vorn linke Hälfte nach rechts, hinten rechte Hälfte nach links klappen.
2 Talfalten an allen vier Spitzen.
3 Talfalte im Mittelbruch, rechte Hälfte nach links.
4 Bei Spitze E Gegenbruchfalte nach innen.
5 Blüte bei Spitze E zusammenhalten und vorsichtig öffnen.

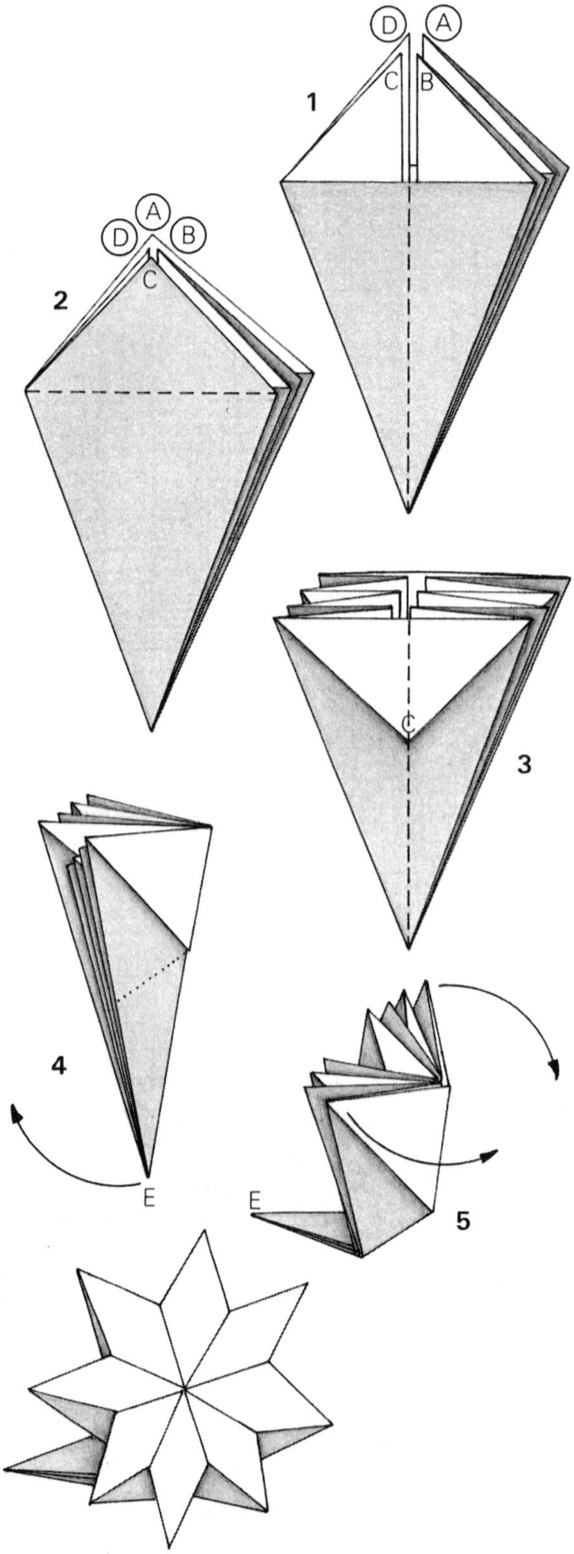

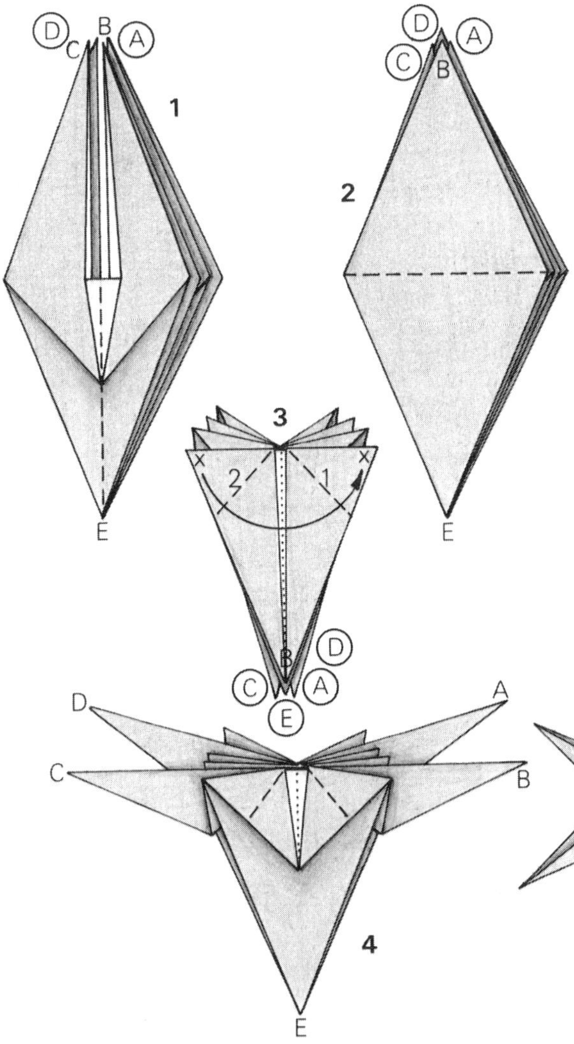

Stern

Ausgang: Figur 6 der Schwertlilie Seite 117

1 Im Mittelbruch vorn rechte Hälfte nach links, hinten linke Hälfte nach rechts klappen.
2 Die vier Spitzen A, B, C und D nach unten falten.
3 Spitze B mit Hilfe der Talfalte 1 nach rechts herausfalten. Bergfalte im Mittelbruch der Spitze B. Durch die Talfalte 2 fallen die Punkte x aufeinander. Diese Faltung an den restlichen drei Spitzen wiederholen.
4 Die vier kleinen Spitzen in gleicher Weise falten.

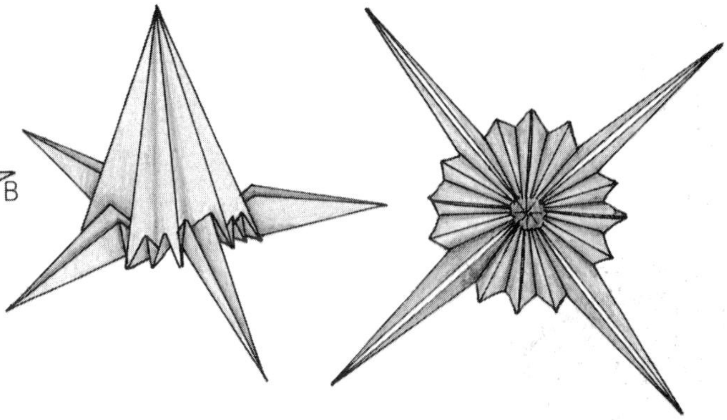

Frosch

Ausgang: Figur 6 der Schwertlilie Seite 117

1 Arbeit drehen. Vordere Blattform im Mittelbruch nach links, hintere nach rechts falten.
2 Talfalten an allen vier Blattformen.
3 Vordere Blattform im Mittelbruch wieder nach
links, hintere nach rechts falten.
4 Die Spitzen A und D durch Gegenbruchfalten
nach innen schräg nach oben bringen.
5 Durch Berg- und Talfalten in den eingezeichneten Linien bei den Spitzen A und D die
Vorderfüße formen. Die Spitzen B und C durch
Gegenbruchfalten nach innen in der Linie 1
nach außen bringen. Durch Berg- und Talfalten
in den Linien 2 und 3 die Hinterfüße formen.
6 Kräftig in die durch den Pfeil bezeichnete
Öffnung blasen.

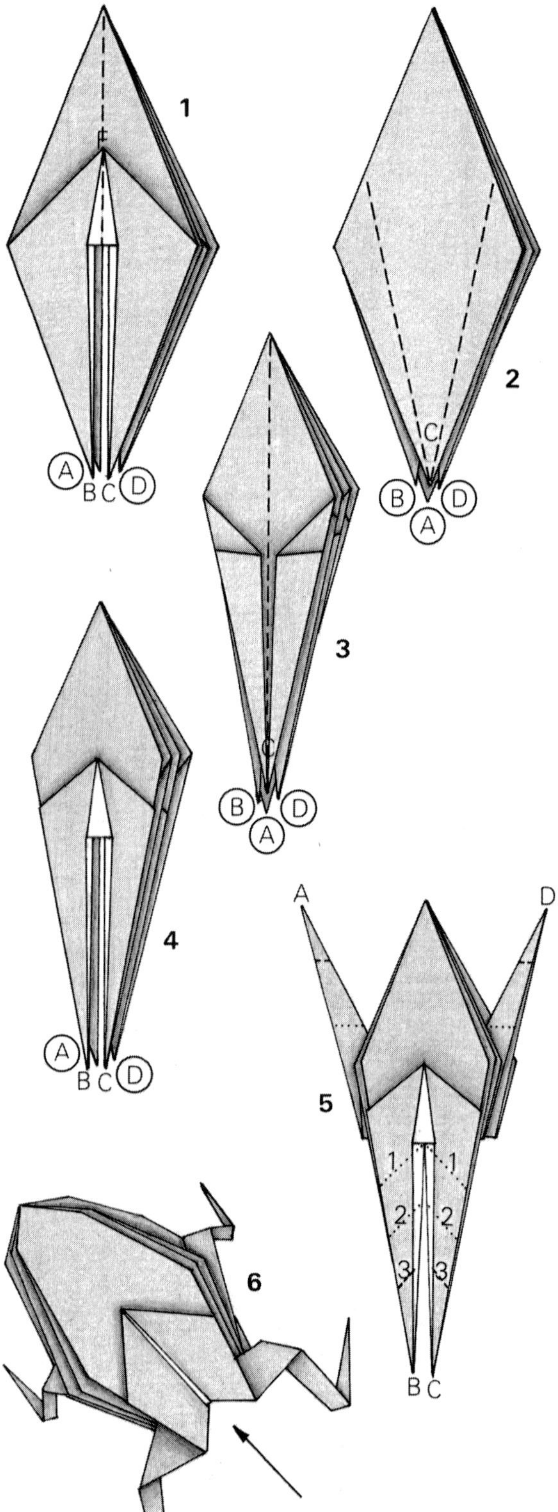

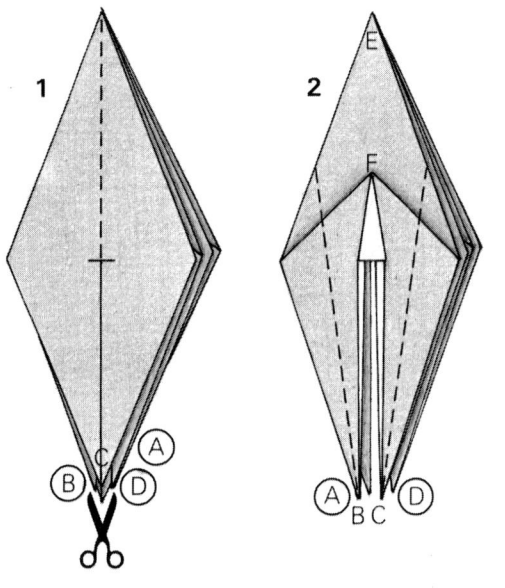

Krake

Ausgang: Figur 2 vom Frosch Seite 120

1 Alle vier Spitzen im Mittelbruch bis zur Mitte einschneiden. Im Mittelbruch vordere Blattform nach links, hintere Blattform nach rechts klappen.
2 Talfalten an allen Spitzen.
3 Die Spitzen B 1 und C 1 durch Talfalten nach oben bringen.
4 Alle restlichen Spitzen als Füße in gleicher Weise nach außen falten.
5 Wenden.
6 Spitze E nach unten falten und unter Ecke F stecken. Bei allen Spitzen durch Bergfalten die Füße formen.

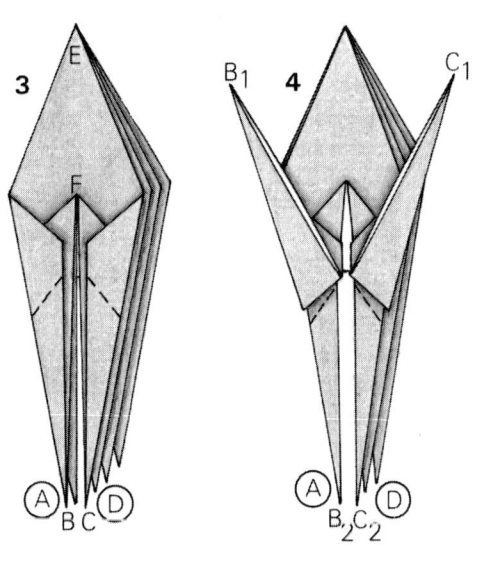

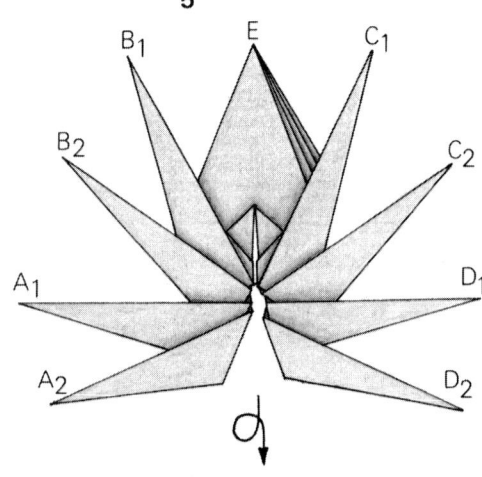

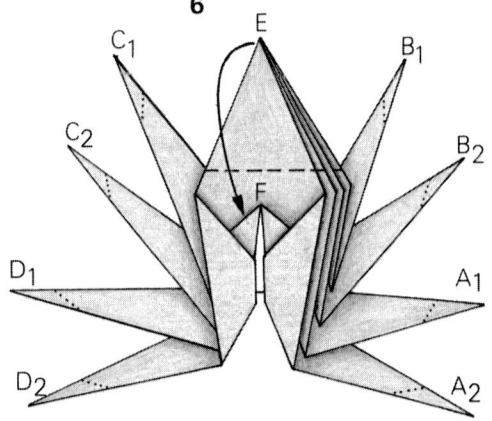

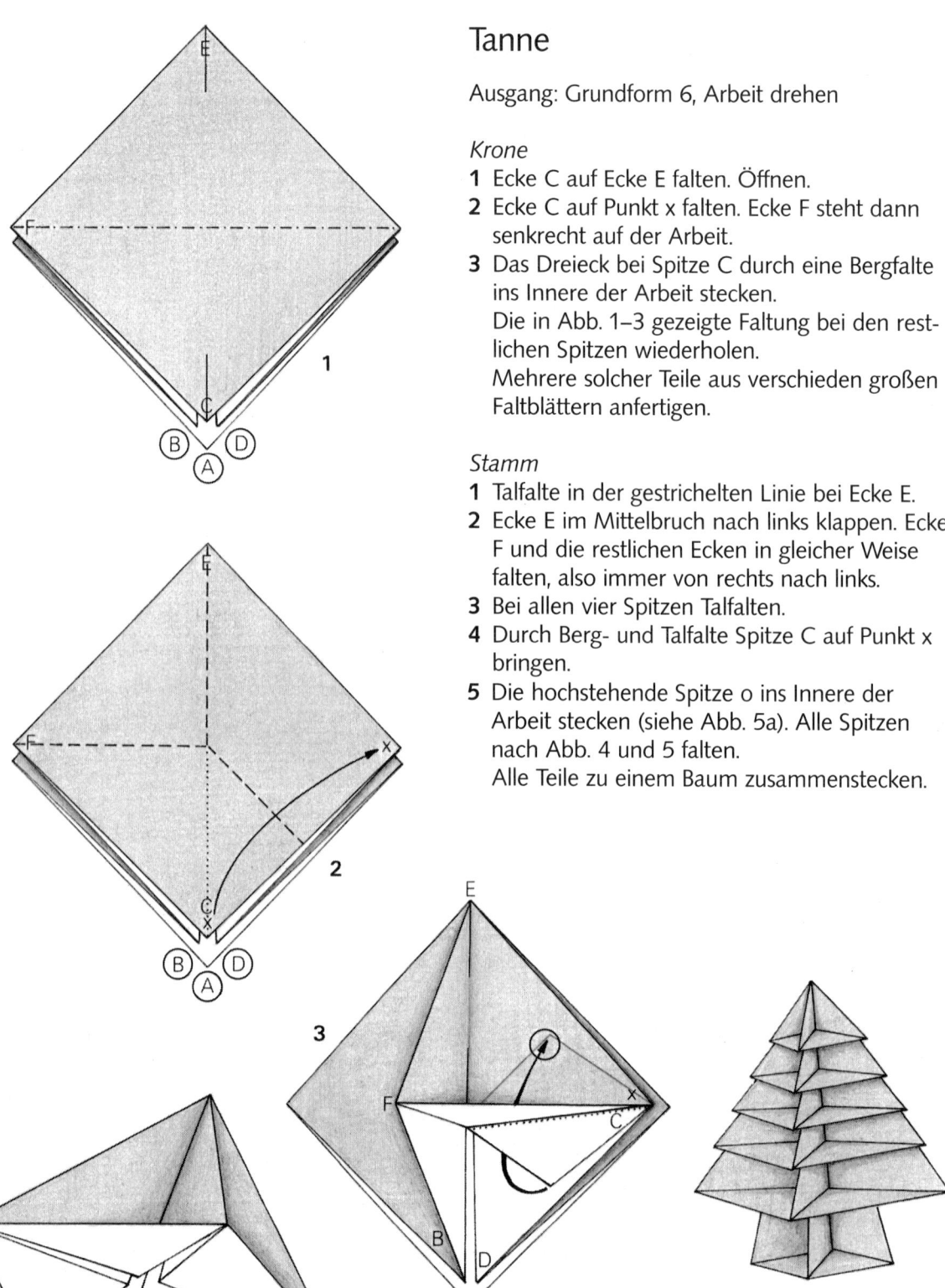

Tanne

Ausgang: Grundform 6, Arbeit drehen

Krone
1 Ecke C auf Ecke E falten. Öffnen.
2 Ecke C auf Punkt x falten. Ecke F steht dann senkrecht auf der Arbeit.
3 Das Dreieck bei Spitze C durch eine Bergfalte ins Innere der Arbeit stecken.
  Die in Abb. 1–3 gezeigte Faltung bei den restlichen Spitzen wiederholen.
  Mehrere solcher Teile aus verschieden großen Faltblättern anfertigen.

Stamm
1 Talfalte in der gestrichelten Linie bei Ecke E.
2 Ecke E im Mittelbruch nach links klappen. Ecke F und die restlichen Ecken in gleicher Weise falten, also immer von rechts nach links.
3 Bei allen vier Spitzen Talfalten.
4 Durch Berg- und Talfalte Spitze C auf Punkt x bringen.
5 Die hochstehende Spitze o ins Innere der Arbeit stecken (siehe Abb. 5a). Alle Spitzen nach Abb. 4 und 5 falten.
  Alle Teile zu einem Baum zusammenstecken.

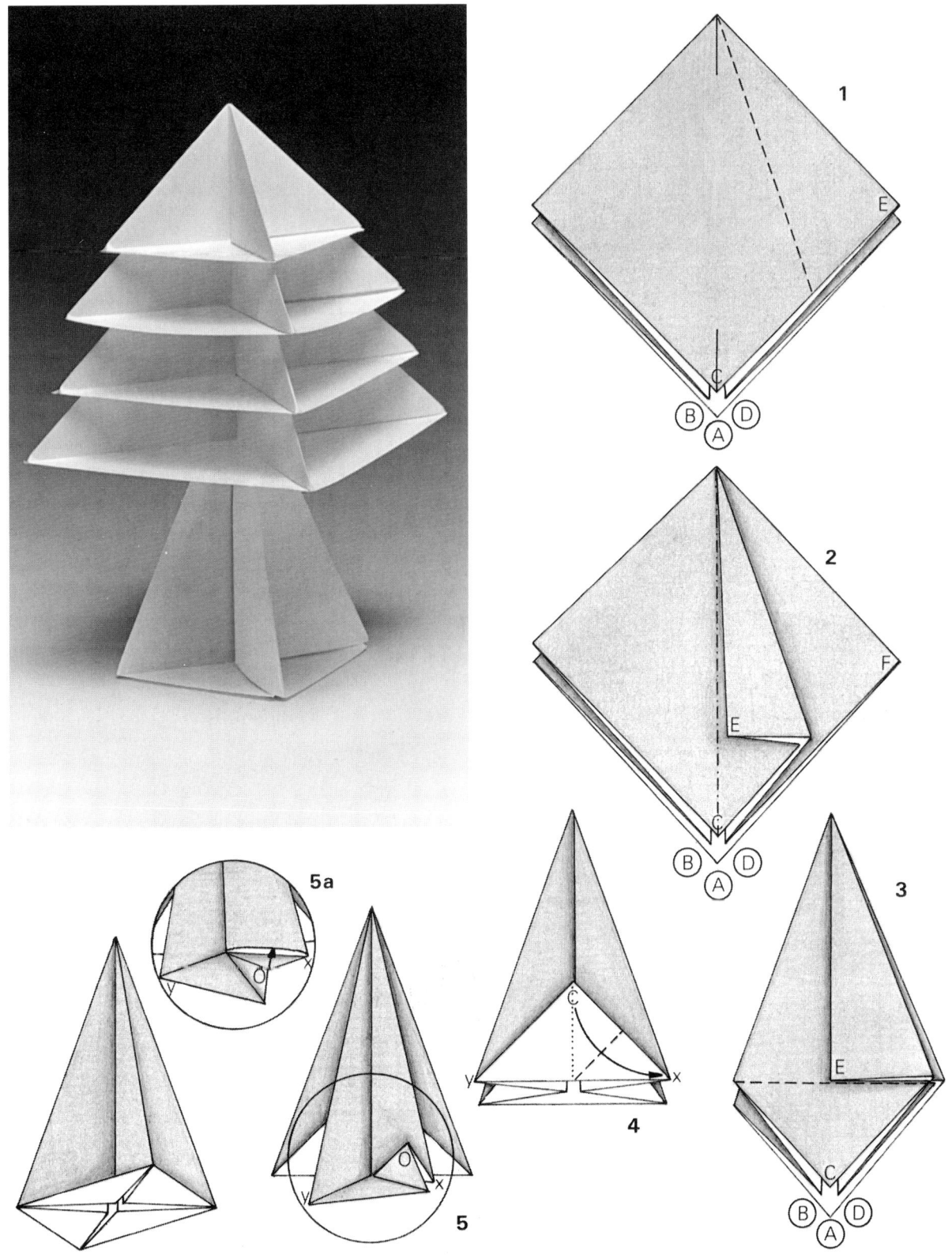

Grundform 7

Der Schrei des Kranichs
Um diese Zeit am Himmel
Auch still geworden.

Haiku von Shiki 1866–1902

Grundform 7

Ausgang: Grundform 6

1 In den Strichpunktlinien 1 die Ecken F und G
an den Mittelbruch knicken. In der Strichpunktlinie 2 die Ecken E darüberknicken.

2 Ecke C im entstandenen Bruch 2 durch eine
Talfalte nach oben bringen. Gleichzeitig die
Ecken G und F an den Mittelbruch drücken.

3 Wenden und nach Abb. 1 und 2 auf der Rückseite wiederholen. Wenden.

4 Grundform 7.

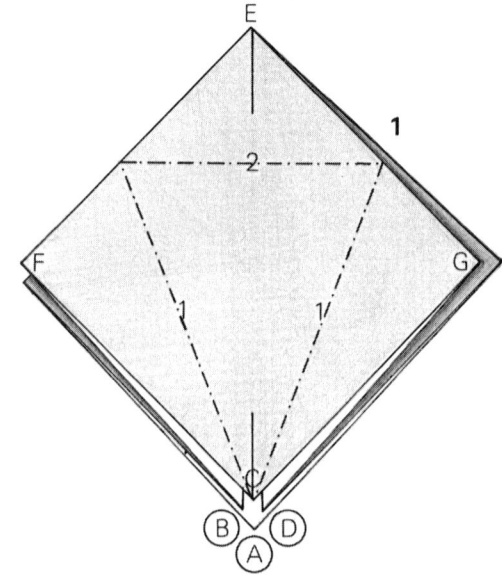

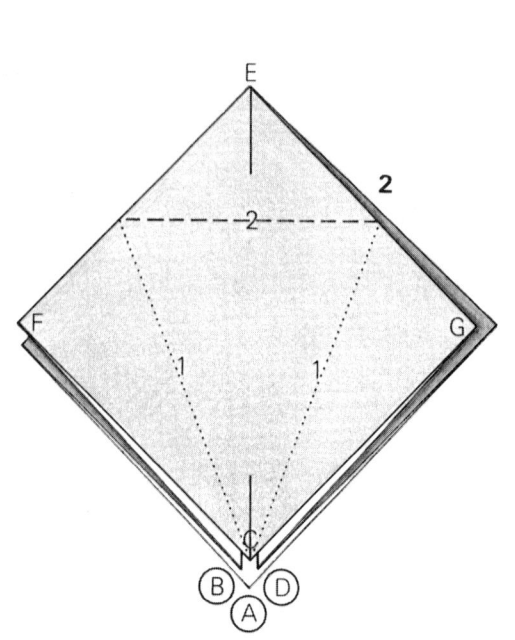

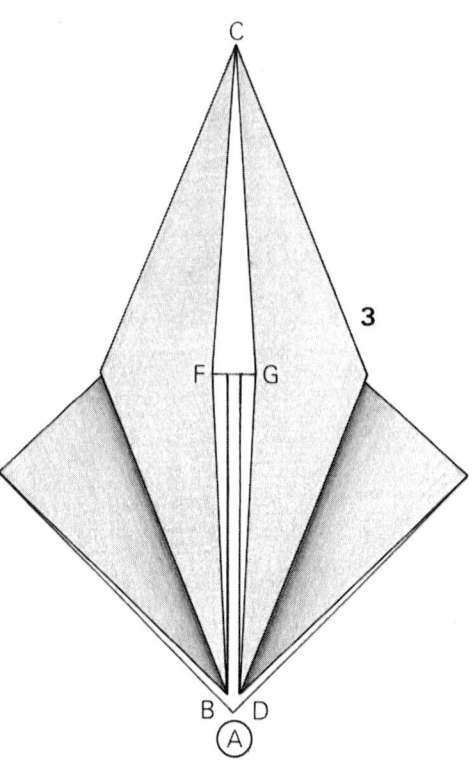

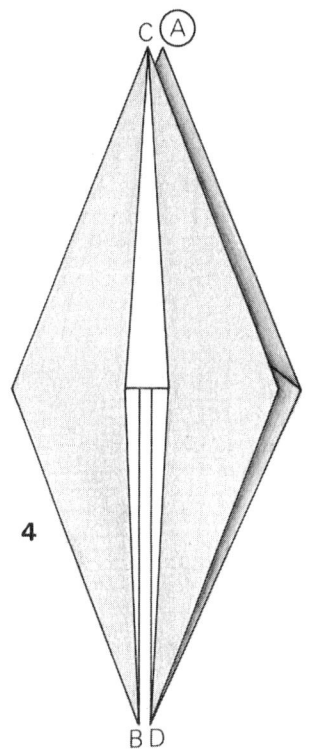

Dies ist die vielseitigste und wandlungsfähigste Grundform der japanischen Faltkunst. Durch das Verlagern der bei der Grundform 6 noch nach außen strebenden Endpunkte F, G, H und J an die Mittelachse rückt der Zentralpunkt in das Innere der Grundform. Die vier langen Endpunktspitzen A, B, C und D werden dadurch so unabhängig voneinander und frei beweglich, daß man jede für sich gestalten und in beliebige Richtungen bringen kann. Die Grundform 7 bietet so eine unerschöpfliche Fülle von Gestaltungsmöglichkeiten.

Diese Grundform wird vielfach auch „Vogelform" genannt. Das ist verständlich, denn die vier langen Endpunktspitzen machen sie für das Gestalten von Vögeln besonders geeignet, weil aus ihnen Kopf, Schwanz und Flügel oder auch Kopf, Schwanz und Füße geformt werden können. Sie ist Ausgang für die bekannteste Origami-Figur – den Kranich – und wird deshalb teilweise auch Kranichgrundform genannt. Ihre schmale Form verhindert allerdings, daß die daraus gestalteten Vögel echte Flugmodelle sind. Hier können nur beispielhaft einige wenige Vogelmodelle gezeigt werden, so daß viel Raum für eigene Versuche bleibt.

Bei einer Kombination von zwei aus dieser Grundform gestalteten Teilen stehen insgesamt acht frei bewegliche Endpunktspitzen zur Verfügung. Damit sind die Voraussetzungen für das Gestalten von vierfüßigen Tieren mit Ohren und Schwanz gegeben. Auch davon kann hier nur ein Beispiel gezeigt werden. Mit Geduld und Einfühlungsvermögen sollte es aber jedem gelingen, weitere Tierfiguren zu entwickeln.

Storch Spielfigur

Ausgang: Grundform 7

1 Bei den Spitzen B und D Gegenbruchfalten nach innen.

2 Bei Spitze B Gegenbruchfalte nach innen. Die Flügel A und C durch Talfalten seitwärts falten. Alle vier Ecken x fassen und durch Zusammen- und Auseinanderziehen die Flügel bewegen.

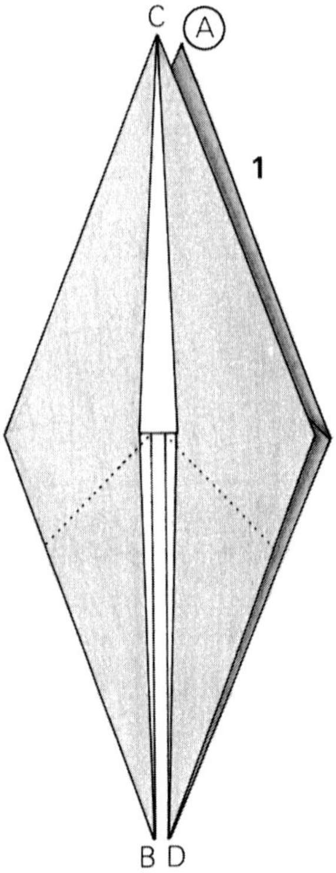

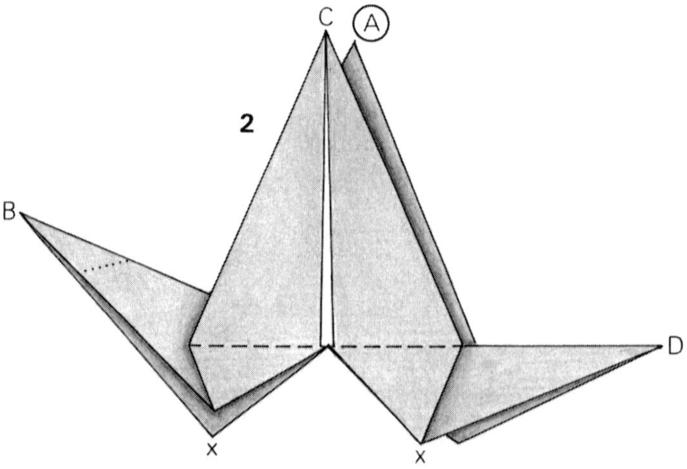

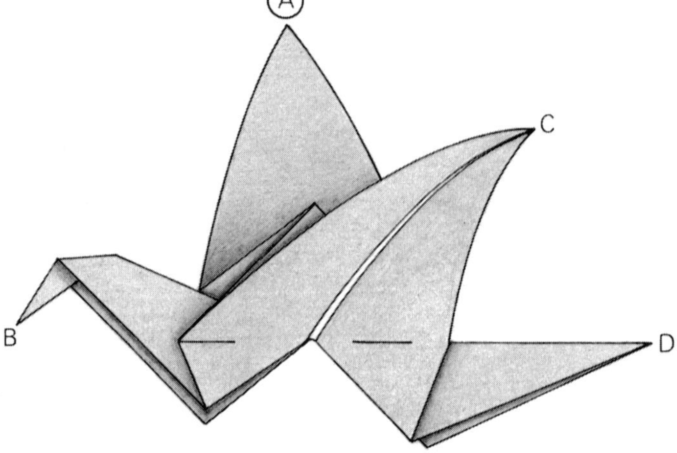

Krähe

Ausgang: Grundform 7

1 Spitze C nach unten klappen. Die dabei aufgedeckte Ecke E ebenfalls nach unten klappen.
2 Wenden.
3 Bei den Spitzen B und D Gegenbruchfalten nach innen.
4 Talfalte im Mittelbruch. Arbeit drehen.
5 Bei Spitze A durch Gegenbruchfalle nach innen den Schnabel formen. Bei den Spitzen B und D durch Gegenbruchfalten nach innen und außen die Füße formen.

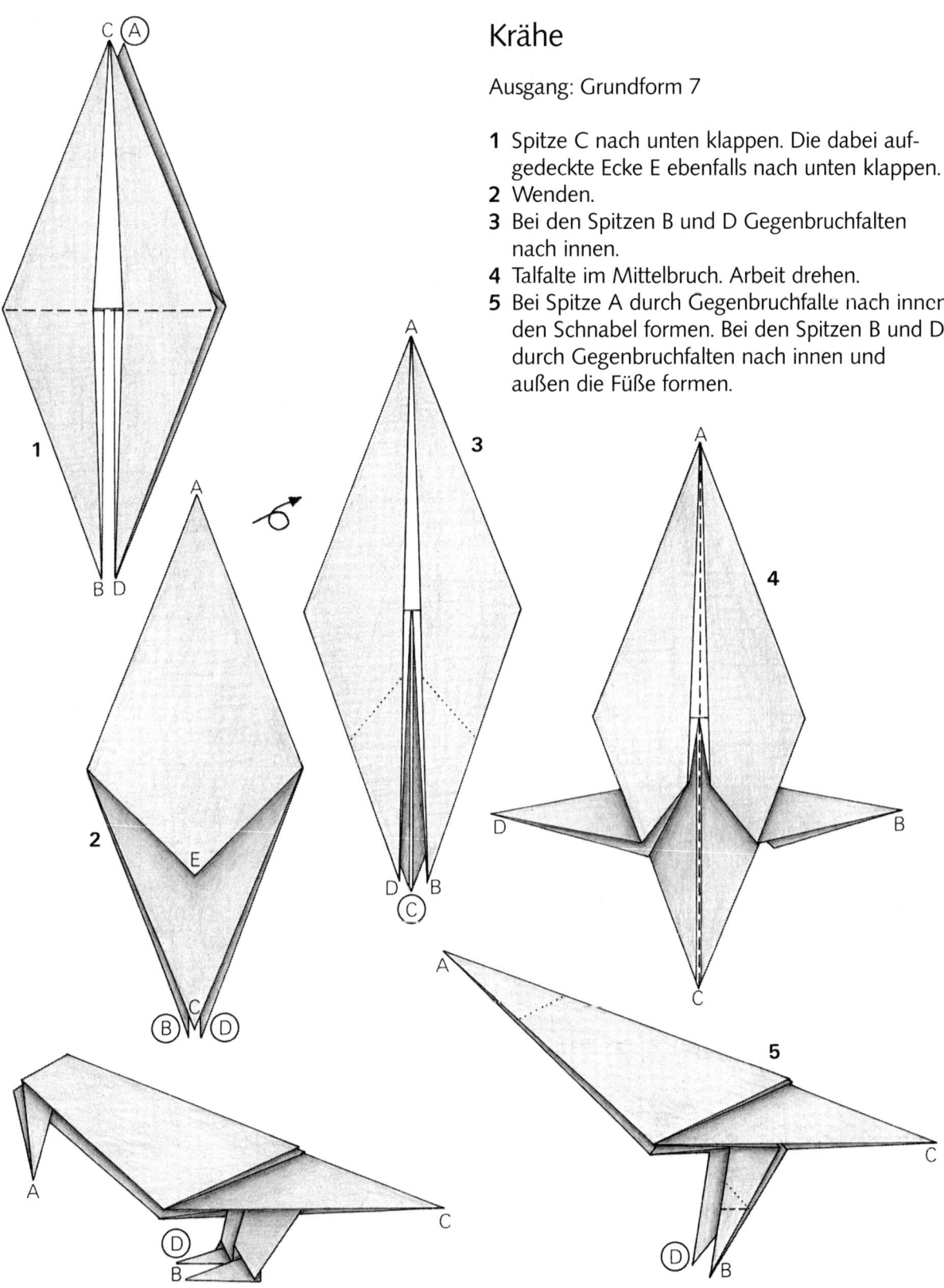

Kranich

Ausgang: Grundform 7

1 Bei Spitze B vorn und hinten Talfalten. Gegenbruchfalte nach innen bei Spitze D.
2 Bei Spitze B Gegenbruchfalte nach innen.
Bei Spitze D vorn und hinten Talfalten, dabei
die Ecken x unter die Flügel A und C drücken.
3 Bei Spitze B Gegenbruchfalte nach außen.
4 Bei Spitze B Gegenbruchfalte nach außen.
5 Bei Spitze B durch Gegenbruchfalten nach
innen und außen den Schnabel formen.

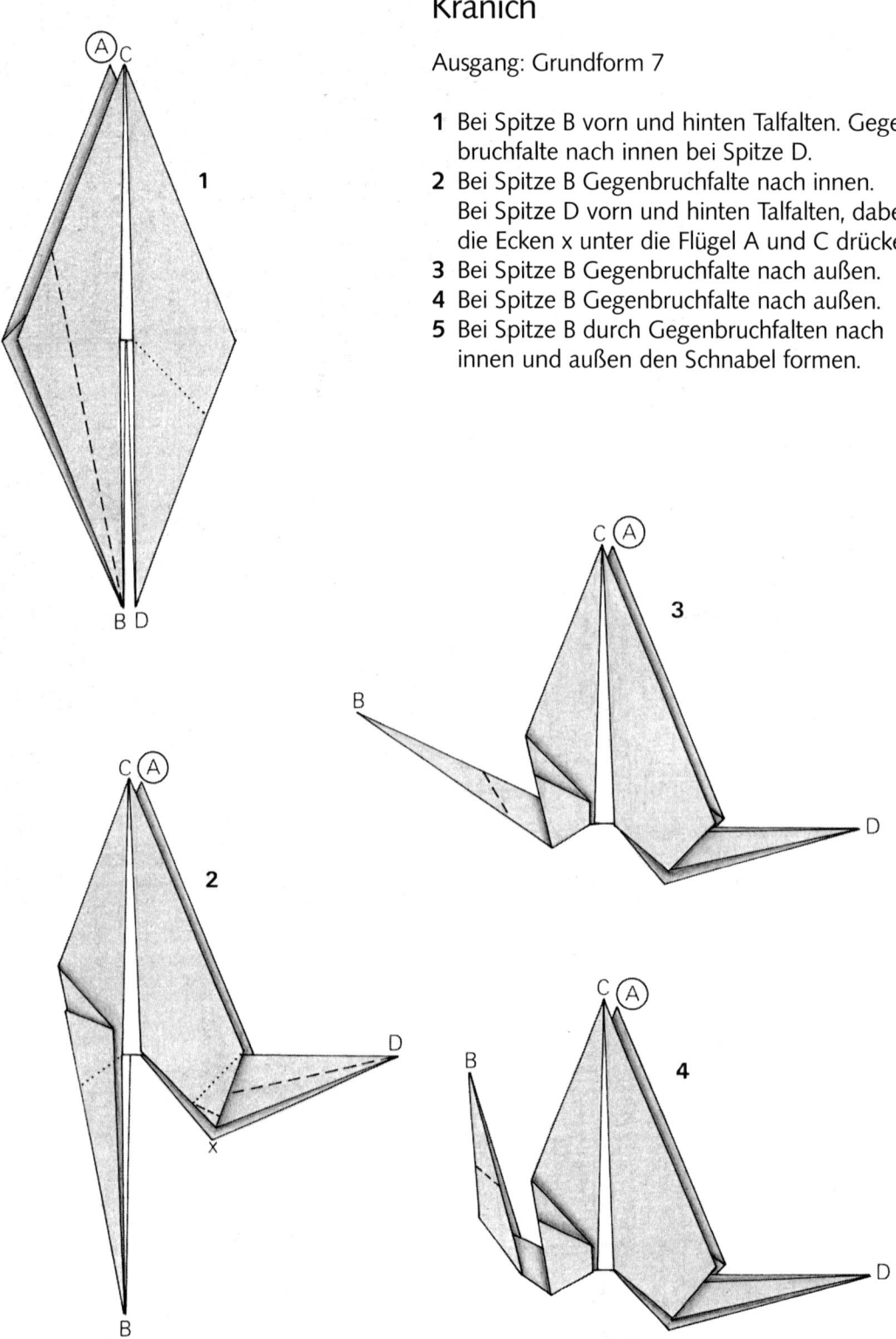

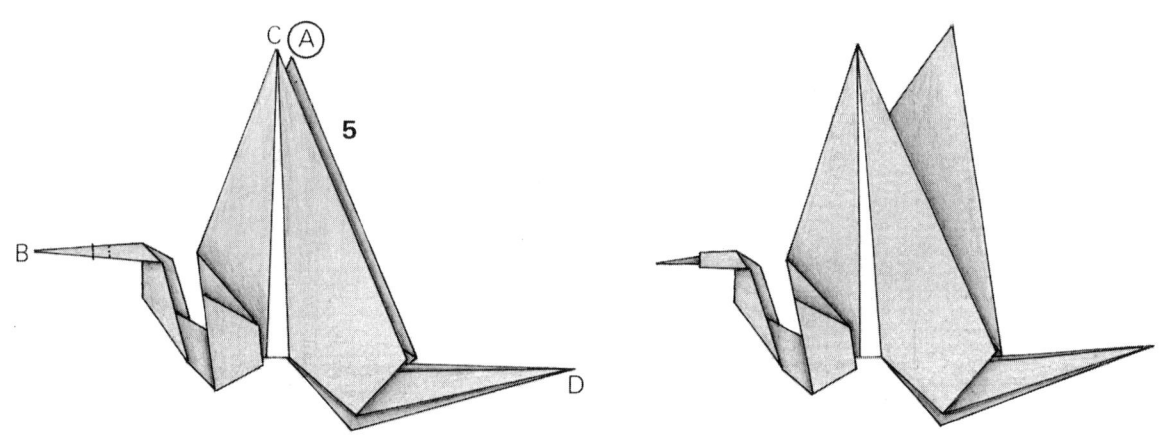

C Ⓐ

5

B

D

Stehender Kranich

Ausgang: Grundform 7

1 Bei den Spitzen B und D Gegenbruchfalten nach innen.
2 Bei Spitze C Talfalte. Wenden.
3 Bei Spitze A Talfalten.
4 Die Spitzen B und D im Mittelbruch aufklappen.
5 Bei den Spitzen B und D Talfalten in den Linien 1 und 2. In Linie 3 den oberen Teil im Mittelbruch wieder über den unteren klappen.
6 Talfalte im Mittelbruch. Arbeit drehen.
7 Bei Spitze A Gegenbruchfalte nach außen. Bei Spitze C Gegenbruchfalte nach innen. Bei Spitze B und D durch Gegenbruchfalten nach innen und außen die Beine formen.
8 Bei Spitze A durch Gegenbruchfalte nach außen den Kopf bilden. Bergfalten vorn und hinten bei der Brust. Bei Spitze C Gegenbruchfalte nach innen.
9 Bei Spitze A den Schnabel bilden. Bei den Spitzen B und D durch Gegenbruchfalte nach außen die Füße formen. Spitze C durch Gegenbruchfalte nach außen über den Körper legen und den Schwanz nach Belieben formen.

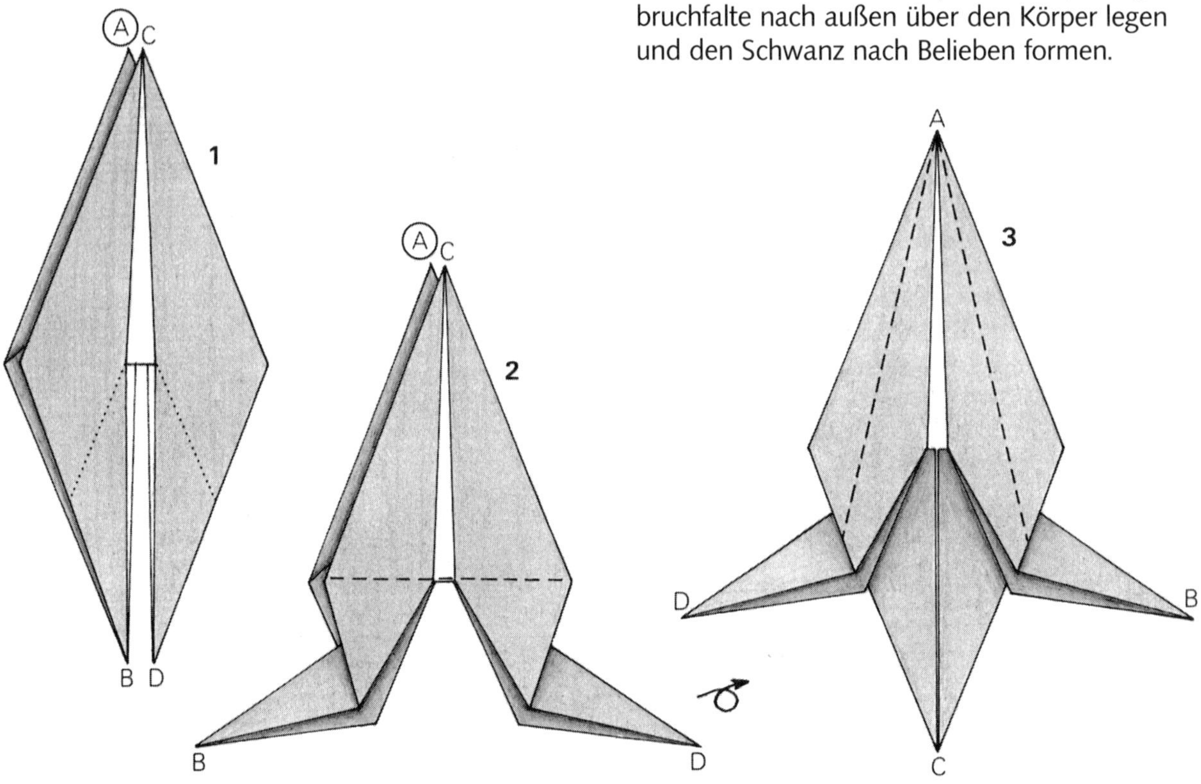

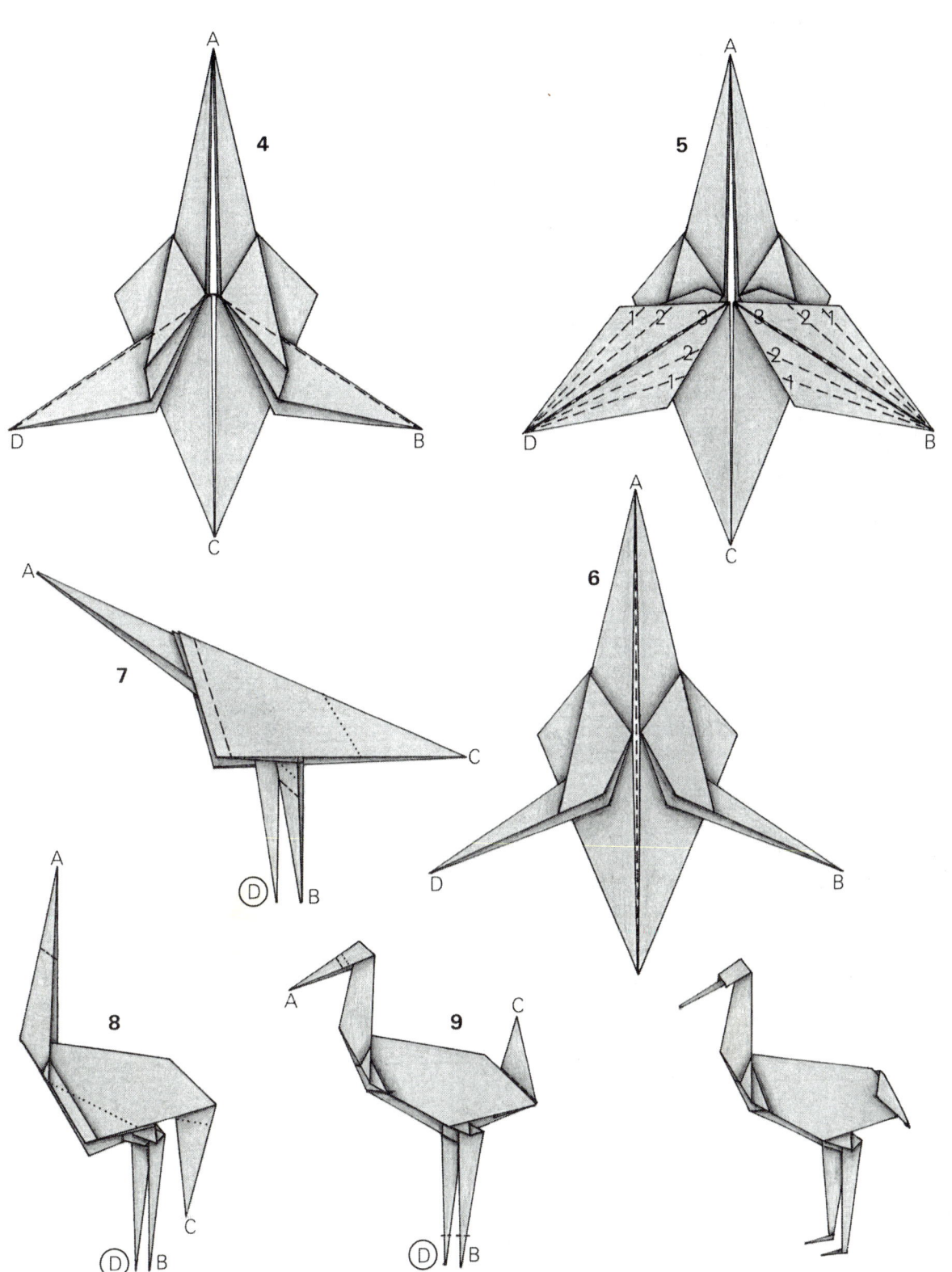

Brütender Kranich

Ausgang: Grundform 7

1 Im Mittelbruch vorn rechte Blattform nach links und hinten linke Blattform nach rechts klappen.
2 Bei Spitze D vorn und Spitze B hinten Talfalte.
3 Bei Spitze D vorn und Spitze B hinten Talfalte.
4 Bei Spitze D vorn und Spitze B hinten Talfalte.
5 Bei Spitze D vorn und Spitze B hinten Talfalte.
6 Im Mittelbruch vorn linke Hälfte nach rechts und hinten rechte Hälfte mit Spitze B nach links klappen.
7 Bei Spitze C Talfalten.

8 Ecke E im Mittelbruch auf Ecke F falten. Spitze B im Mittelbruch hinten nach rechts klappen.
9 Bei Spitze C durch Gegenbruchfalte nach innen den Kopf formen. Die Flügel B und D seitwärts ausziehen.

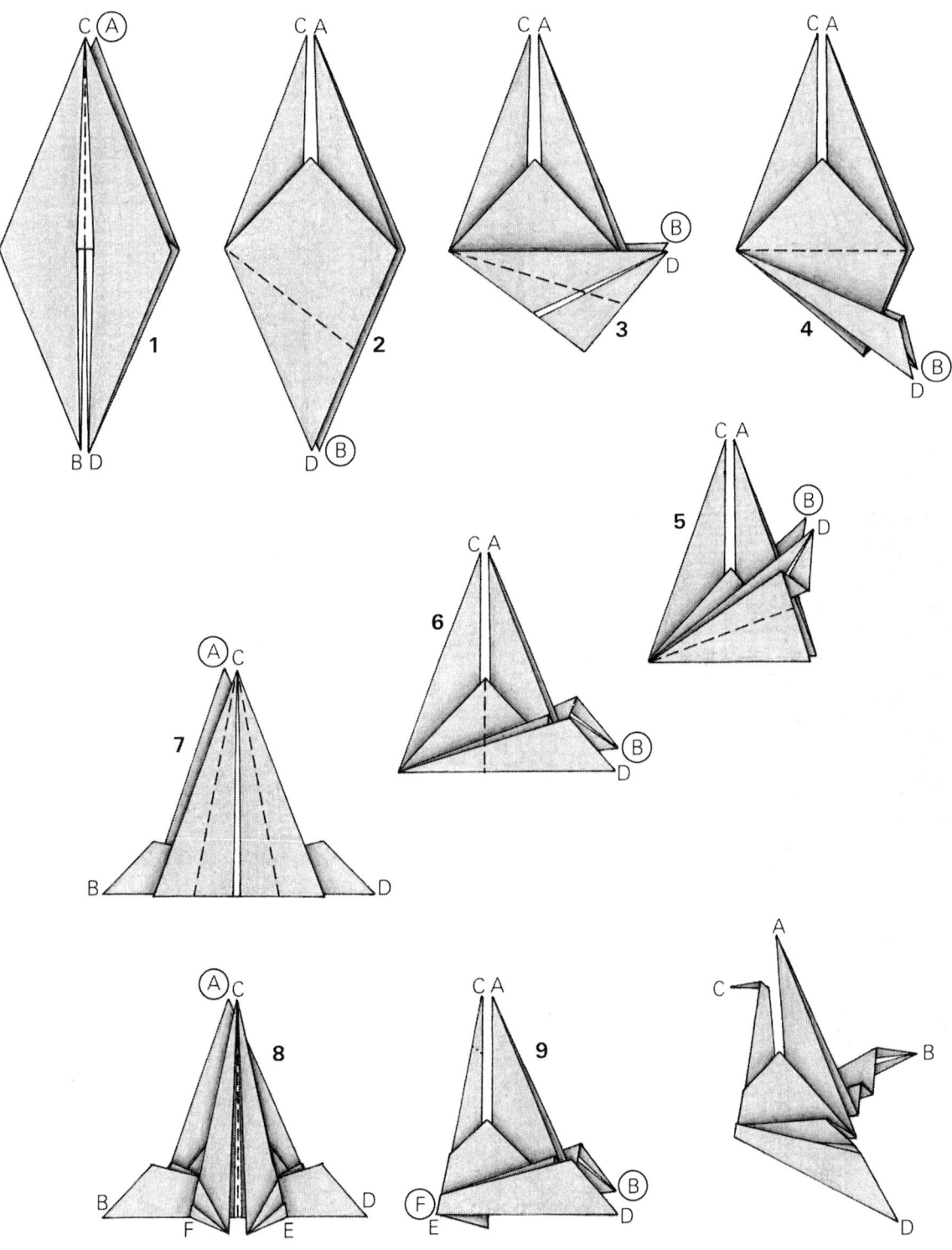

Schildkröte

Ausgang: Grundform 7

1 Bei Spitze C Talfalten in den Linien 1 und 2.
Bei Spitze C Bergfalte. In der Linie 3 Spitze C
nach oben klappen.
2 Wenden.
3 Bei den Spitzen B und D Talfalten. Spitze A in
der gestrichelten Linie 1 nach oben und in der
punktierten Linie wieder nach unten falten.
Spitze A einschneiden. Talfalten bei den beiden
entstandenen Spitzen A 1 und A 2.
4 Durch Gegenbruchfalten nach innen die Füße
abstumpfen. Wenden.

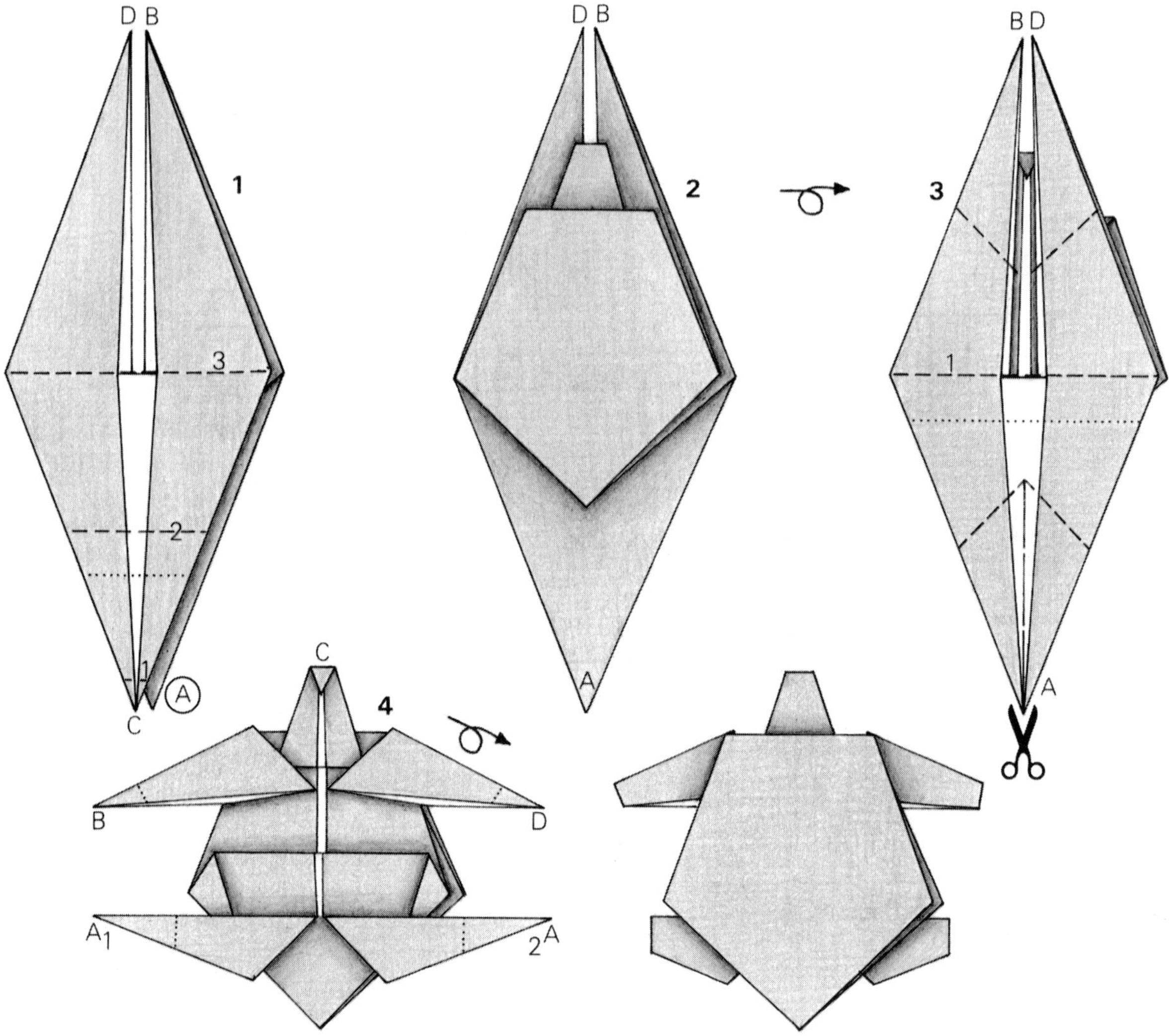

Eule

Ausgang: Grundform 7

1 Spitze C vorn und Spitze A hinten nach unten falten.

2 Talfalten vorn und hinten in den gestrichelten Linien.

3 Bei Spitze E Bergfalte. Die obere Papierlage wie bezeichnet einschneiden. Wenden.

4 Bei Spitze E Talfalte. Die Spitzen B und D seitwärts herausziehen. Dabei die Punkte x nach oben schieben, so daß die Mittelbrüche dieser Teile flach liegen.

5 Bei Spitze E Talfalte. Spitze A einschneiden und die einzelnen Teile seitwärts falten.

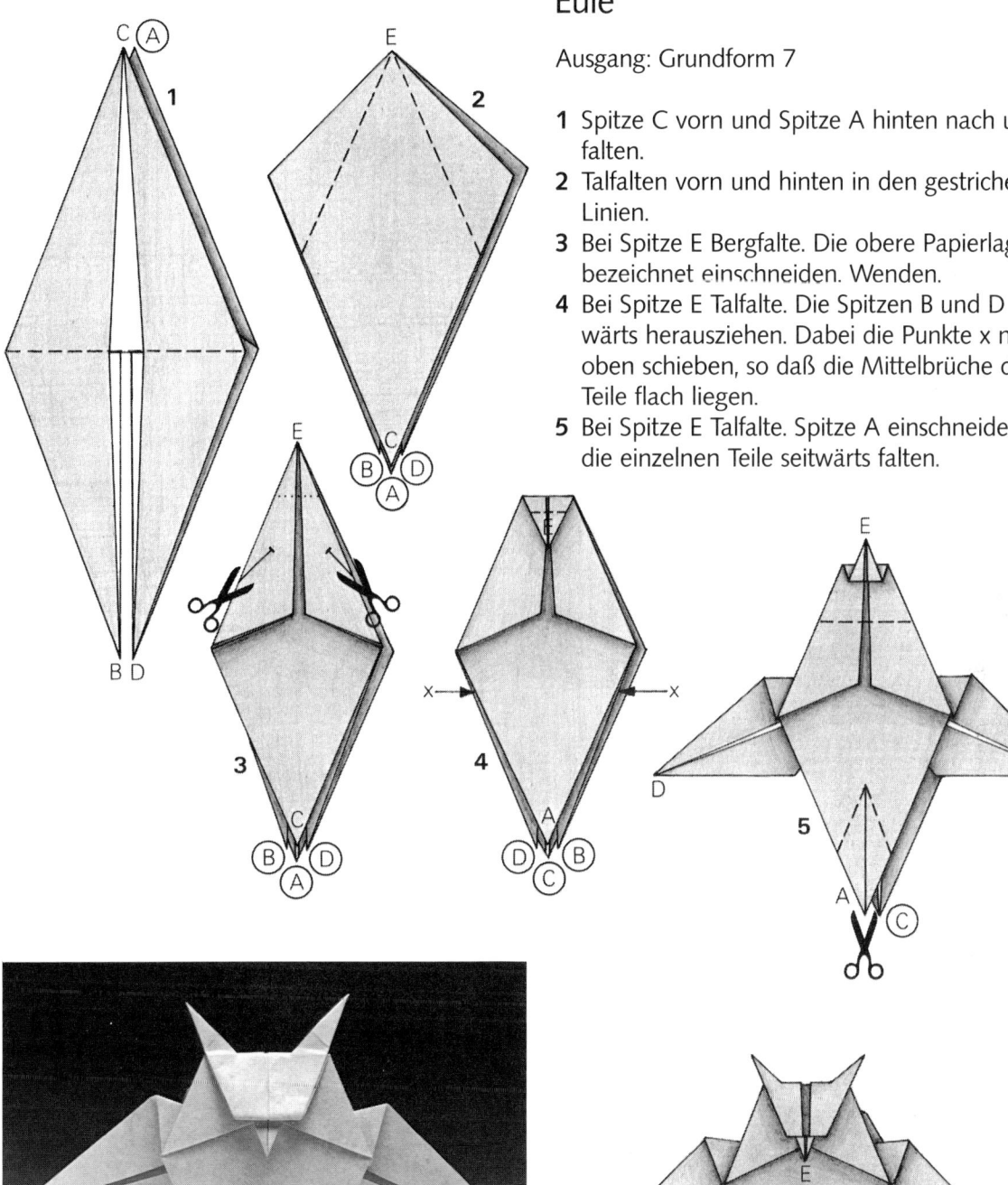

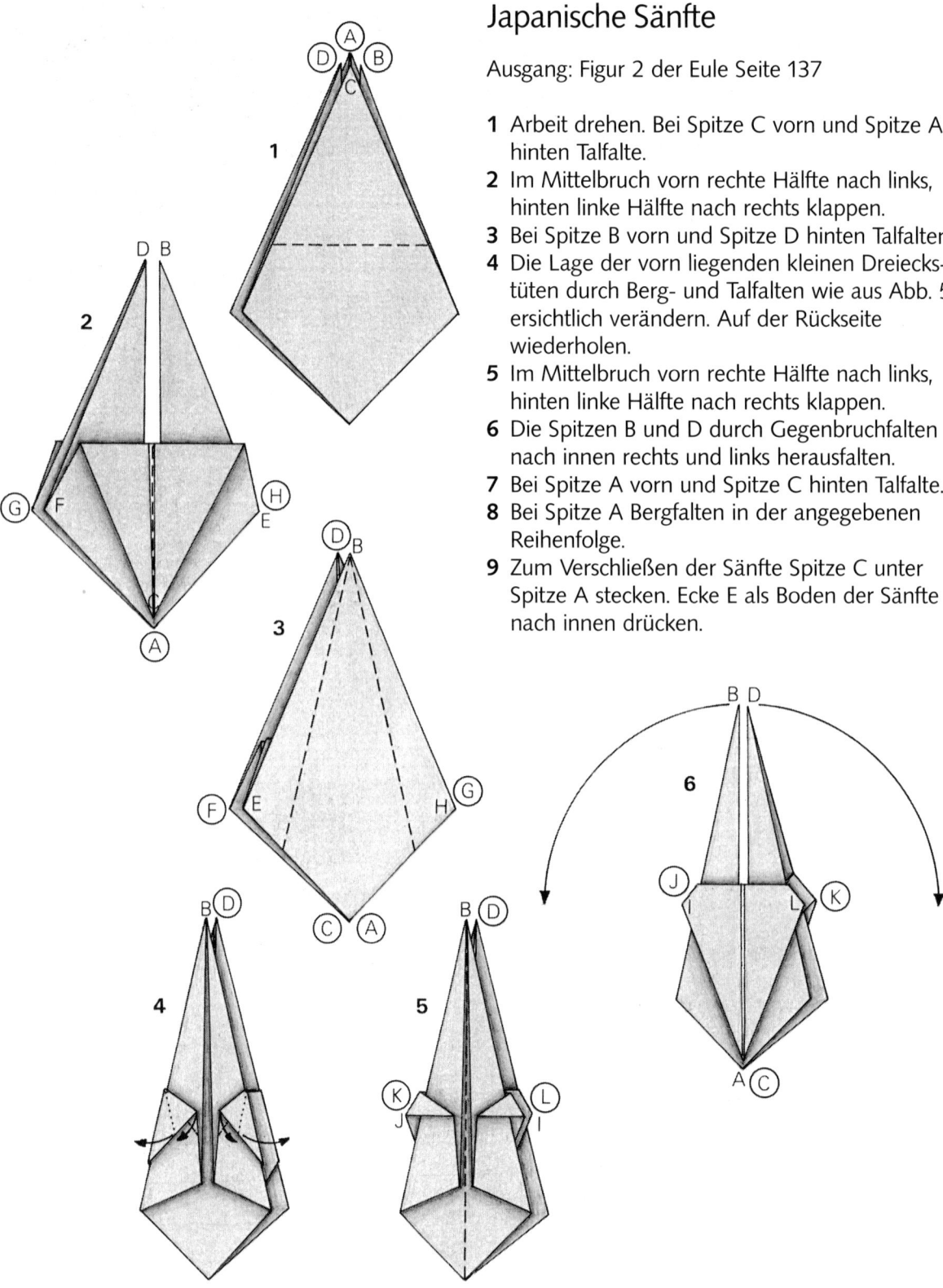

Japanische Sänfte

Ausgang: Figur 2 der Eule Seite 137

1 Arbeit drehen. Bei Spitze C vorn und Spitze A hinten Talfalte.

2 Im Mittelbruch vorn rechte Hälfte nach links, hinten linke Hälfte nach rechts klappen.

3 Bei Spitze B vorn und Spitze D hinten Talfalten.

4 Die Lage der vorn liegenden kleinen Dreiecks-tüten durch Berg- und Talfalten wie aus Abb. 5 ersichtlich verändern. Auf der Rückseite wiederholen.

5 Im Mittelbruch vorn rechte Hälfte nach links, hinten linke Hälfte nach rechts klappen.

6 Die Spitzen B und D durch Gegenbruchfalten nach innen rechts und links herausfalten.

7 Bei Spitze A vorn und Spitze C hinten Talfalte.

8 Bei Spitze A Bergfalten in der angegebenen Reihenfolge.

9 Zum Verschließen der Sänfte Spitze C unter Spitze A stecken. Ecke E als Boden der Sänfte nach innen drücken.

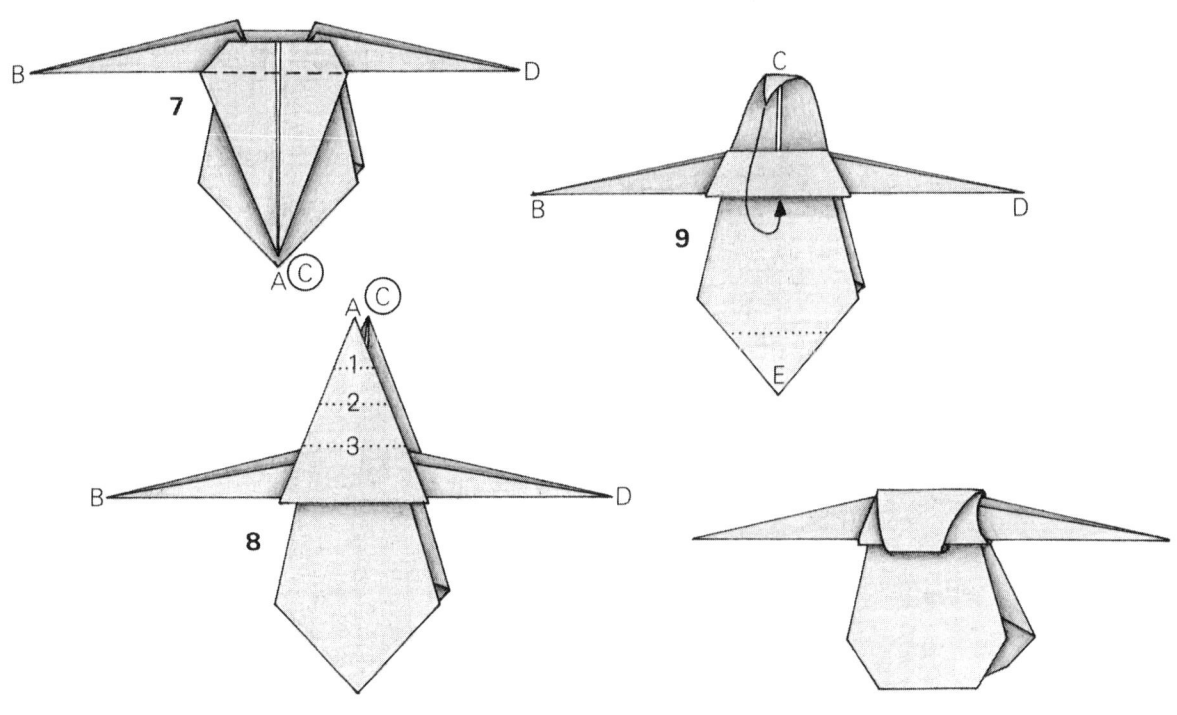

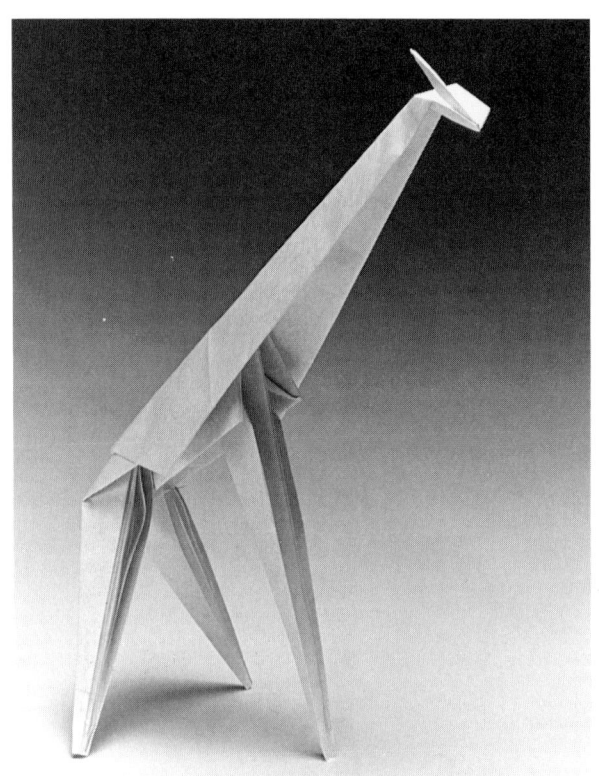

Giraffe

Ausgang: Grundform 7

1 Vorn und hinten Talfalten.
2 Vorn und hinten Talfalten.
3 Ecke E vorn im Mittelbruch nach rechts, Ecke H hinten nach links klappen.
4 Bergfalte im Mittelbruch.
5 Spitze B im Gegenbruch nach innen schräg nach unten falten. Bei den Spitzen A und C Gegenbruchfalten nach innen.
6 Bei Spitze D Gegenbruchfalte nach innen. Faltarbeit drehen.
7 Bei Spitze D Gegenbruchfalte nach innen. Durch Gegenbruchfalten nach innen die Füße abstumpfen. Die Spitze B kann im Mittelbruch aufgeschnitten werden.

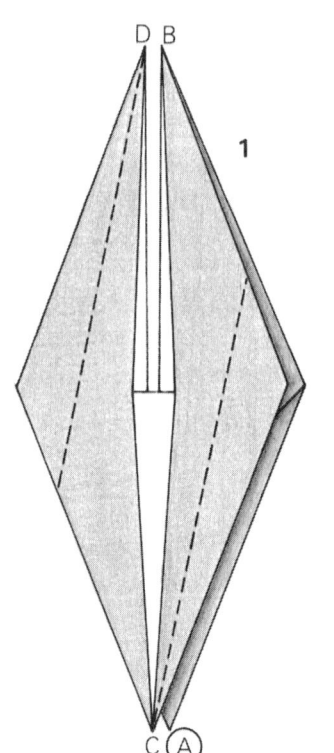

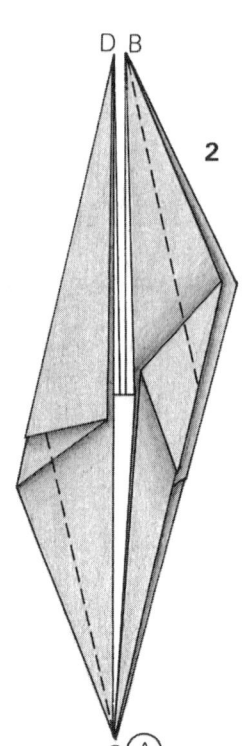

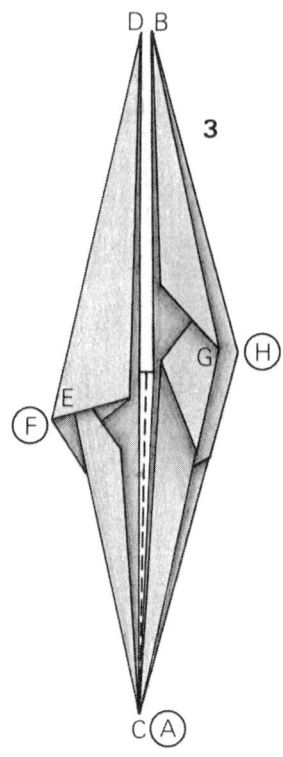

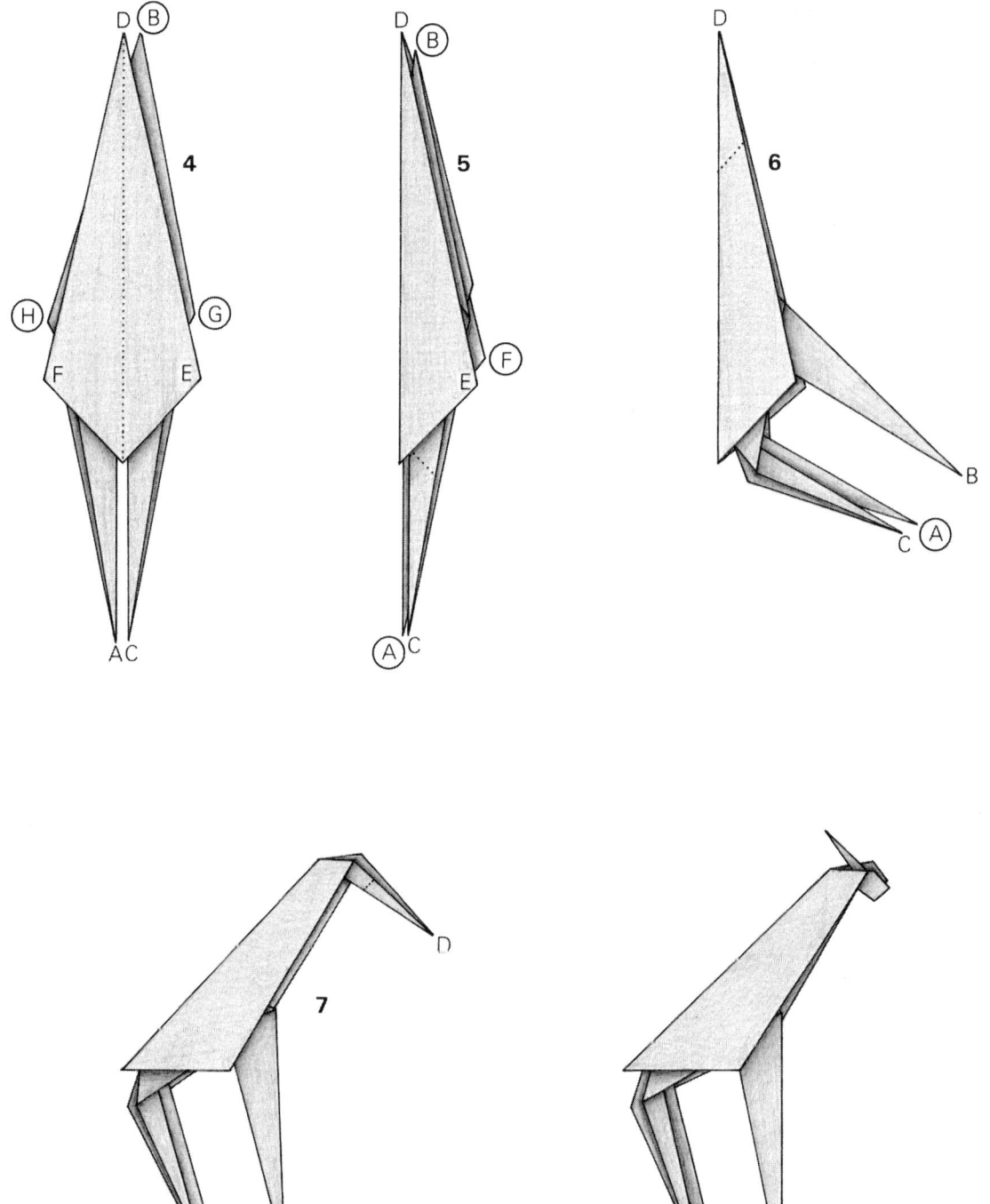

Affe

Kombination von zweimal Grundform 7

Kopf
Ausgang: Grundform 7

1 Bei den Spitzen B und D Gegenbruchfalten nach innen.
2 Bei den Spitzen B und D vorn und hinten Bergfalten.
3 Talfalte im Mittelbruch.
4 Bei Spitze A/C gemeinsam Gegenbruchfalte nach außen.

5 Bei Spitze A/C gemeinsam Gegenbruchfalte nach außen.
6 Bei Spitze A/C gemeinsam vorn Bergfalte. Gleichzeitig die Mittelbrüche der beiden Spitzen flachstreichen. Dadurch fallen die Spitzen A und C nach unten. Bei Spitze D durch Gegenbruchfalten nach innen und außen das Bein formen.
7 Bei Spitze A/C durch Berg- und Talfalte den Stirnwulst bilden. Schnauze formen und Ohren ausarbeiten.
8 Durch Gegenbruchfalten bei den Spitzen B und D die Füße formen.

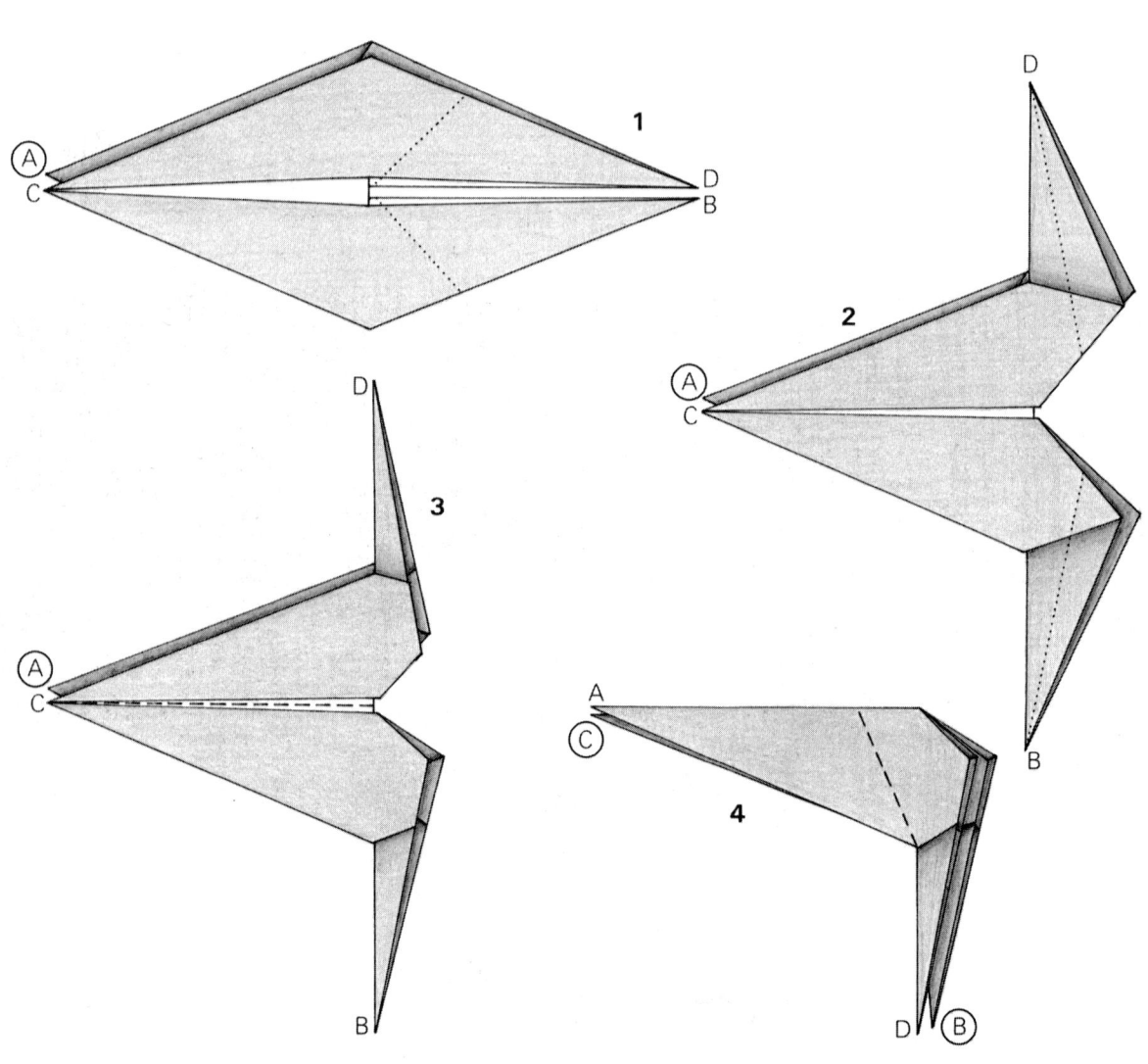

C
A
D
B
5
C
A
6
B
D
1
2
A
C
7
D
B
8
D
B

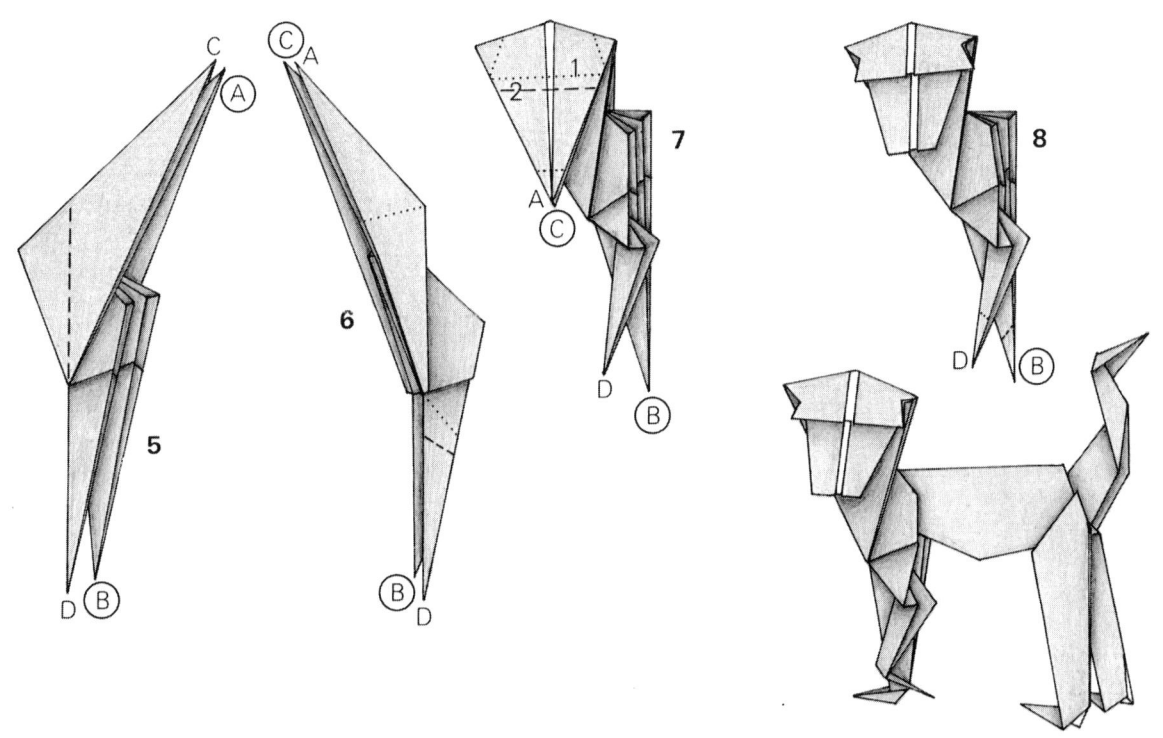

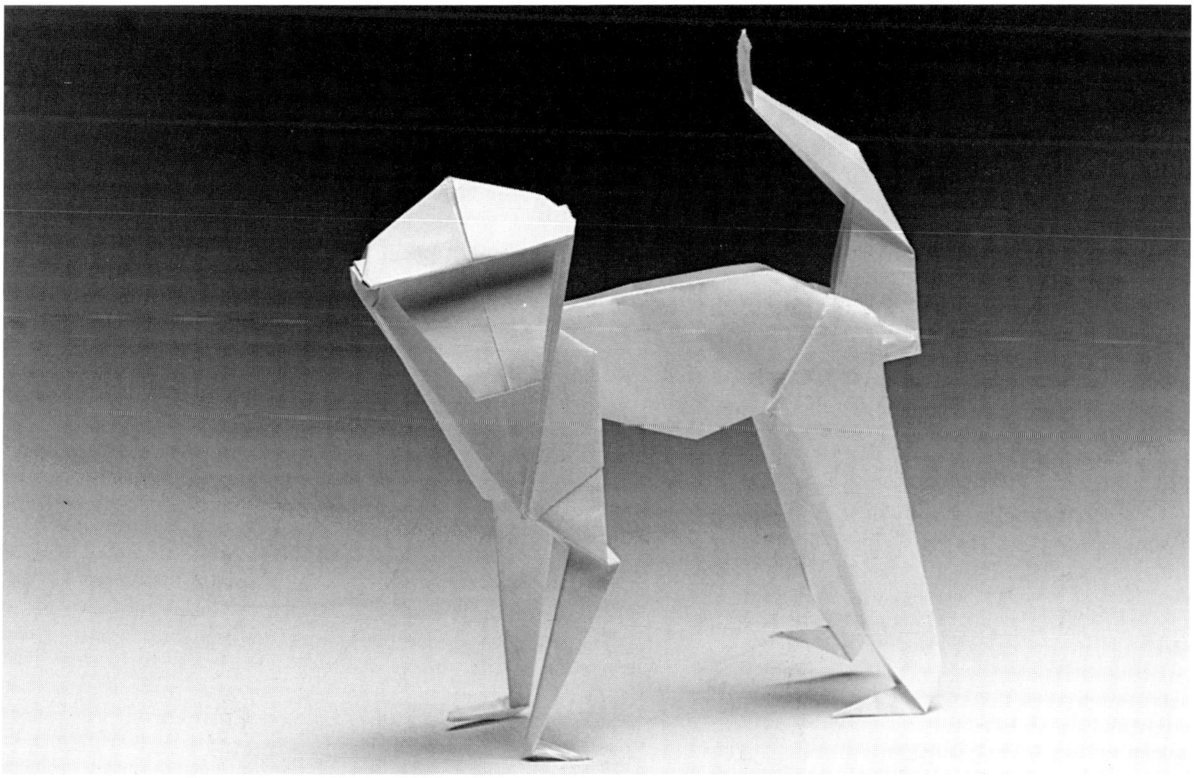

Körper
Ausgang: Grundform 7

1 Die Spitzen B und D nach links falten. Arbeit
   drehen.
2 Bei den Spitzen B und D Talfalten (keine
   Gegenbruchfalten!). Arbeit drehen.
3 Durch Bergfalten in den punktierten Linien die
   jeweils doppelt liegenden Ecken a im Gegenbruch nach innen bringen. Spitze A hinten
   nach rechts klappen. Wenden.
4 Spitze A erst in der gestrichelten Linie nach
   links, dann in der punktierten Linie wieder
   nach rechts falten.

5 Durch Talfalten in den Linien 1 die Spitzen b an
   den Mittelbruch bringen. Bei Spitze C Talfalte.
6 Talfalte im Mittelbruch.
7 Bei x durch Gegenbruchfalten nach innen und
   außen den Schwanz hochstellen. Bei Spitze A
   durch Gegenbruchfalten nach außen den
   Schwanz formen. Bei den Spitzen B und D
   durch Gegenbruchfalten nach innen die Füße
   bilden.
8 Den Schwanzteil in den Kopfteil kleben.

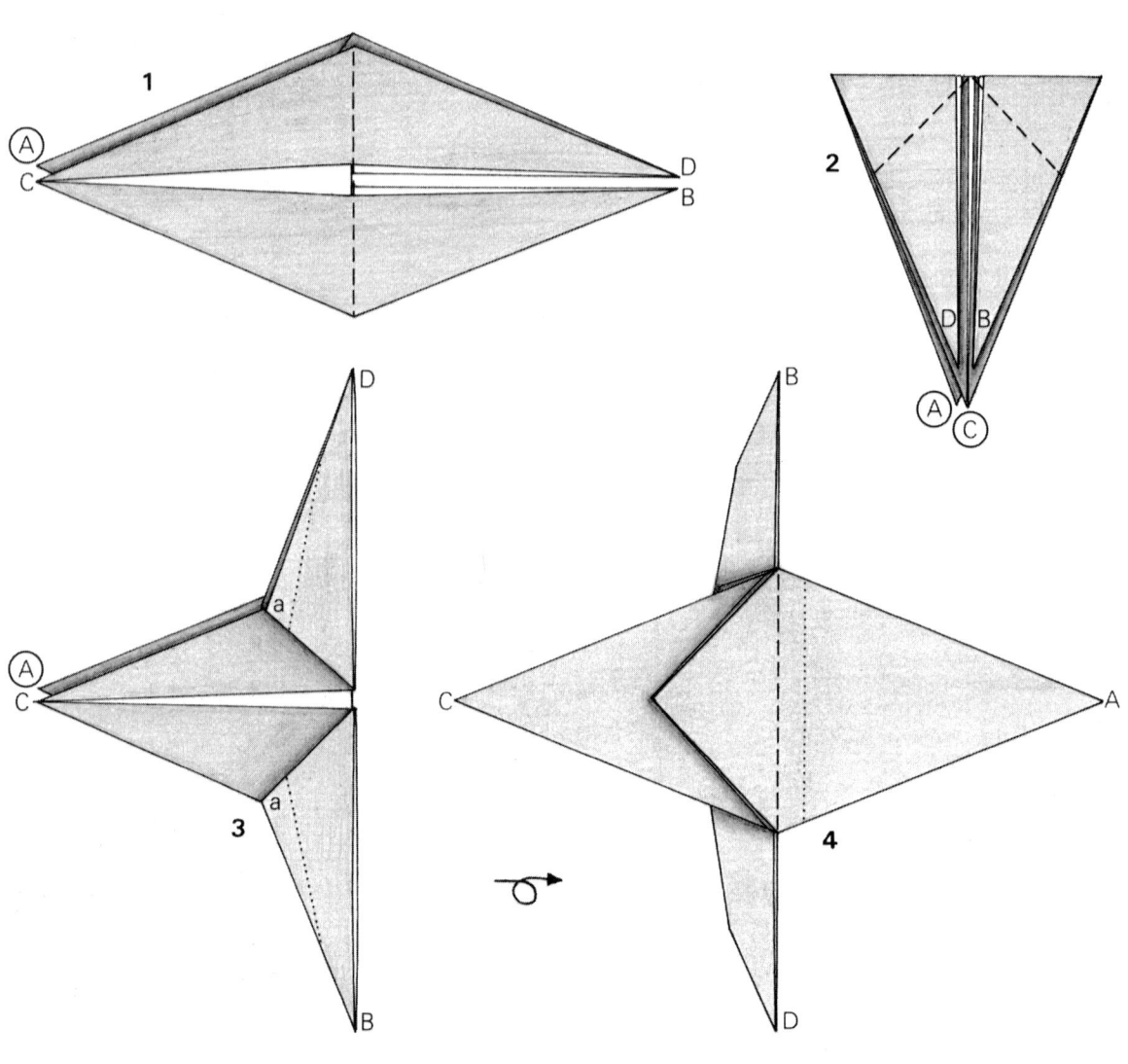

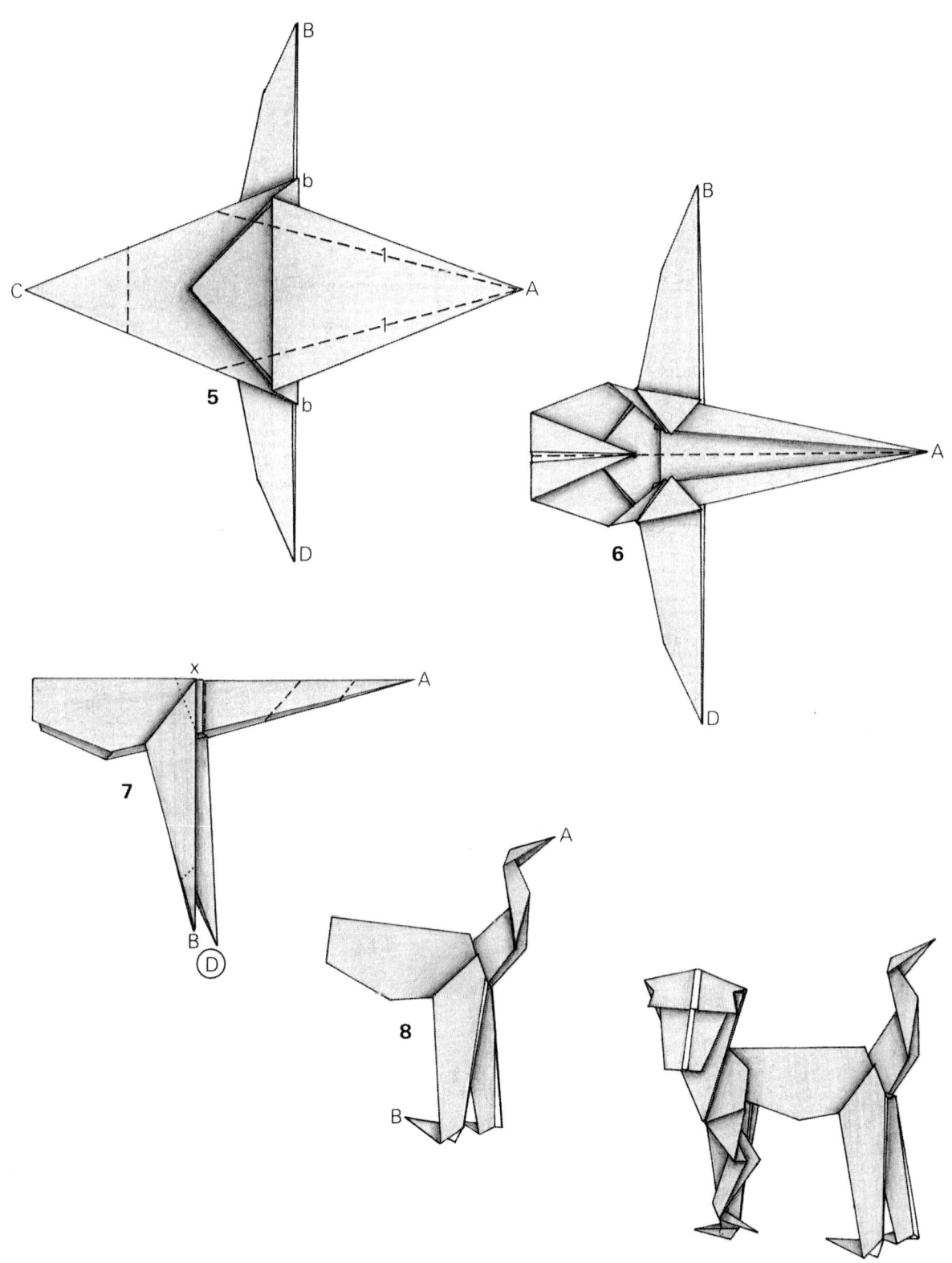

Grundform 8

Hebt sanft der Wind an,
Dann zirpt von Einsamkeit, ach,
Des Herbstes Grille.

Haiku von Teijirô, geboren 1899

Grundform 8

Ausgang: Quadratisches Faltblatt, Farbseite hinten

1 In der Diagonalen A–C knicken. In der Bruch-
linie durchschneiden.
2 Kante A–B an Kante A–C knicken. Öffnen.
Kante C–B an Kante A–C knicken. Öffnen.
Spitze A auf Spitze C knicken (Mittelbruch).
Öffnen.

Das gleichschenklige, rechtwinklige Dreieck stellt
die Grundform 8 dar. Wir erhalten diese Grundform durch Halbieren des bisher benutzten
quadratischen Faltblattes. Am Anfang jeder Figur
stoßen wir daher auf bekannte Faltgänge. So
könnten wir z. B. auch die Figur 2 des Walfisches,
(Seite 56) halbieren, um die Figur 3 der Seeschwalbe zu erhalten.
Schon die bei der Grundform eingezeichneten
Bruchlinien weisen auf die sich bietenden Gestaltungsmöglichkeiten hin. Wir sehen zwei sehr
lange und eine recht kurze Endpunktspitze. Das
wird Figuren mit gedrungenem Körper und
zwei langen, schmalen Außenteilen ergeben, z. B.
Vögel mit sehr breiter Flügelspanne, kurzem
Körper und ohne Füße.
Eine zweite Ausgangsform ergibt sich durch das
Falten der Spitzen A und C auf Ecke B. Genau
betrachtet, ist dies eine Halbierung der Grundform 6. Das Zentrum der Ausgangsform wird hier
so verlagert, daß drei gleich lange Endpunktteile
entstehen, von denen allerdings eine doppelt
breit ist (Hase). Diese Ausgangsform hat damit
vier faltbare Teile und bietet dadurch gute
Voraussetzungen für eigene Faltversuche.

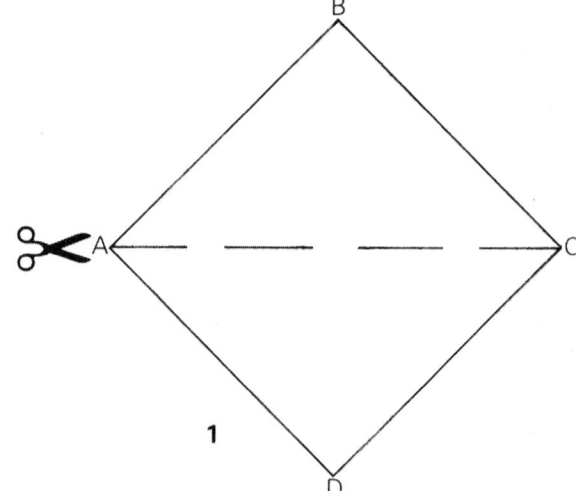

1

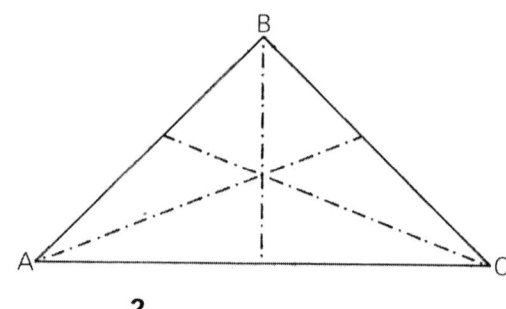

2

Seeschwalbe

Ausgang: Grundform 8

1 Kante A–B an Kante A–C falten. Kante K–C
darüberfalten.
2 Ecke B nach links herausfalten.
3 Wenden.
4 Bei den Spitzen A und C Gegenbruchfalten
nach innen.

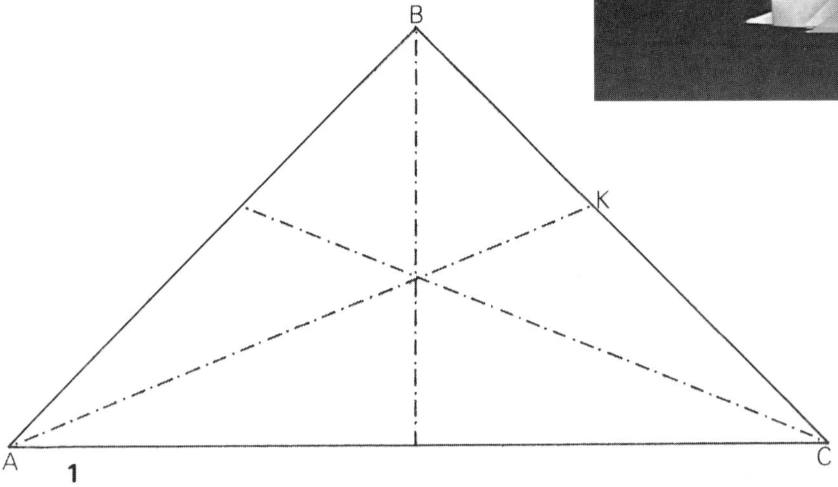

1

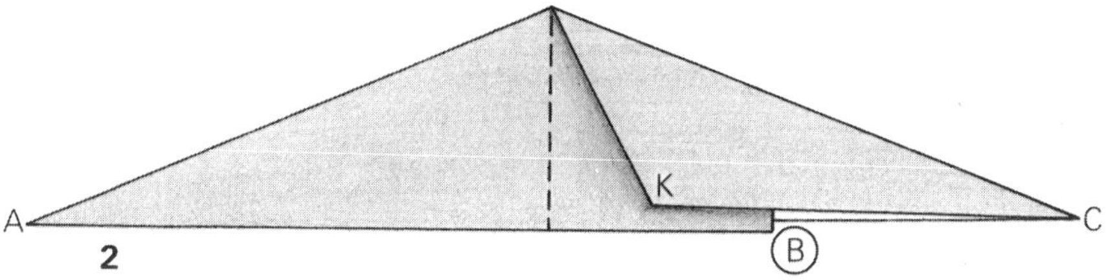

2

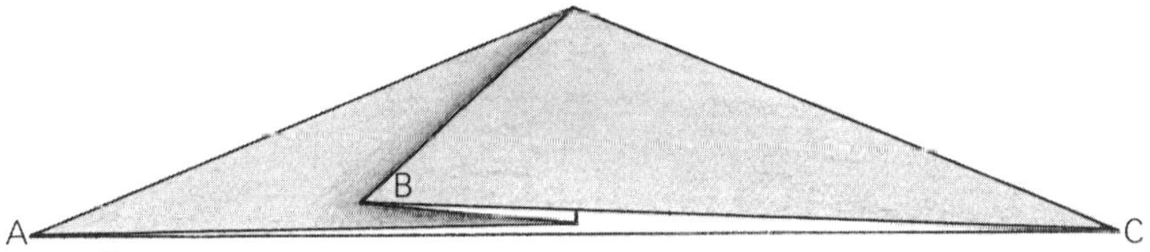

3

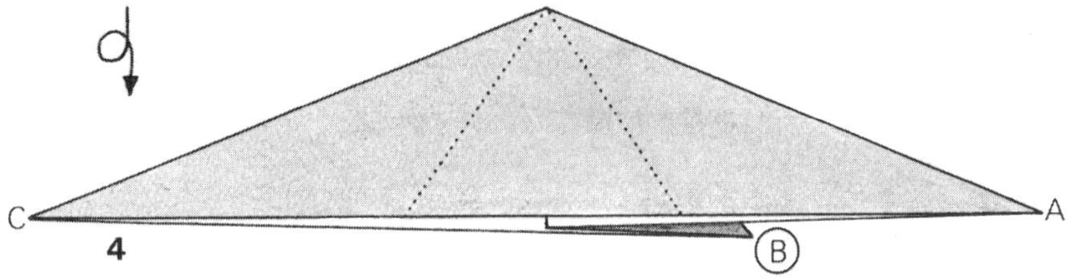

4

5 Bei den Spitzen A und C Talfalten in den gestrichelten Linien. Die Ecken E und G dabei im Gegenbruch nach innen auf Punkt x drücken. Mit den Ecken F und H diese Faltung hinten wiederholen.

6 Wenden.

7 Durch eine Talfalte in der gestrichelten Linie und eine Bergfalte in der punktierten Linie fällt Spitze B nach unten auf den Mittelbruch.

8 Bei Spitze B Bergfalten. Die Punkte a dabei im Gegenbruch nach innen drücken.

9 Wenden.

10 Die Punkte x bei den Spitzen C und A nach oben drücken und die Spitzen dabei nach rechts und links flach herausziehen.

11 Bergfalte im Mittelbruch. Arbeit drehen.

12 Bei Spitze B durch Gegenbruchfalten nach innen und außen den Schnabel bilden. Die Spitzen A und C nach außen biegen und dadurch Flügel formen.

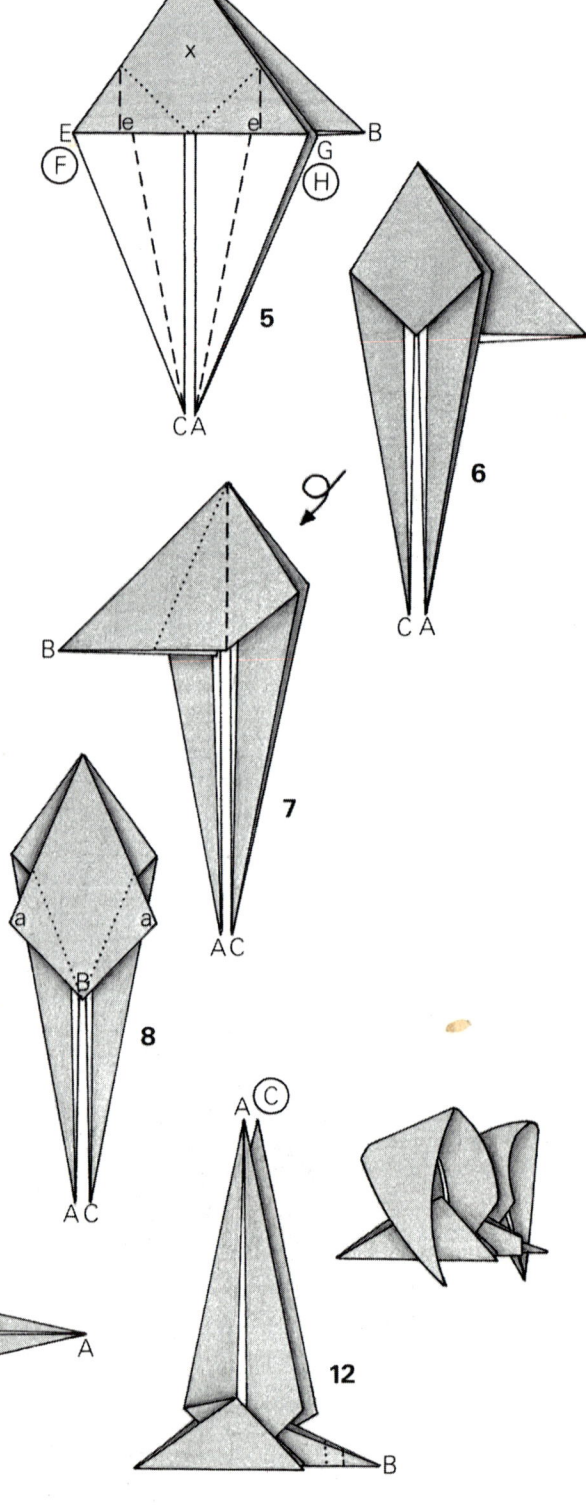

Grashüpfer

Ausgang: Figur 10 der Seeschwalbe Seite 149/150

1 Bei den Spitzen A und C Gegenbruchfalten nach innen.

2 Bei den Spitzen A und C vorn und hinten Bergfalten.

3 Talfalte im Mittelbruch. Arbeit drehen.

4 Talfalten vorn und hinten in den gestrichelten Linien.

5 Bei Spitze D Gegenbruchfalte nach innen. Die Füße durch Gegenbruchfalten formen.

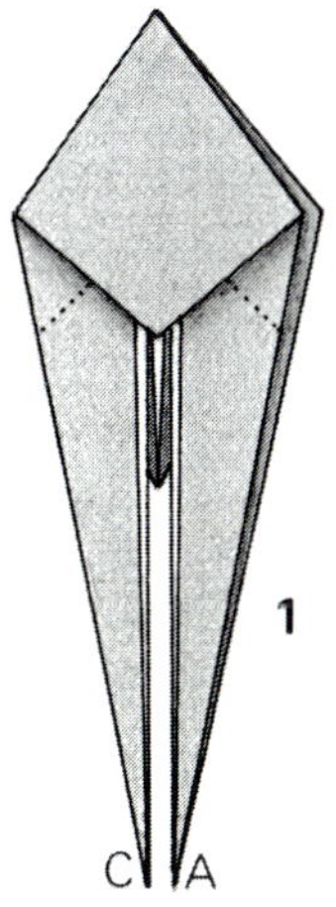

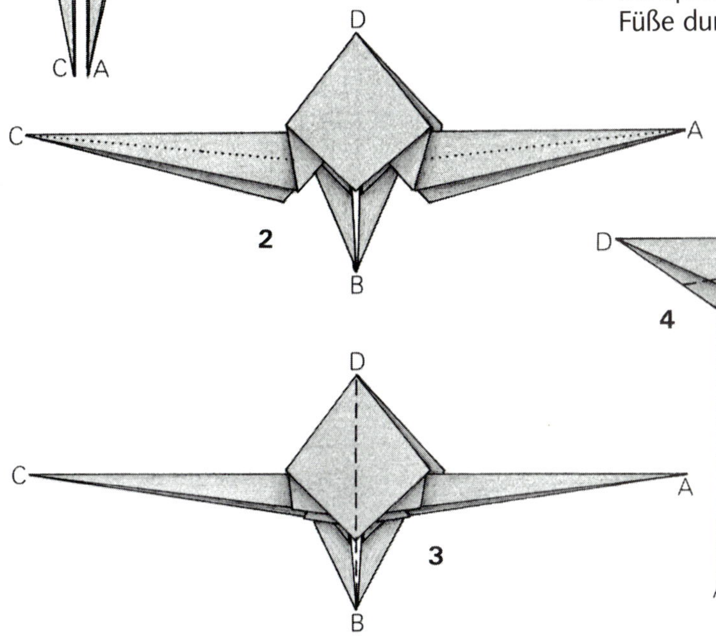

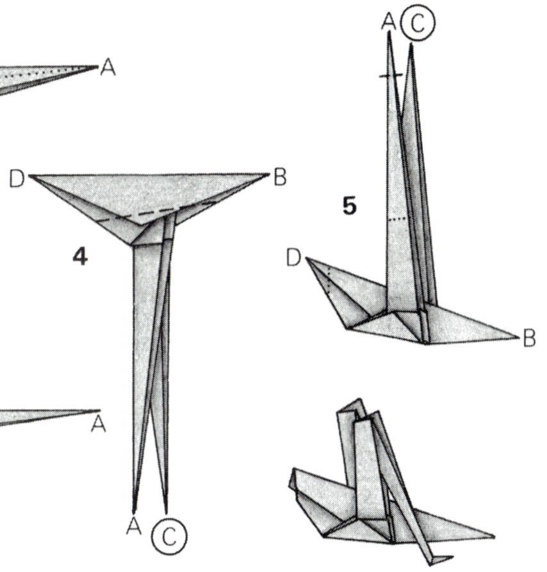

Hase

Kombination von zweimal Grundform 8

Kopf
Ausgang: Grundform 8, kleineres Format

1 Kanten B–A und B–C an den Mittelbruch knicken. Talfalten bei den Spitzen A und C.
2 Die Ecken E und F im Gegenbruch nach innen falten.

3 Spitze A waagerecht nach links knicken.
4 Durch eine Bergfalte im entstandenen Bruch fällt Spitze A flach nach links.
5 Bei Spitze A Bergfalten. Gleichzeitig Spitze A in der gestrichelten Linie nach rechts falten.
6 Die in Abb. 3–5 gezeigte Faltung mit Spitze C wiederholen.
7 Bergfalte im Mittelbruch. Faltarbeit drehen.
8 Bei Spitze K Gegenbruchfalte nach innen. Bei Spitze B Gegenbruchfalten nach innen und außen.

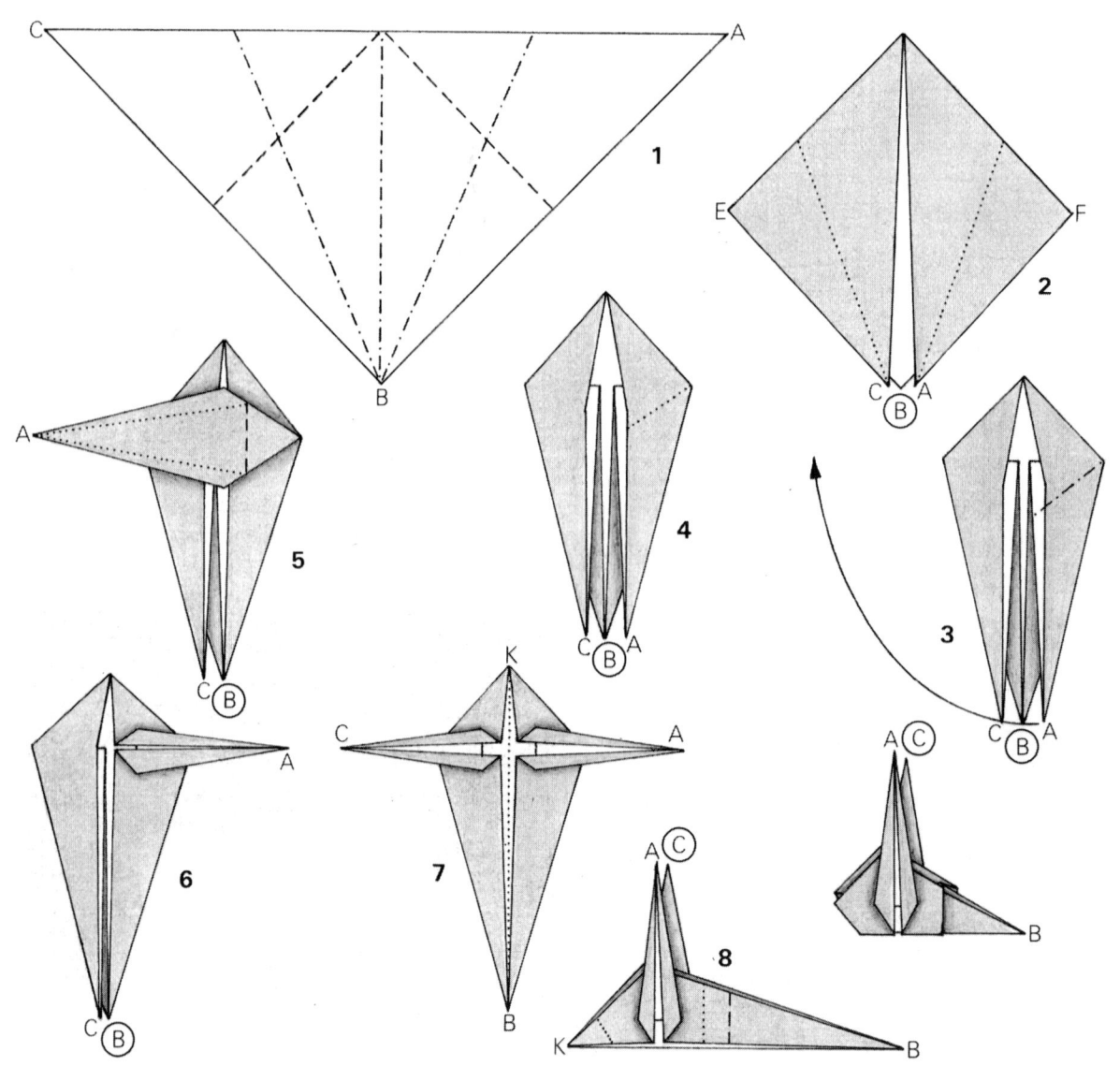

Körper
Ausgang: Figur 7 vom Kopfteil des Hasen

1 Die Ecken a im Mittelbruch nach oben auf die Ecken b klappen.

2 Bei Spitze B einschneiden. Talfalte im Mittelbruch. Arbeit drehen.

3 Bei den einzelnen Teilen von Spitze B vorn und hinten Bergfalten. Bei Spitze K durch Gegenbruchfalten nach innen und außen den Schwanz formen. Bei den Spitzen A und C durch Gegenbruchfalten nach innen und außen die Hinterfüße formen.

4 Bei den Spitzen B durch Gegenbruchfalten nach innen und außen die Vorderfüße formen. Die Hinterfüße durch Falten oder Schneiden abstumpfen.

5 Spitze B des Kopfteils in den Körper kleben.

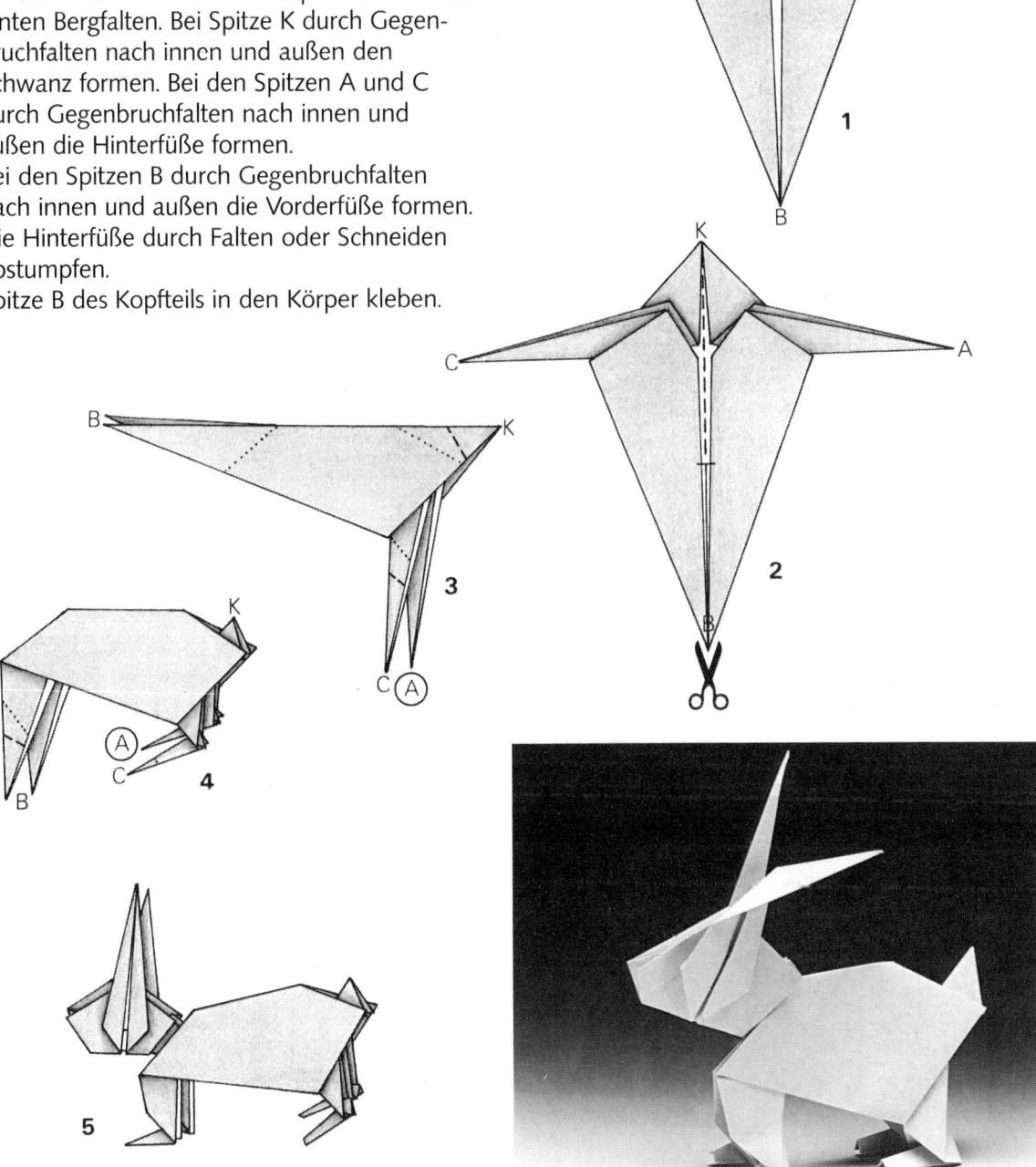

Grundform 9

Unser Gockel sieht,
Wenn er seine Federn sträubt,
Wie ein Löwe aus.

Haiku von Kikaku 1660–1707

Grundform 9

Ausgang: Quadratisches Faltblatt, Farbseite hinten

1 Talfalte im Mittelbruch.
2 Talfalte in der gestrichelten Linie (Ecke A an den Mittelbruch).
3 Beide Hälften entlang der Kante A–D durchschneiden. Mittelbruchfalte öffnen.
4 Die Ecken sind neu bezeichnet. Alle Mittelbrüche knicken.

Im Gegensatz zur Grundform 8 hat hier das dreieckige Faltblatt drei gleiche Seiten, ist also ein gleichseitiges Dreieck. Durch die Seitengleichheit ist auch der Abstand der drei Endpunktspitzen vom Mittelpunkt gleich, so daß sich Figuren mit drei gleich langen Seiten bilden lassen. Die Winkelgleichheit macht sie außerdem zum Falten von Sternen besonders geeignet.
Wie bei Grundform 8 können wir auch hier durch Verlagerung des Zentralpunktes vier faltbare Spitzen erhalten, wobei eine übermäßig lang ist und die anderen extrem kurz sind. Das ergibt Figuren mit gedrungenen Körpern und einem überlangen Körperteil, der als Hals oder als Schwanz dienen kann.

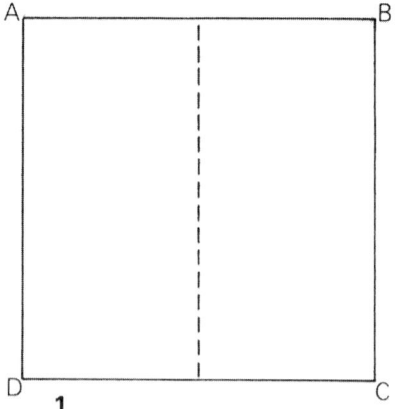

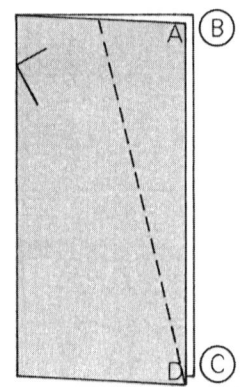

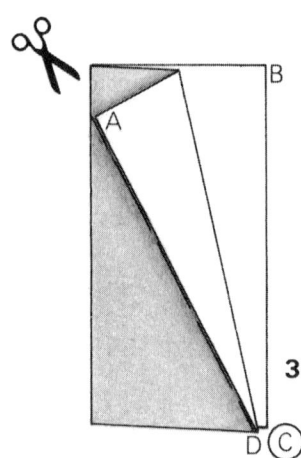

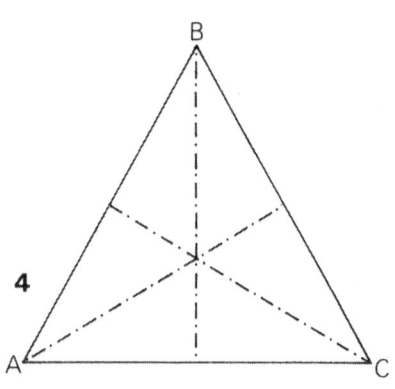

Sternbrief

Ausgang: Grundform 9

1 Bei Spitze A Talfalte.
2 Bei Spitze A Talfalte (über dem Mittelpunkt).
3 Diese Faltung nach Abb. 1 und 2 mit den
Spitzen B und C wiederholen.
4 Ecke x nach innen stecken.

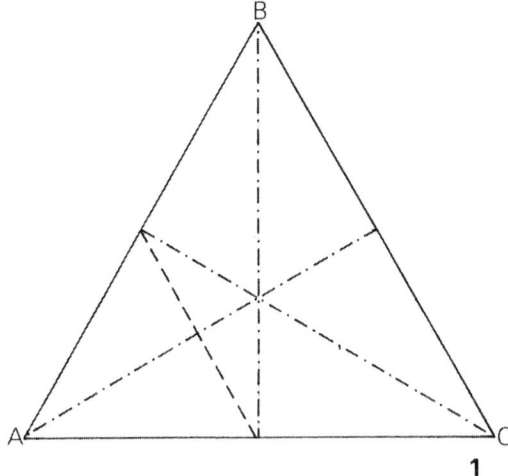

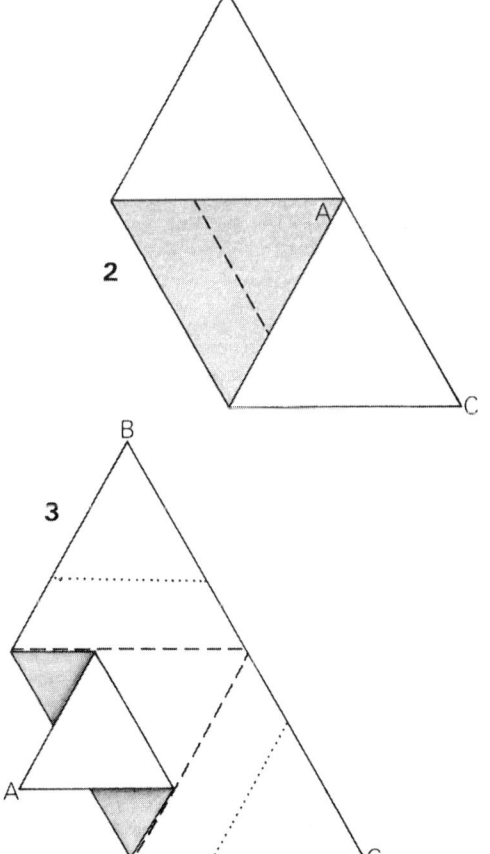

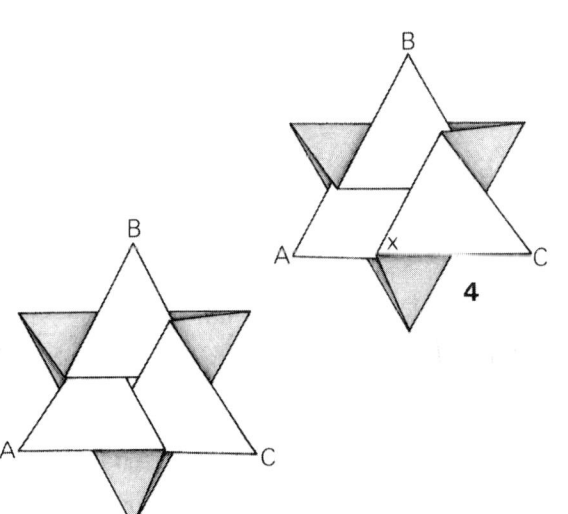

Sechszackiger Stern

Ausgang: Zweimal Grundform 9

1 Alle Spitzen an den Mittelpunkt falten.
2 Wenden.
3 Kante a an die Mittellinie falten (keine Bruchlinie vorhanden). Kante b an die Mittellinie
   falten.
4 Kante c an die Mittellinie falten und unter
   Kante a stecken. Wenden und auf den ebenso
   gefalteten zweiten Teil legen.
5 Den vorderen Teil wie gezeigt unter die Spitzen
   A, B und C des hinteren Teils schieben.

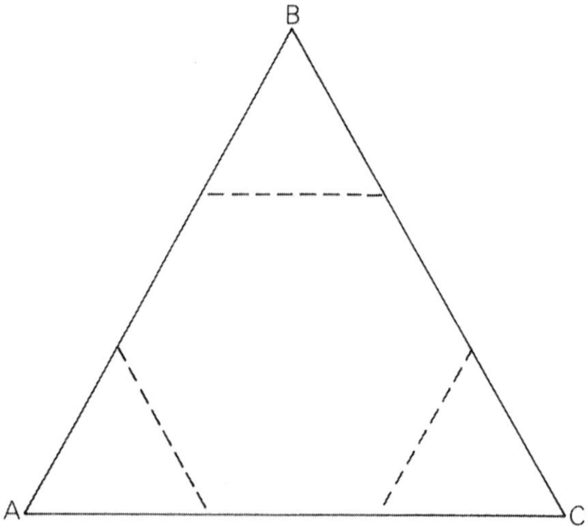

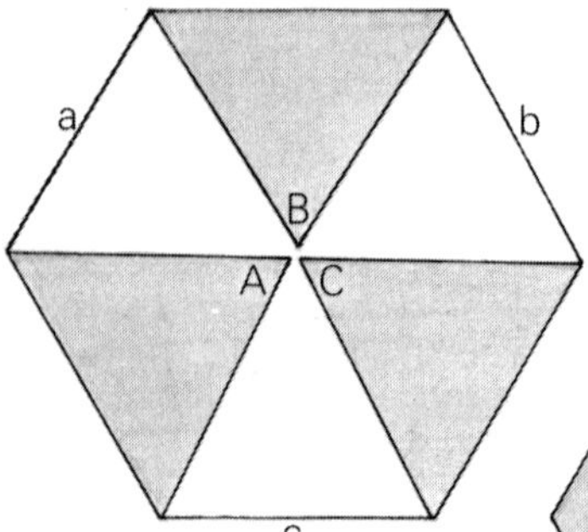

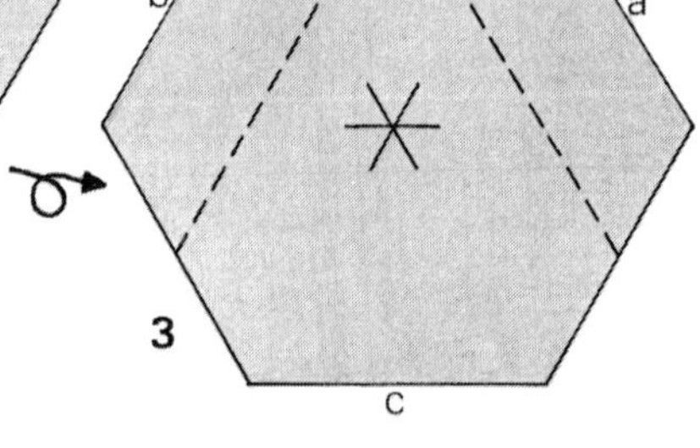

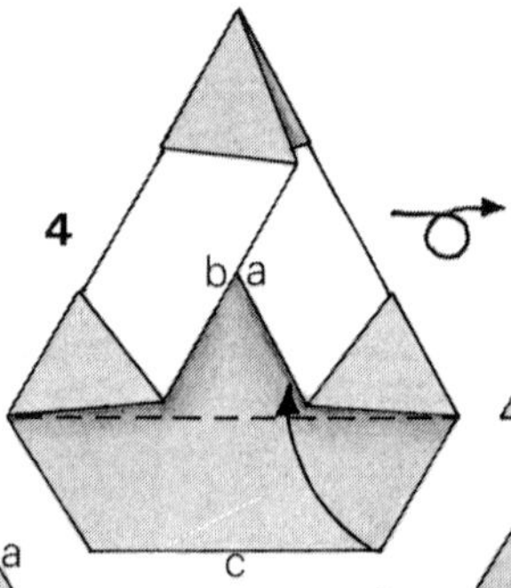

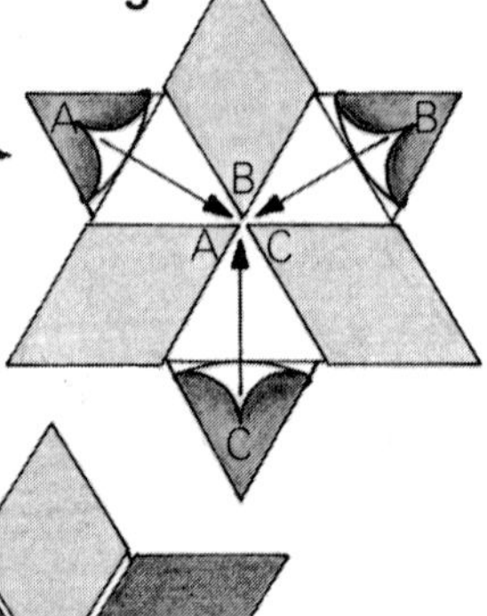

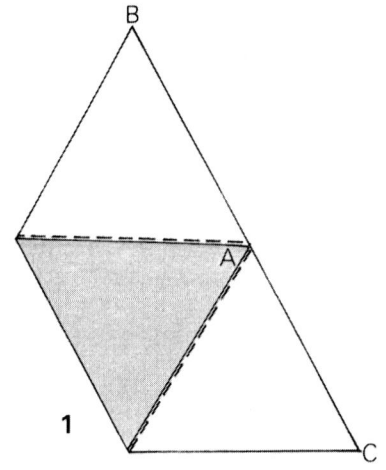

1

Dreizackiger Stern

Ausgang: Figur 1 des Sternbriefs Seite 157
(für einen farbigen Stern die Farbseite nach vorn
legen)

1 Bei Spitze B Talfalte. Bei Spitze C Talfalte.
2 Spitze C im Mittelbruch nach rechts auf Spitze
A falten.
3 Ecke x im Gegenbruch nach innen falten.
4 Diese Faltung nach Abb. 2 und 3 mit Spitze B
und A wiederholen.
5 Arbeit wenden.
6 Talfalten bei den Spitzen E, F und G.
7 Den Stern durch Einschieben der Spitze G
schließen. Wenden.

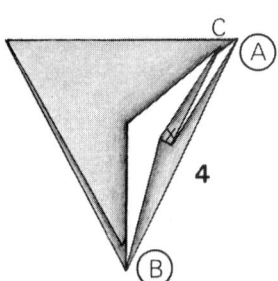

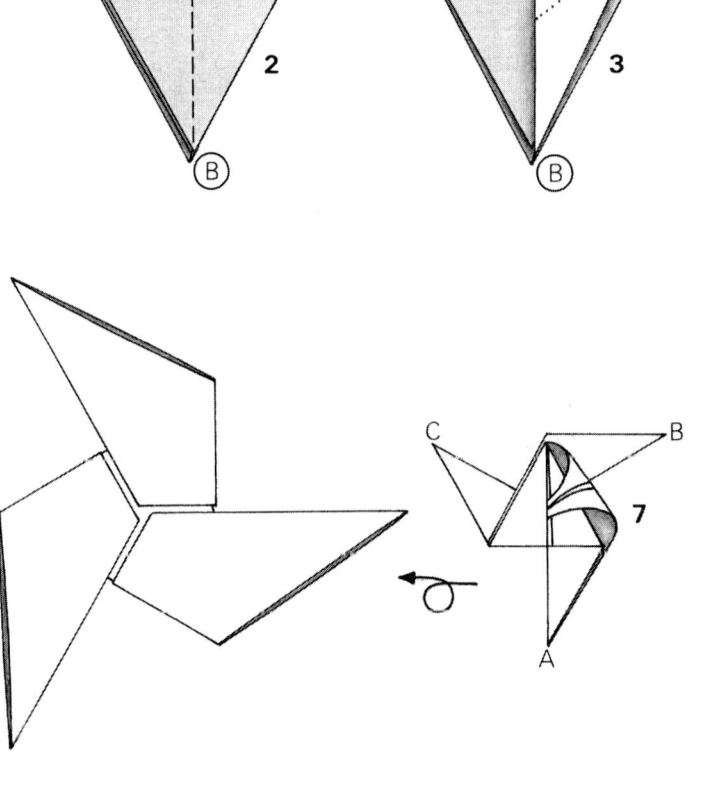

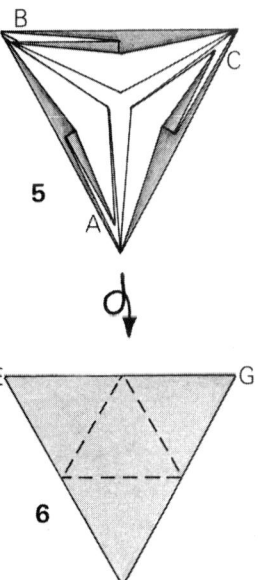

Wildgans

Ausgang: Grundform 9

1 Punkt a auf Punkt b ziehen. Dadurch fällt
   Spitze B auf Spitze A.
2 Bei Spitze B Gegenbruchfalte nach innen.
3 Bei Spitze B Talfalte in der gestrichelten Linie,
   dabei Ecke E innen nach oben an den Mittelbruch drücken. Dies auf der Rückseite der
   Spitze wiederholen.
4 Die vordere Hälfte der Spitze B nach rechts
   klappen.
5 Spitze B nach oben falten.
6 Arbeit wenden.
7 Talfalte in der gestrichelten Linie.
8 Talfalte im Mittelbruch. Arbeit drehen.
9 Bei Spitze B durch Gegenbruchfalten
   nach innen und außen den Kopf formen.
   Die Flügel A und C seitwärts falten.

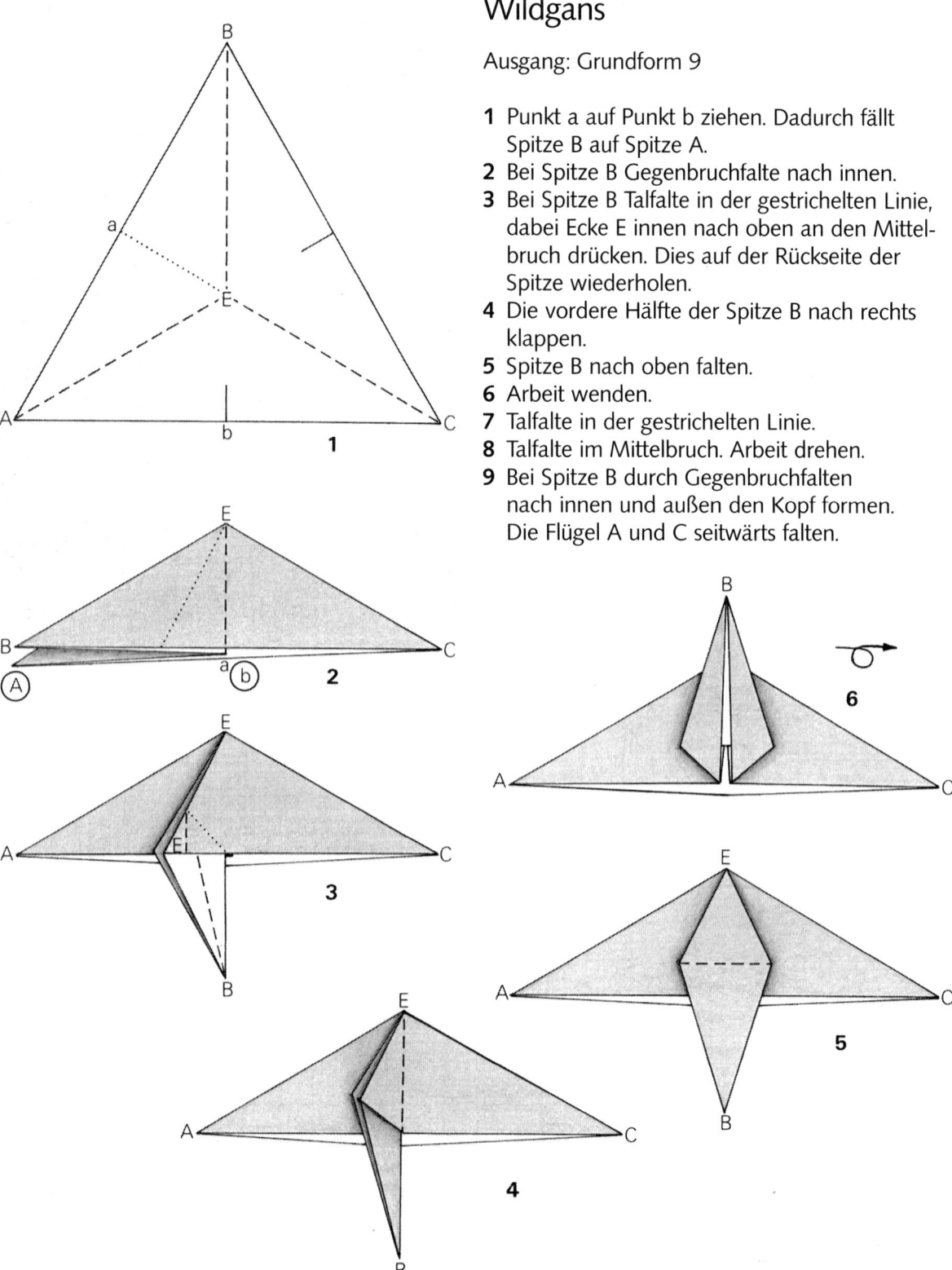

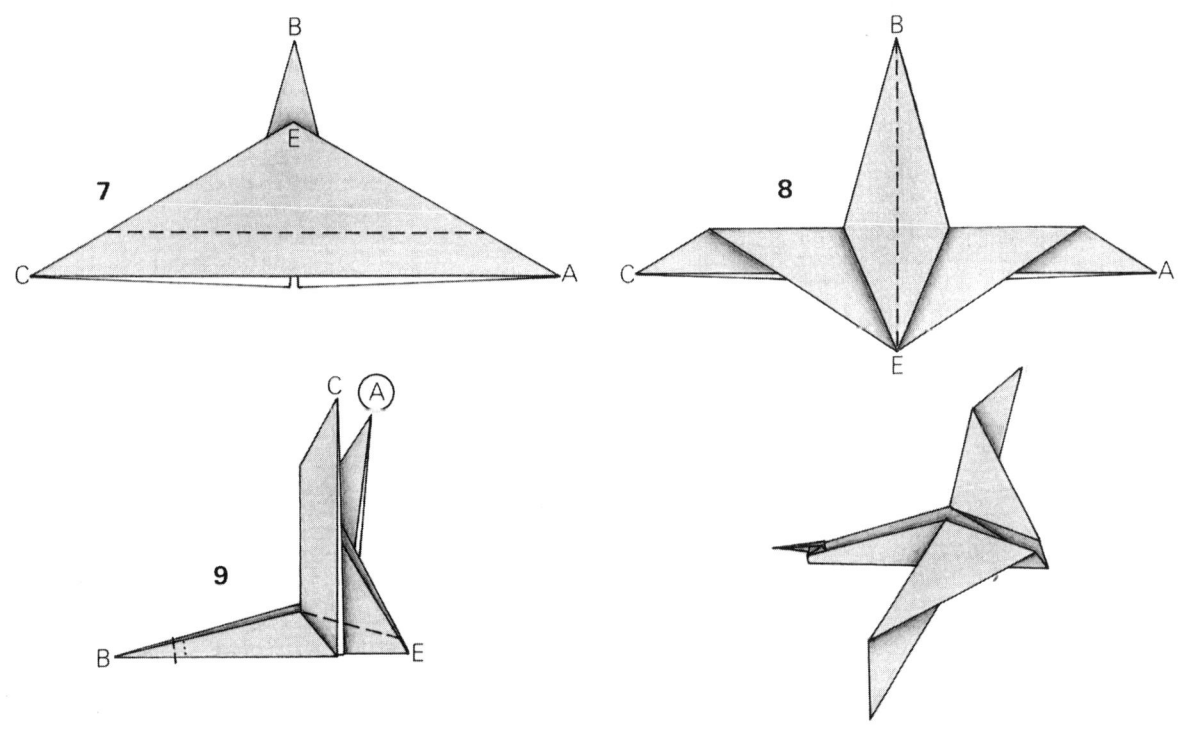

7

B

E

C   A

8

B

C   A

E

9

C (A)

B   E

Iris

Ausgang: Figur 4 der Wildgans Seite 160

1 Arbeit drehen. Die Spitzen A und C wie Spitze B falten.
2 Die hintere Hälfte der Spitze A hinten im Mittelbruch nach links klappen. Arbeit wenden.
3 Talfalten an allen drei Blattformen.
4 Die drei Spitzen als Blütenblätter herausfalten. Nach Gefallen über einen Bleistift rollen oder zwei Blüten ineinanderstecken.

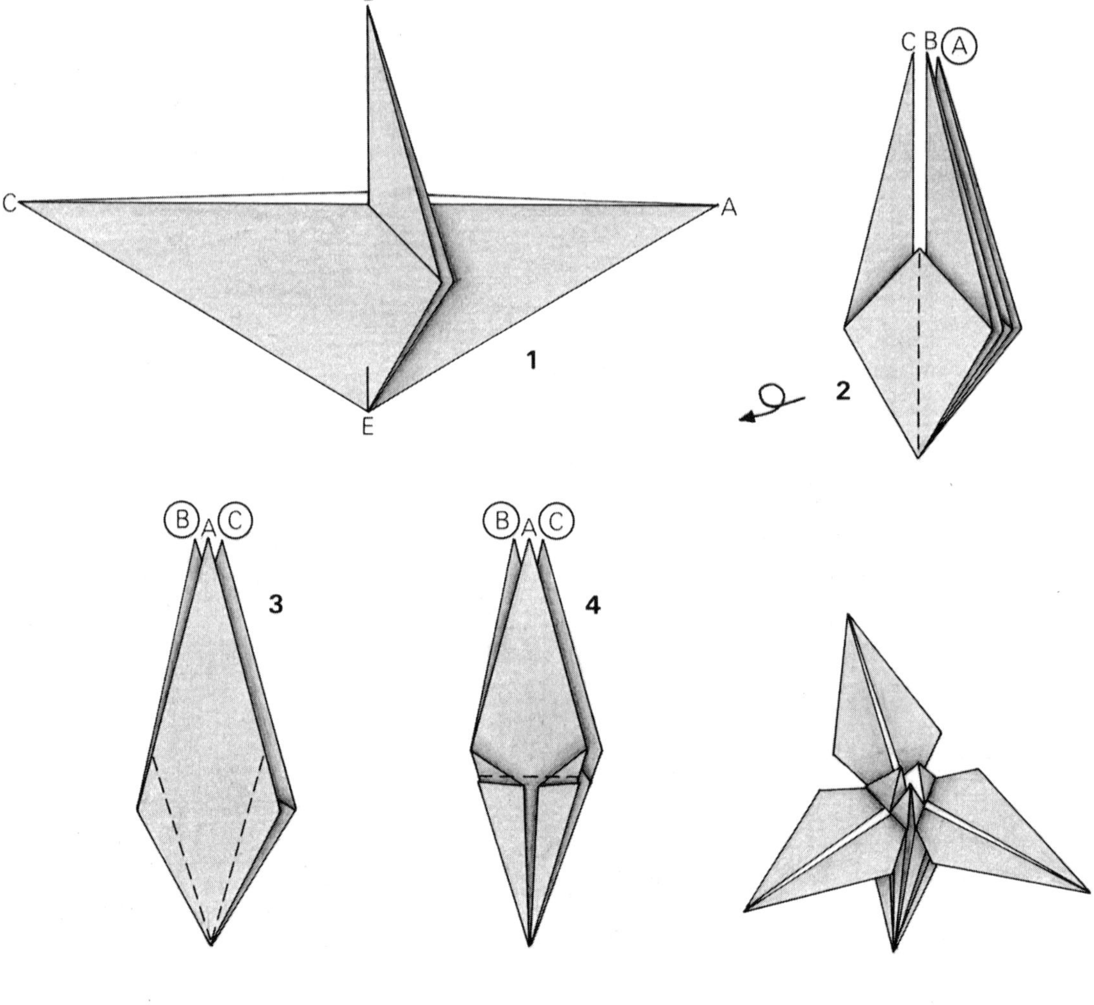

Krebs

Ausgang: Figur 3 der Iris Seite 162

1 Spitze A nach unten falten.
2 Bei den Spitzen B und C Gegenbruchfalten nach innen. Wenden.
3 Bei den Spitzen B und C Talfalten. Bergfalten in den punktierten Linien 1 und 2.
4 Spitze A ziehharmonikaartig falten.
5 Bei den Spitzen B und C einschneiden. Bergfalte im Mittelbruch. Arbeit drehen.
6 An den äußeren Teilen von Spitze B und C Talfalten. Spitze A in die aus Abb. 7 ersichtliche Lage ziehen und die Falten neu einstreichen.

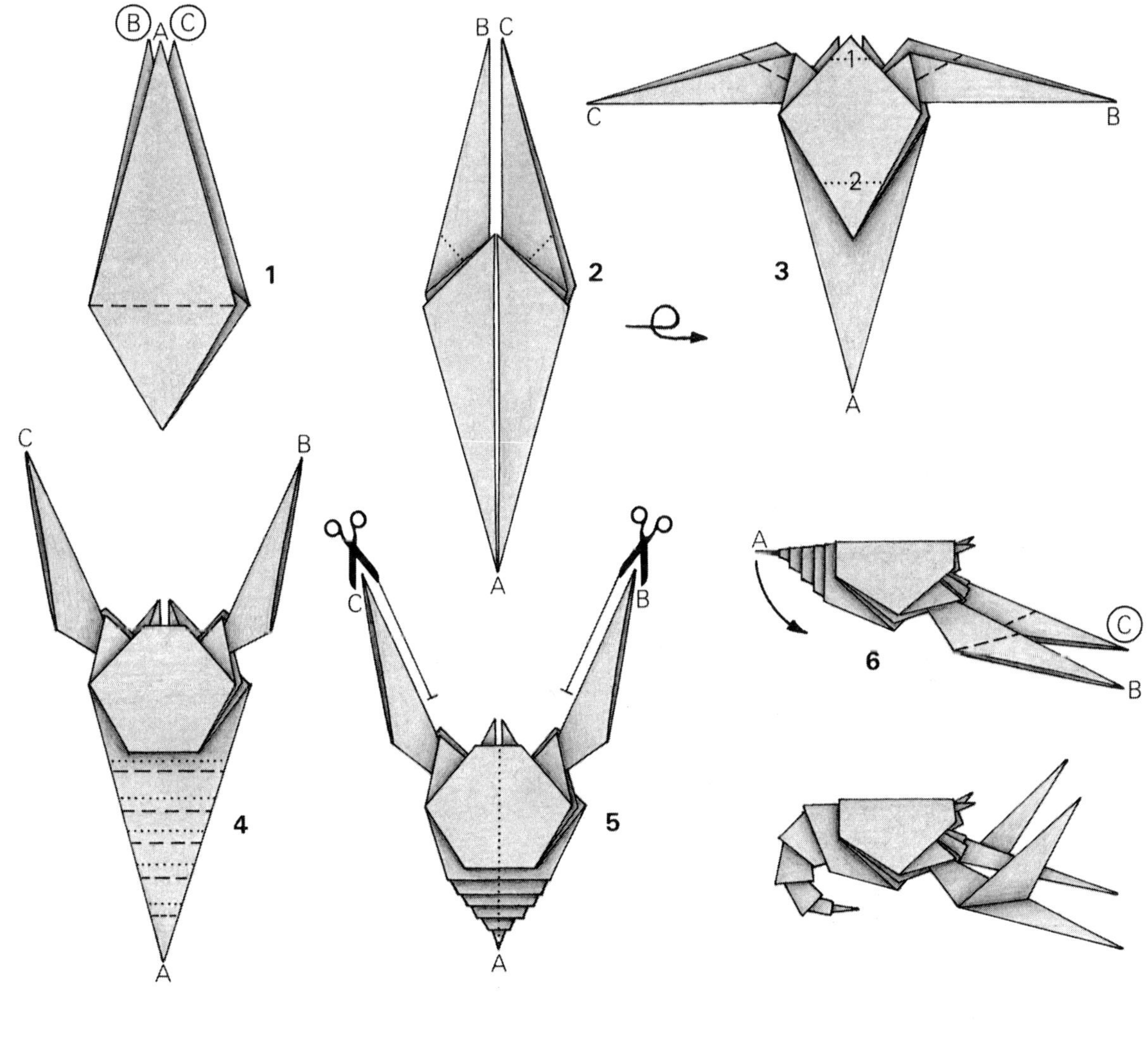

Gans

Ausgang: Grundform 9. Den Mittelbruch durch Spitze B als Talfalte, die Mittelbrüche durch die Spitzen A und C als Bergfalten knicken. Faltblatt drehen.

1 Talfalten in den gestrichelten Linien 1 und 2.
2 Die Spitzen A und C nach oben herausfalten.
3 Die Spitzen A und C wie die Hasenohren Seite 152 Abb. 3–6 falten.
4 Die Ecken a auf die Ecken b klappen.
5 Talfalte im Mittelbruch. Arbeit drehen.
6 Bei Spitze B Gegenbruchfalte nach innen.
7 Bei Spitze B vorn und hinten Bergfalten.
8 Bei Spitze B Gegenbruchfalte nach innen.
9 Bei Spitze B Gegenbruchfalte nach außen. Bei Spitze D Gegenbruchfalte nach außen. Bei den Spitzen A und C durch Gegenbruchfalten nach innen und außen die Füße formen.
10 Bei Spitze B durch Gegenbruchfalten den Kopf und den Schnabel formen.

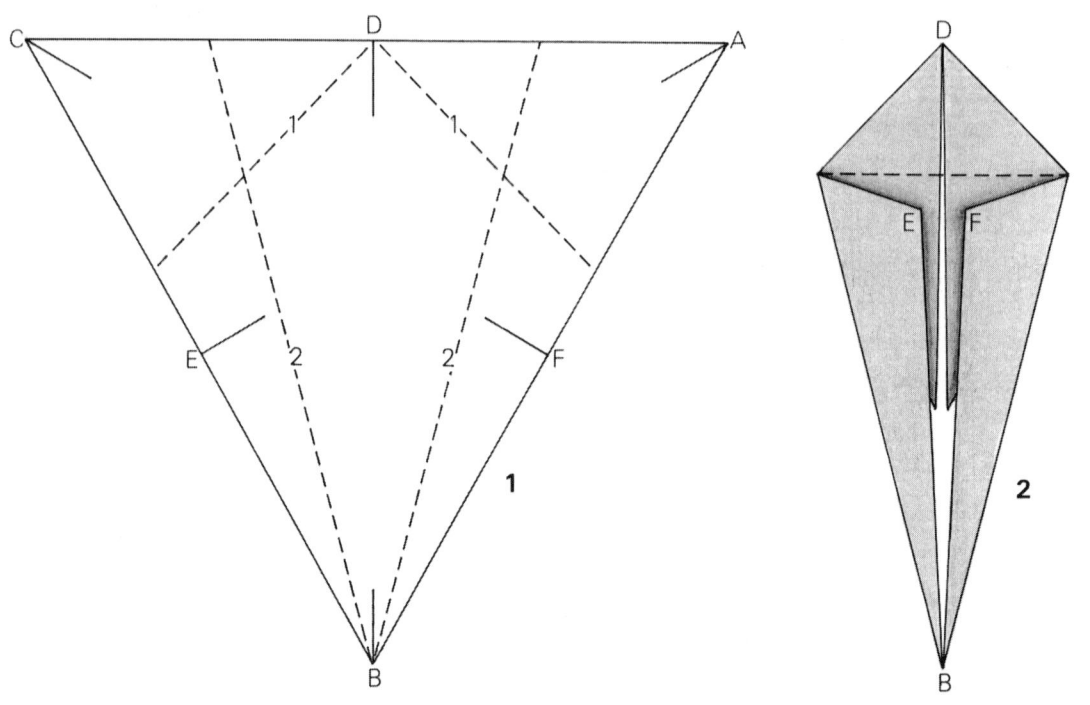

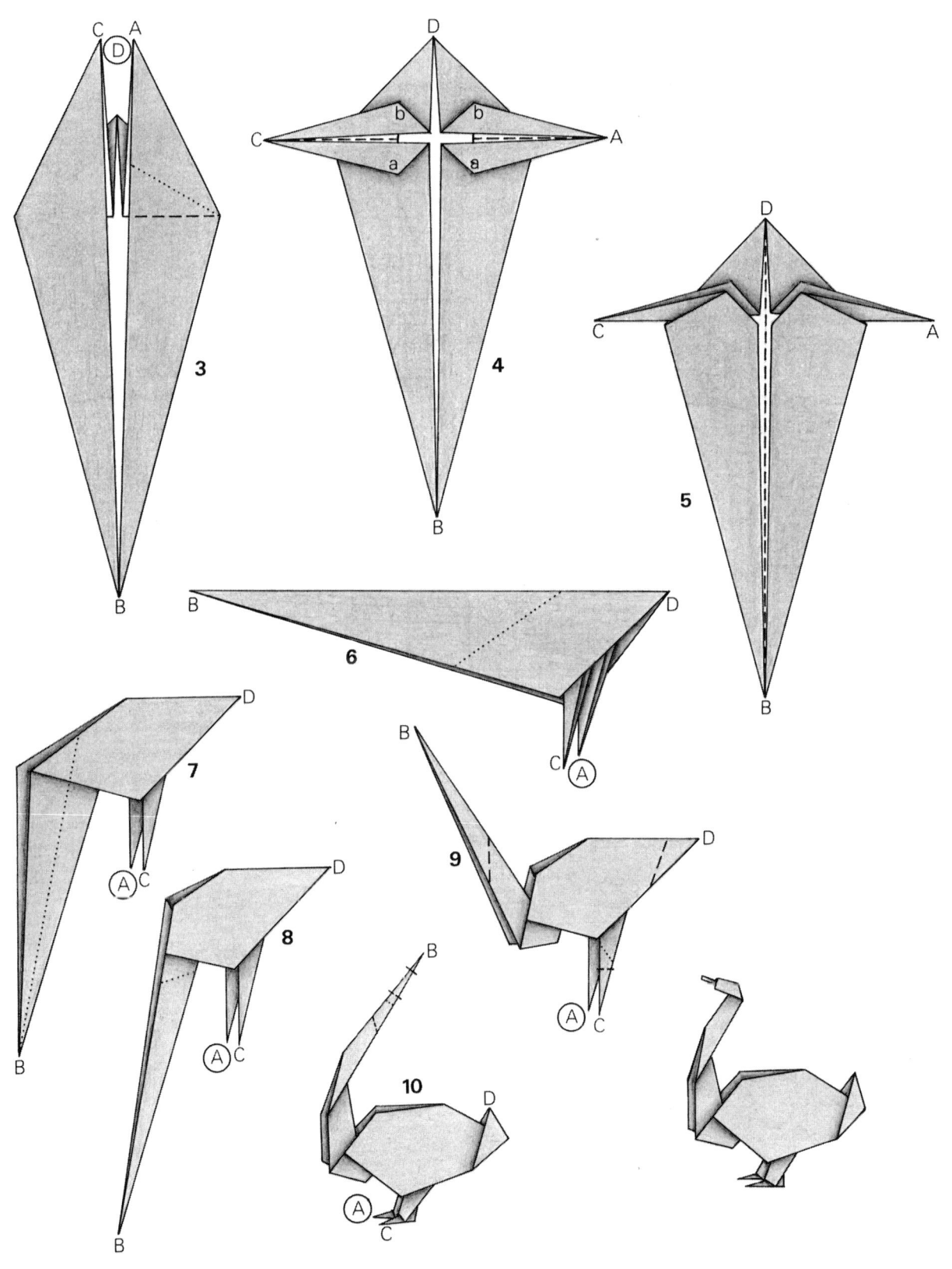

Hahn

Kombination von zweimal Grundform 9

Kopf
Ausgang: Figur 3 der Gans Seite 165

1 Arbeit wenden und drehen. Ecke D nach links falten.
2 Talfalte im Mittelbruch.
3 Bei Spitze B Gegenbruchfalte nach außen.
4 Bei Spitze B durch Gegenbruchfalten nach innen und außen in den Linien 1 den Kopf und in den Linien 2 den Schnabel bilden. Bei Spitze A vorn und Spitze C hinten Talfalten.

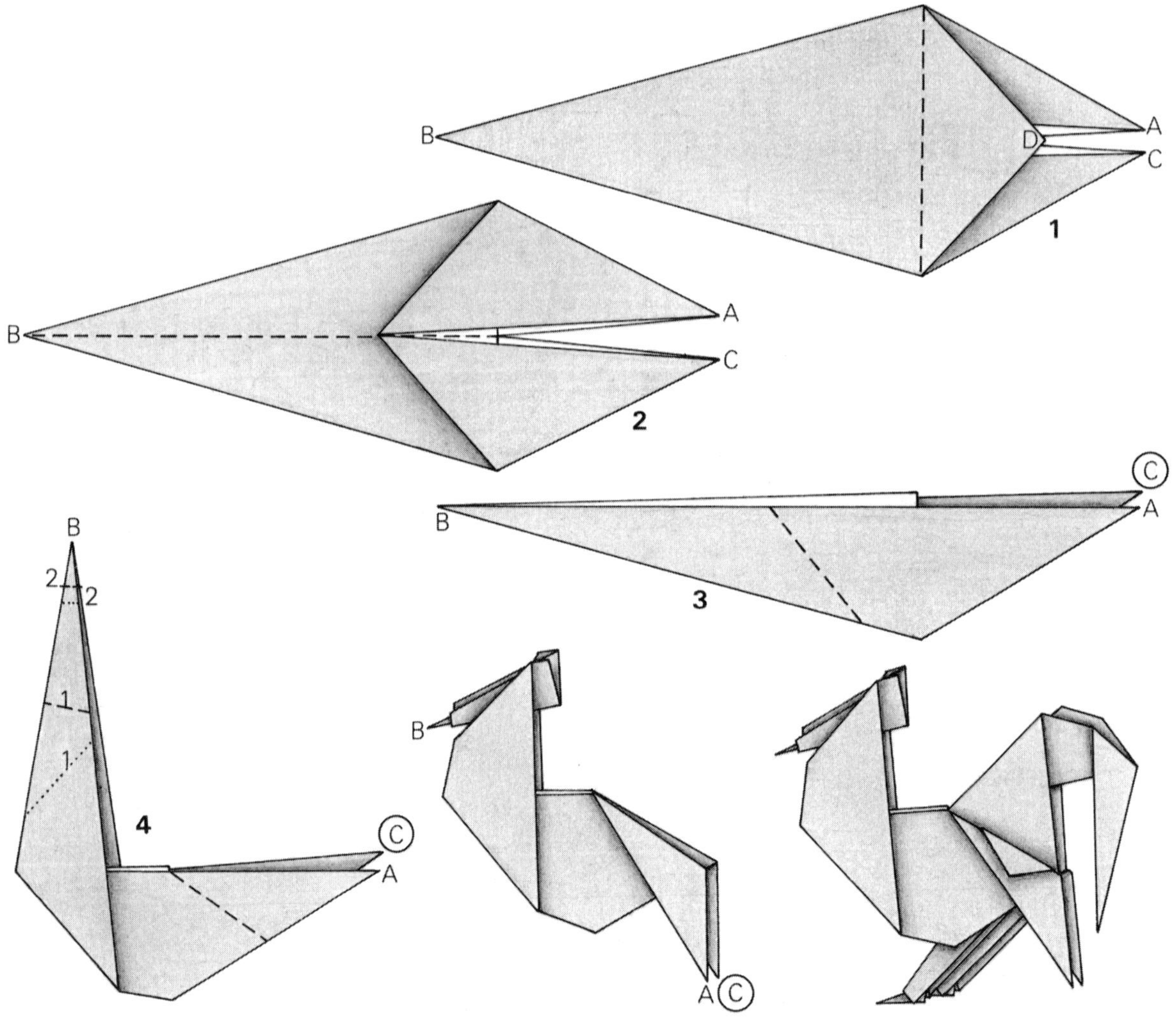

Körper
Ausgang: Figur 4 der Gans Seite 165

1 Bergfalte im Mittelbruch.
2 Die Spitzen A und C nach unten falten.
3 Bei den Spitzen A und C Punkt a auf Punkt b
   falten.
4 Bei Spitze B Gegenbruchfalte nach innen.
5 Bei Spitze B Gegenbruchfalte nach innen.
6 Bei Spitze B Gegenbruchfalte nach außen. Bei
   den Spitzen A und C die Füße formen.
7 Den Schwanzteil in den Kopfteil kleben und
   Ecke x vorn und hinten nach unten falten.

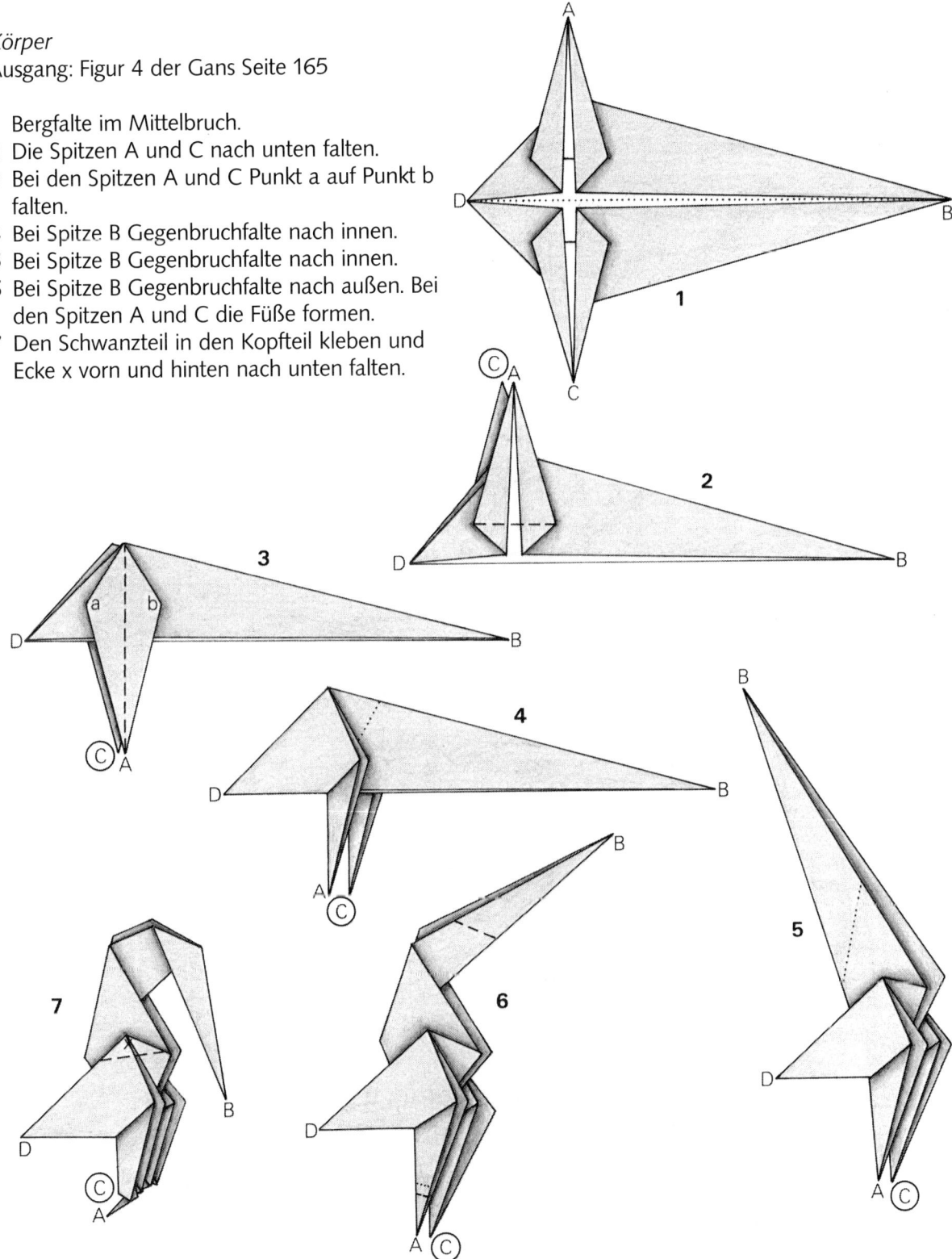

Grundform 10

Am kleinen Theater
Die Fahne ward ganz durchnäßt
Vom Frühlingsregen...

Haiku von Shiki 1866–1902

Grundform 10

Ausgang: Grundform 3

1 Im Mittelbruch durchtrennen.
2 Talfalten in den Mittelbrüchen 1 und 2.
3 Durch Talfalte in der gestrichelten Linie Ecke a
an den Mittelbruch bringen.
4 Entlang der gefalteten Kante abschneiden
(siehe auch Grundform 9). Öffnen.
5 Grundform 10.

Bei dem rautenförmigen Faltblatt dieser Grundform haben die Seiten die gleiche Länge wie die
Mittelbruchlinie B–D. Es sind also eigentlich zwei
zusammenhängende gleichschenklige Dreiecke.
Wir können hier zwei lange und zwei kurze Endpunktspitzen gewinnen, also Figuren mit langem
Hals und langem Schwanz, aber zwei kurzen
Füßen entwickeln.
Bei Überlegungen zum freien Entwickeln neuer
Figuren kann man demnach von folgendem
ausgehen: Grundform 8 bietet zwei lange und
eine kurze Endpunktspitze, Grundform 9 bietet
eine lange und zwei kurze Endpunktspitzen,
Grundform 10 bietet zwei lange und zwei
kurze Endpunktspitzen.

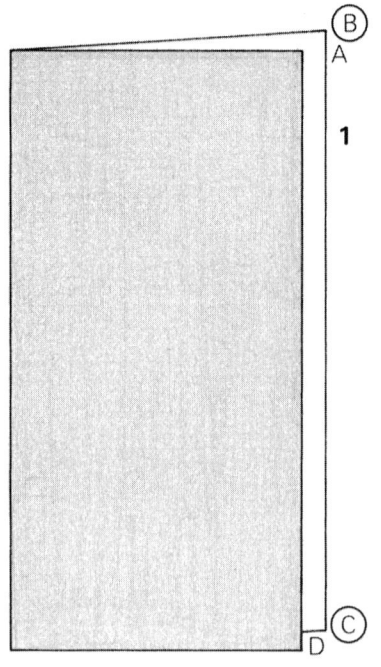

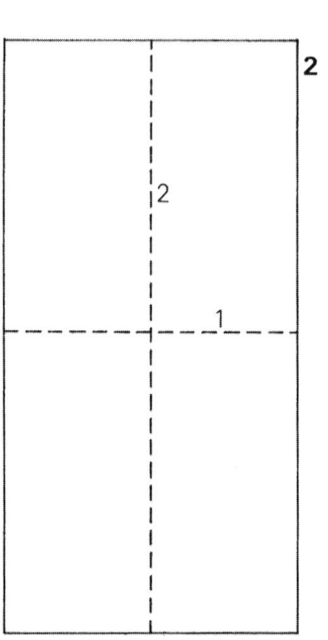

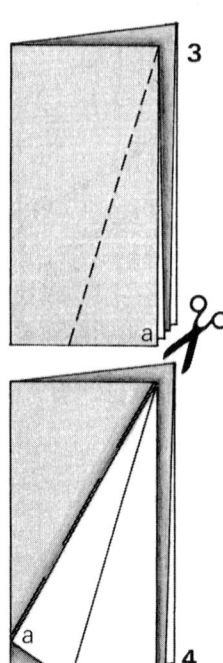

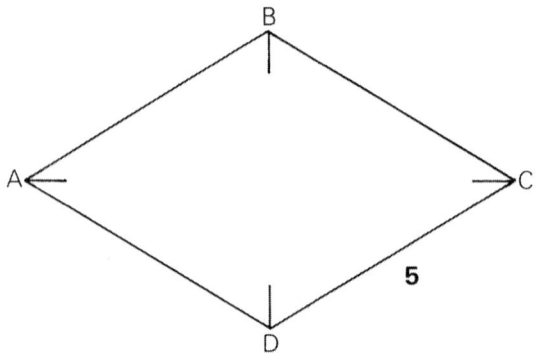

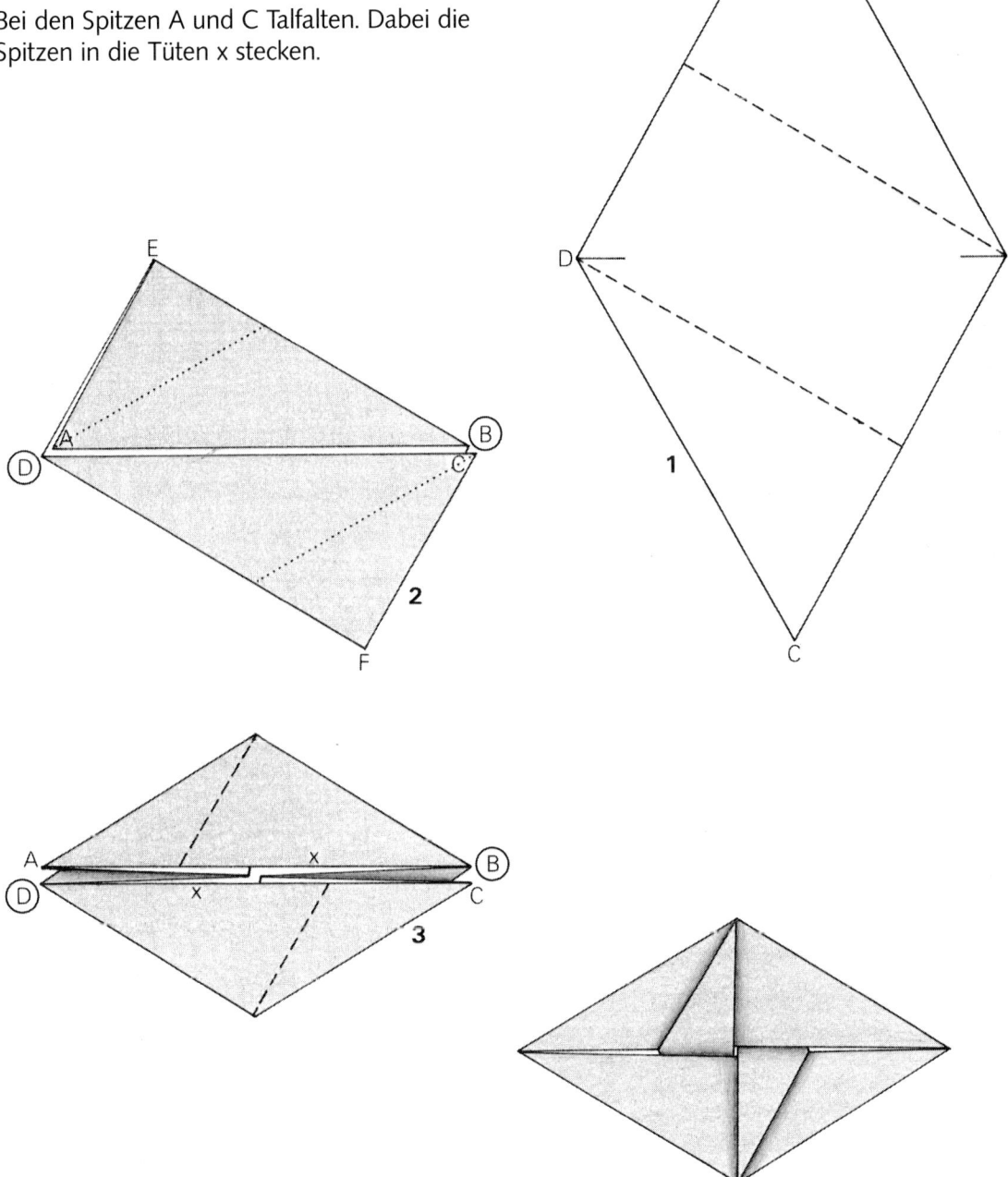

Faltbrief

Ausgang: Grundform 10

1 Bei den Spitzen A und C Talfalten.
2 Die Ecken E und F jeweils im Gegenbruch nach
   innen an den Mittelbruch falten.
3 Bei den Spitzen A und C Talfalten. Dabei die
   Spitzen in die Tüten x stecken.

172

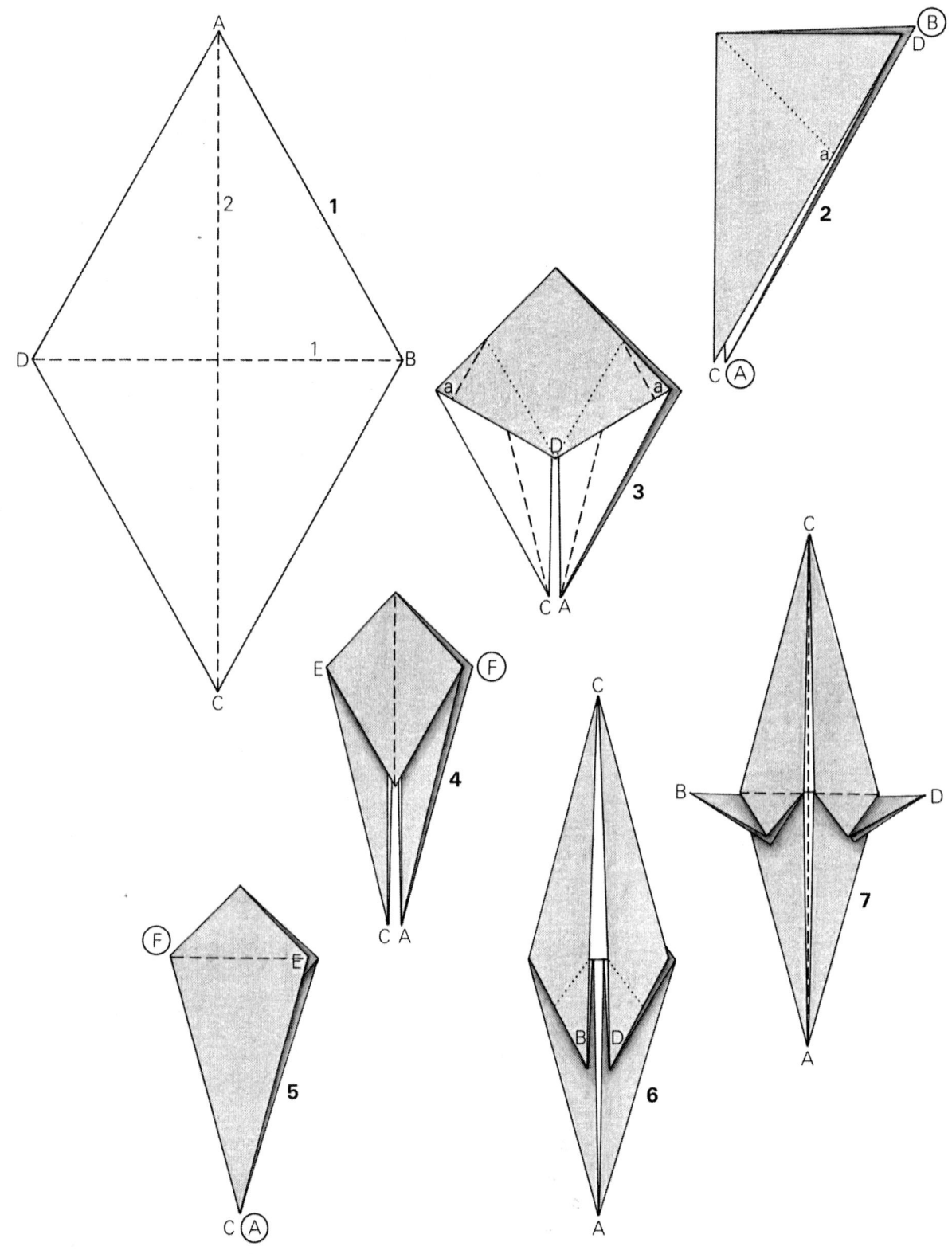

Papagei

Ausgang: Grundform 10

1 Talfalten in den gestrichelten Linien 1 und 2.
2 Punkt a nach links ziehen. Durch die Bergfalte in der punktierten Linie fällt Spitze D auf den Mittelbruch. Diese Faltung auf der Rückseite bei Spitze B wiederholen.
3 Die Ecken a im Gegenbruch nach innen an den Mittelbruch falten. Dies auf der Rückseite wiederholen.
4 Im Mittelbruch Ecke E vorn nach rechts und Ecke F hinten nach links klappen.
5 Spitze C nach oben falten.
6 Bei den Spitzen B und D Gegenbruchfalten nach innen.
7 Die Teile mit den Spitzen B und D nach oben klappen. Talfalte im Mittelbruch, Arbeit drehen.
8 Bei den Spitzen A und C Gegenbruchfalte nach innen.
9 Bei Spitze C vorn und hinten Talfalte. Bei den Spitzen B und D die Füße formen. Bei Spitze A durch Gegenbruchfalte nach innen und außen den Schnabel bilden und die Schnabelspitze durch eine Gegenbruchfalte nach außen krümmen.

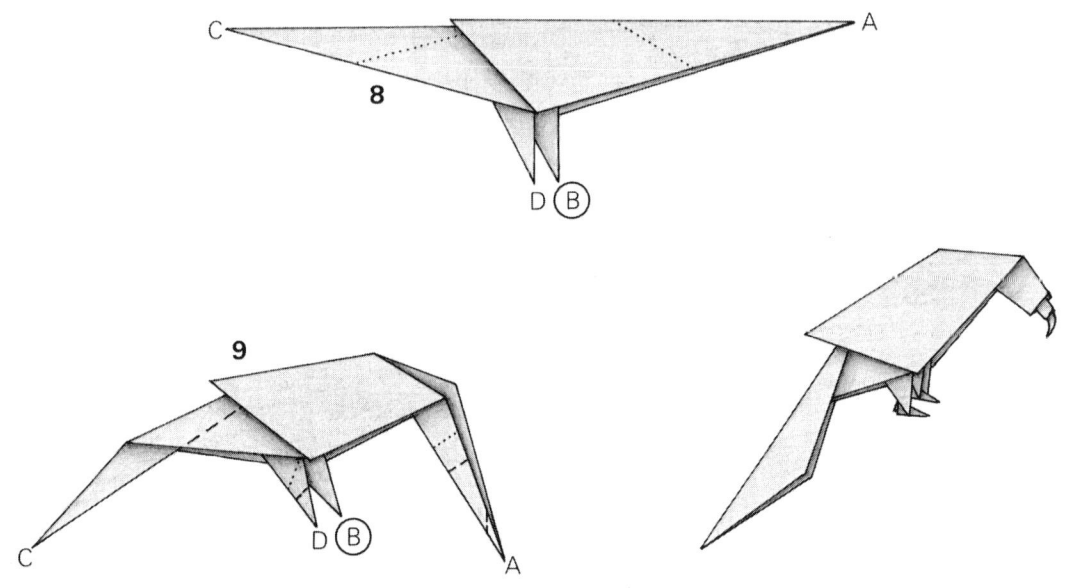

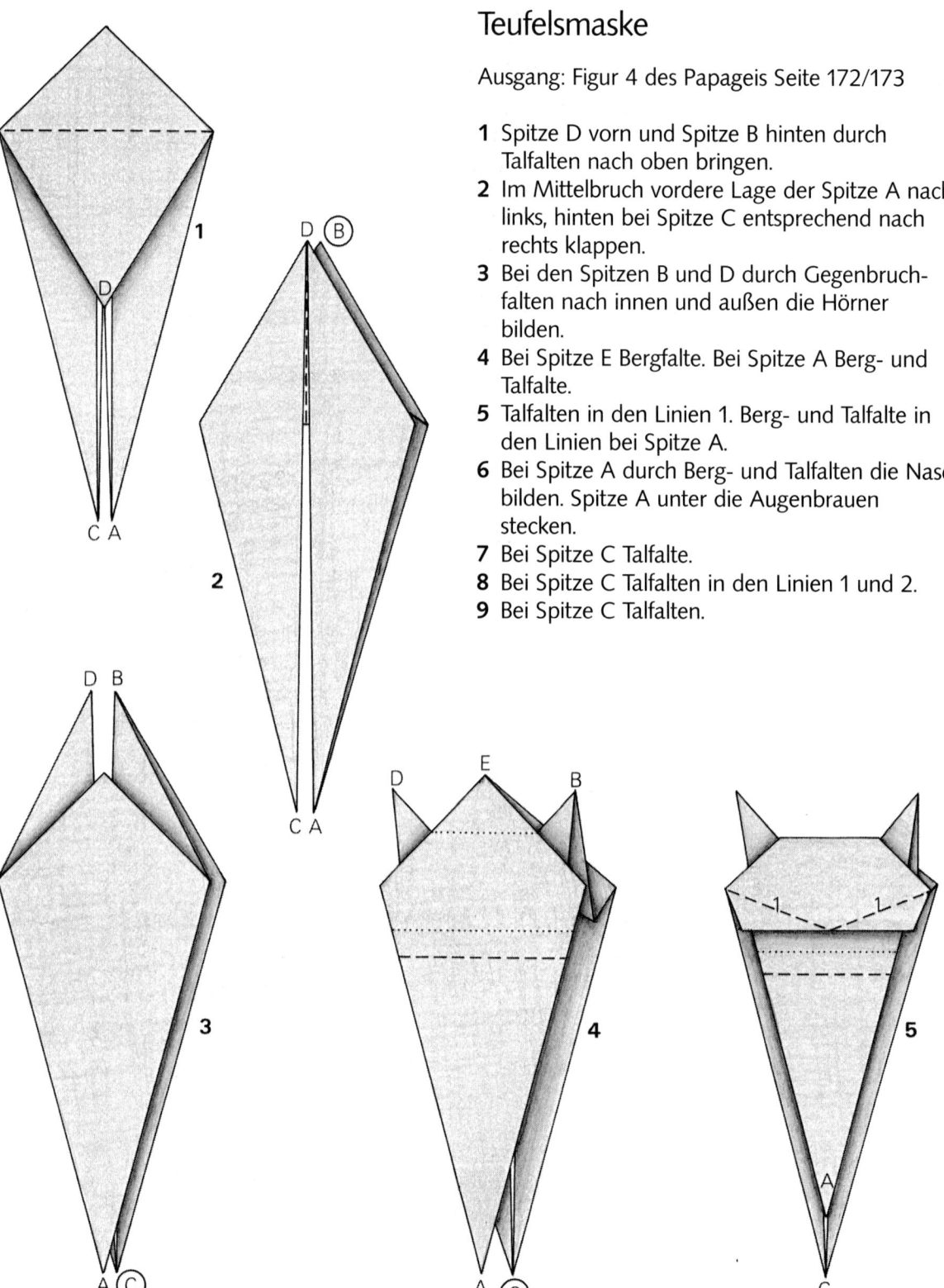

Teufelsmaske

Ausgang: Figur 4 des Papageis Seite 172/173

1 Spitze D vorn und Spitze B hinten durch Talfalten nach oben bringen.

2 Im Mittelbruch vordere Lage der Spitze A nach links, hinten bei Spitze C entsprechend nach rechts klappen.

3 Bei den Spitzen B und D durch Gegenbruch-falten nach innen und außen die Hörner bilden.

4 Bei Spitze E Bergfalte. Bei Spitze A Berg- und Talfalte.

5 Talfalten in den Linien 1. Berg- und Talfalte in den Linien bei Spitze A.

6 Bei Spitze A durch Berg- und Talfalten die Nase bilden. Spitze A unter die Augenbrauen stecken.

7 Bei Spitze C Talfalte.

8 Bei Spitze C Talfalten in den Linien 1 und 2.

9 Bei Spitze C Talfalten.

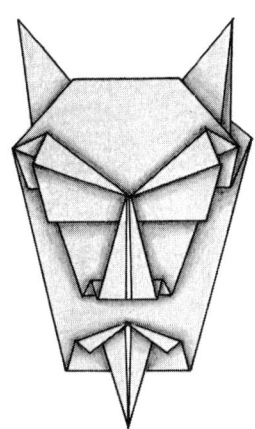

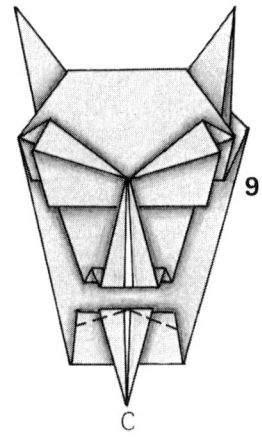

9

C

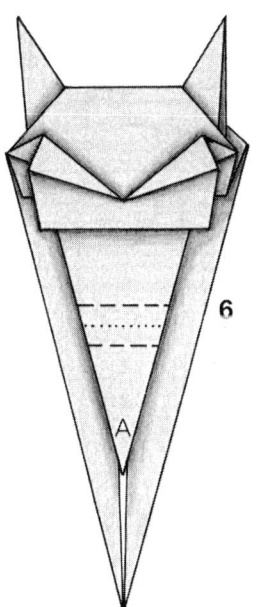

6

A

C

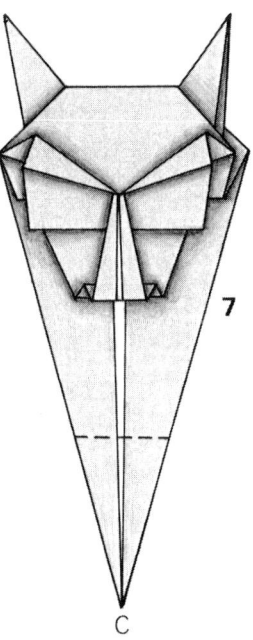

7

C

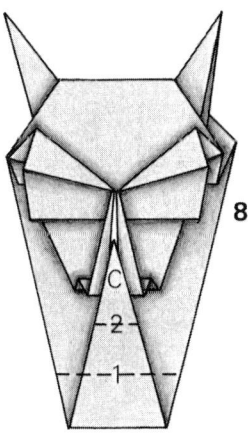

8

C

2

1

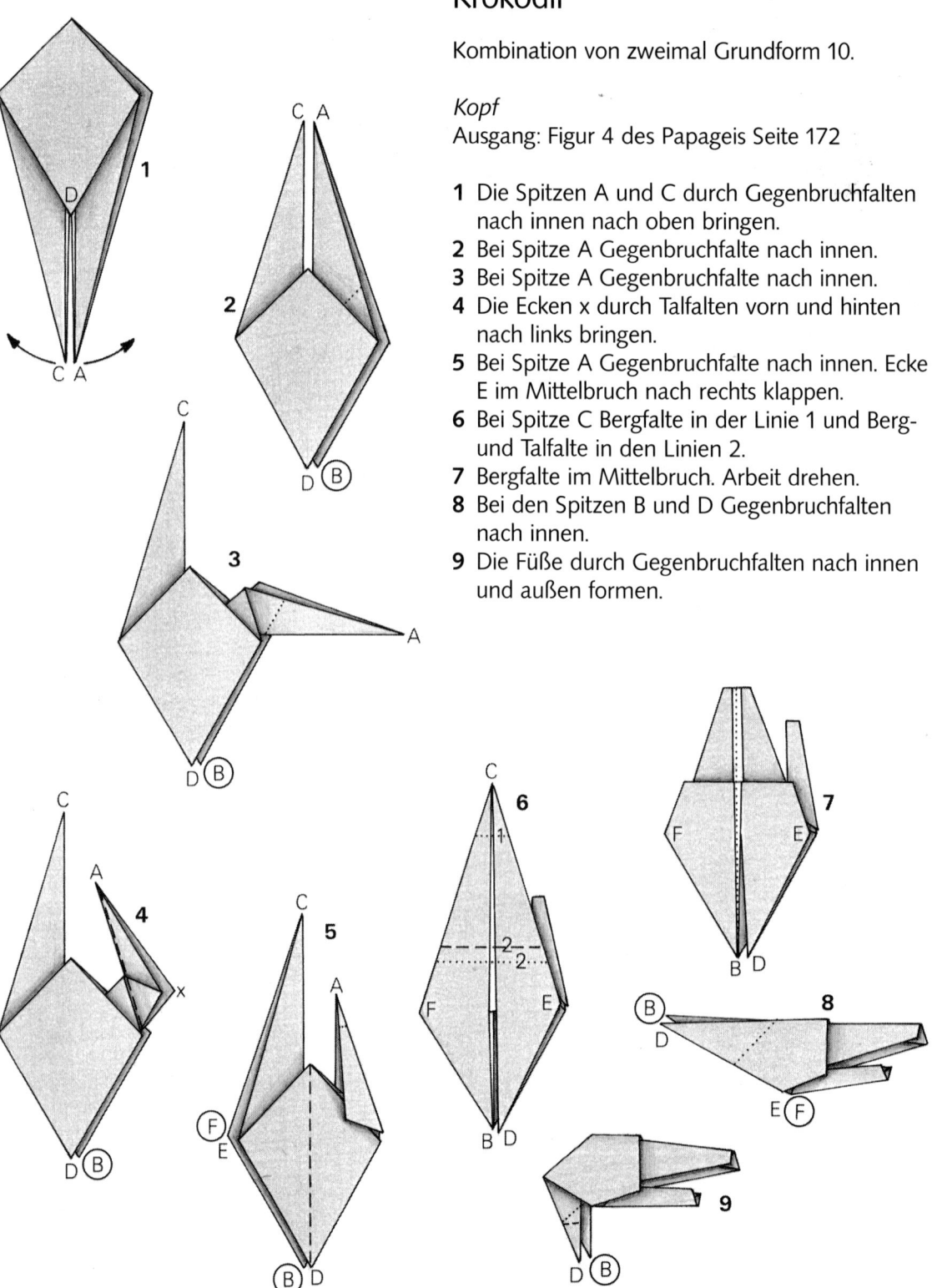

Krokodil

Kombination von zweimal Grundform 10.

Kopf
Ausgang: Figur 4 des Papageis Seite 172

1 Die Spitzen A und C durch Gegenbruchfalten nach innen nach oben bringen.
2 Bei Spitze A Gegenbruchfalte nach innen.
3 Bei Spitze A Gegenbruchfalte nach innen.
4 Die Ecken x durch Talfalten vorn und hinten nach links bringen.
5 Bei Spitze A Gegenbruchfalte nach innen. Ecke E im Mittelbruch nach rechts klappen.
6 Bei Spitze C Bergfalte in der Linie 1 und Berg- und Talfalte in den Linien 2.
7 Bergfalte im Mittelbruch. Arbeit drehen.
8 Bei den Spitzen B und D Gegenbruchfalten nach innen.
9 Die Füße durch Gegenbruchfalten nach innen und außen formen.

Körper

Ausgang: Figur 7 des Papageis Seite 172
Die Gegenbruchfalten bei den Spitzen B und D
jedoch etwas weiter unten ausführen.

1 Talfalte bei Spitze C. Spitze A hinten im Mittelbruch nach oben klappen.
2 Bei Spitze A Talfalte.
3 Talfalte im Mittelbruch. Arbeit drehen.
4 Durch Gegenbruchfalten nach innen und
   außen die Füße formen. Schwanzspitze C
   etwas nach unten ziehen. Schwanzteil in den
   Kopfteil kleben.

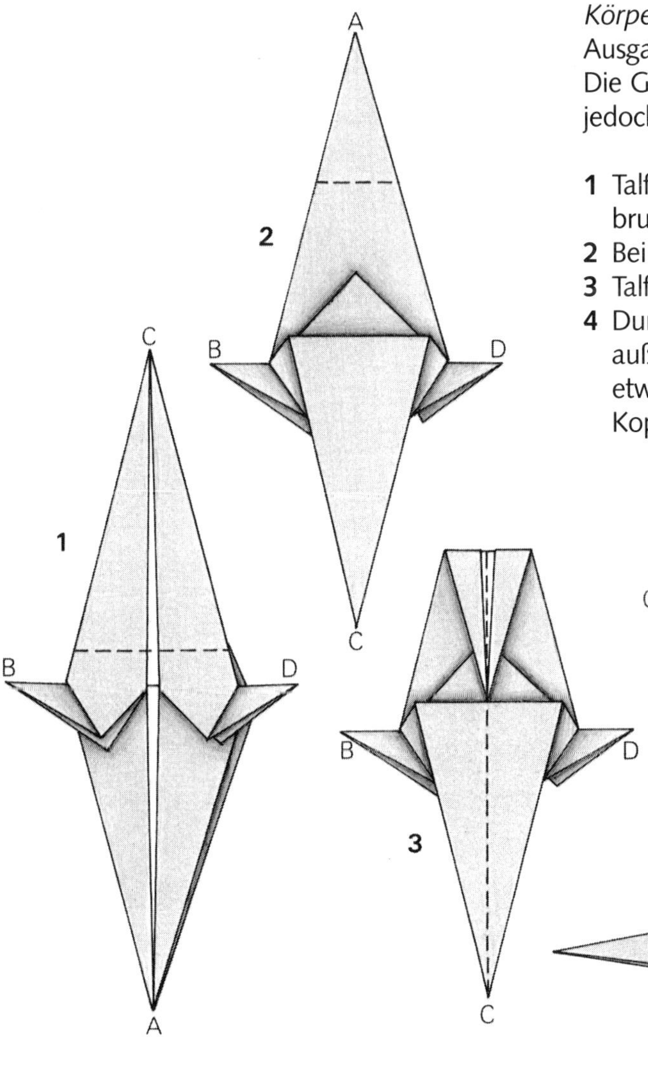

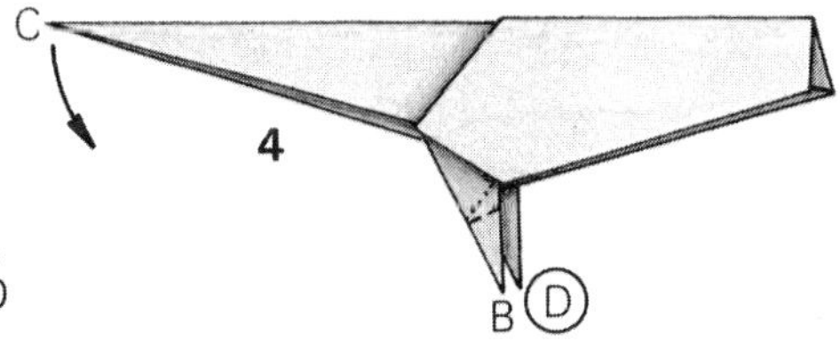

Grundform 11

Fern ein Feuerwerk
Leuchtet auf, erlischt und dann –
Dunkel wie zuvor.

Haiku von Terada Terahiko, geboren 1866

Grundform 11

Bei dieser Grundform wird statt eines quadratischen ein rechteckiges Faltblatt benutzt. Wählen wir ein DIN-Format (Schreibpapier, Heftseite usw.), so ähneln die Falten denen, die wir beim quadratischen Faltblatt ausführen. Man kann sogar nur einen quadratischen Teil des Faltblatts falten und den restlichen zur Vergrößerung einer Fläche benutzen (siehe Jet).

Im Origami sind die benutzten Rechtecke meistens eine Reihe von zusammenhängenden Quadraten, so daß die Breite des Rechtecks für seine Länge bestimmend ist. So ergeben sich Seitenlängen im Verhältnis 1:2, 1:3, 1:5 usw. Die Anfertigung eines rechteckigen Faltblatts mit Seitenlängen im Verhältnis 1:2 aus einem quadratischen Faltblatt wurde auf Seite 170 bei Grundform 10 beschrieben. Für die Anfertigung eines Faltblatts mit Seitenlängen im Verhältnis 1:3, 1:4 usw. benötigen wir zunächst einen Papierstreifen, dessen Länge wir durch Falten ermitteln können.

1 Talfalte in der gestrichelten Linie.
2 Talfalte in der gestrichelten Linie.
3 Talfalte in der gestrichelten Linie (schneiden wir den Streifen in dieser Bruchlinie ab, haben wir ein Faltblatt mit Seitenlängen im Verhältnis 1:2).
4 Talfalte in der gestrichelten Linie (schneiden wir den Streifen in dieser Bruchlinie ab, haben wir ein Faltblatt mit Seitenlängen im Verhältnis 1:3). Faltblätter mit Seitenlängen im Verhältnis 1:4, 1:5 usw. erhalten wir durch weiteres Falten.

Bei den aus einem rechteckigen Faltblatt entwickelten Figuren sind in erster Linie die Bruchkanten formbestimmend. Wie bei der Grundform 3 liegt das an der kurzen Entfernung der Endpunktspitzen von der Mittelachse. Genau wie dort sind diese zwar auch zu falten, haben aber eine untergeordnete Bedeutung. In den meisten Fällen hat die Endfigur eine quadratische oder rechteckige Form. Man kann allerdings auch einen Teil des Rechtecks zum Dreieck falten, wie es z.B. bei der uns bekannten Figur des Helms geschieht.

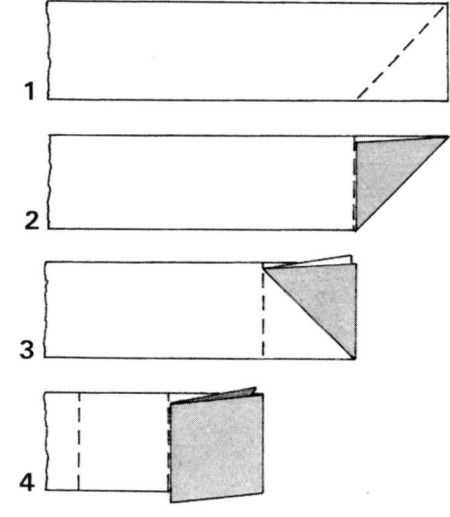

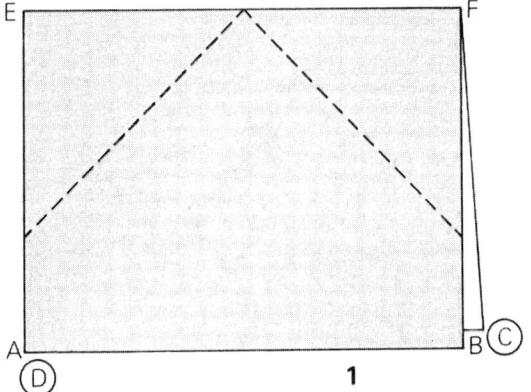

1

Hut – Helm – Schiff   Spielfiguren

Ausgang: DIN-Format (zum Beispiel Zeitung, Heftseite) Talfalte im kurzen Mittelbruch.

1 Bei den Ecken E und F Talfalten.
2 Talfalten vorn und hinten in den Linien 1 und 2.
3 Einfacher Hut. Für den Helm Arbeit aufnehmen und halb wenden. Durch Bergfalten im Mittelbruch fällt Ecke H auf Ecke G.
4 Bei Ecke H vorn und Ecke G hinten Talfalten.
5 Helm. Für das Schiff Arbeit aufnehmen und halb wenden. Durch Bergfalten im Mittelbruch fallen die Punkte x aufeinander.
6 Talfalten vorn und hinten.
7 Die innen liegenden Spitzen H und G seitwärts herausziehen.
8 Schiff.

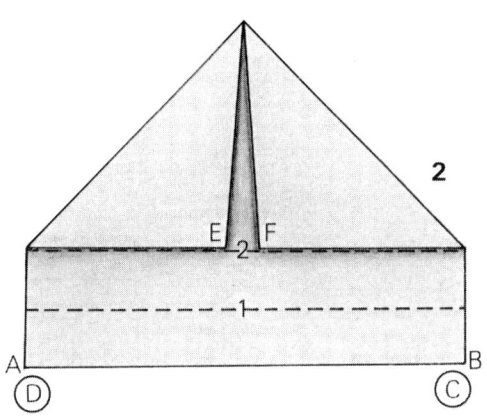

2

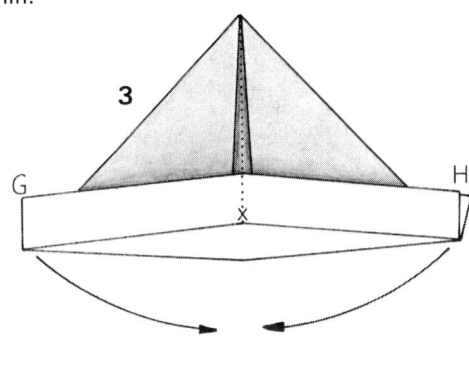

3

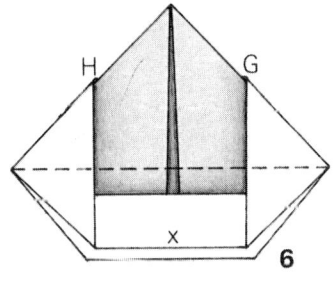

6

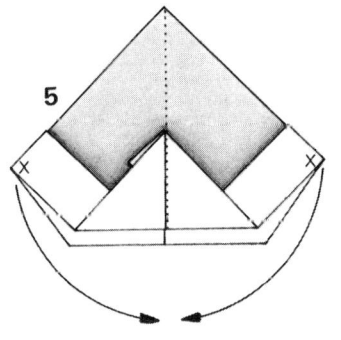

5

4

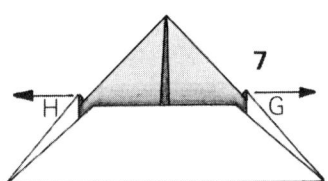

7

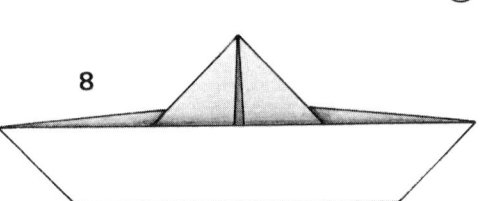

8

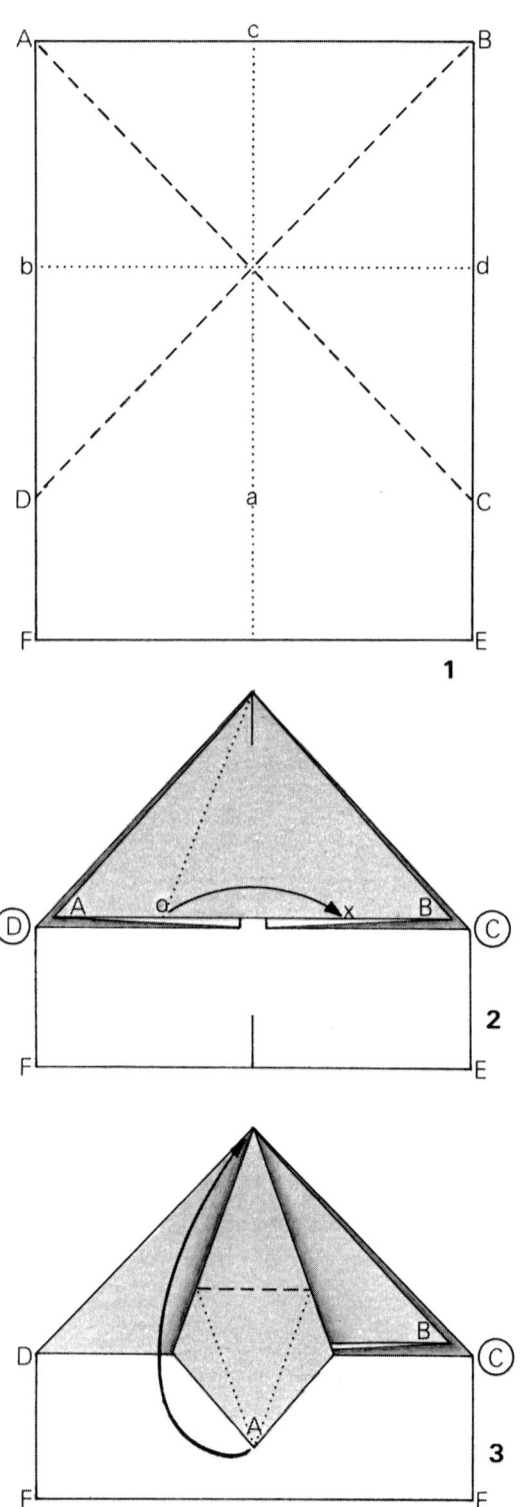

Kranichbrief

Ausgang: Grundform 11, DIN-Format (Schreib-papier)

1 Die eingezeichneten Berg- und Talfalten ausführen und wieder öffnen. In den entstandenen Brüchen die Punkte b und d auf Punkt a ziehen. Dadurch fällt auch Punkt c auf Punkt a (wie Grundform 5).

2 Punkt o auf Punkt x ziehen. Dadurch fällt Spitze A auf den Mittelbruch.

3 Spitze A in der Talfalte nach oben falten. Gleichzeitig durch Bergfalten die Außenkanten der Spitze an den Mittelbruch falten (Hasenohrfaltung).

4 Bei Spitze A Talfalte.

5 Talfalte im Mittelbruch der Spitze A.

6 Schritte 2–5 bei Spitze B wiederholen.

7 Den unteren Teil des Faltblatts ziehharmonikaartig falten. Die Arbeit drehen.

8 Talfalten bei den Spitzen C und D. Bei Spitze A durch Gegenbruchfalte nach innen den Kopf formen.

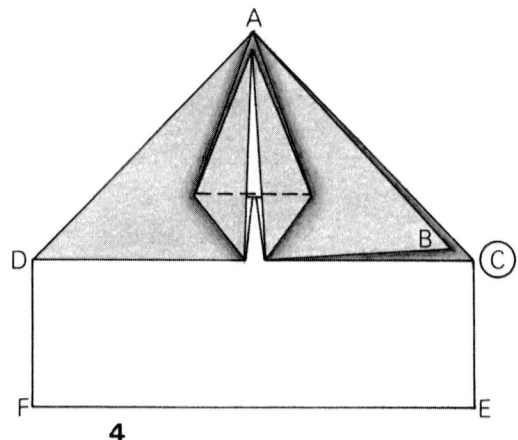

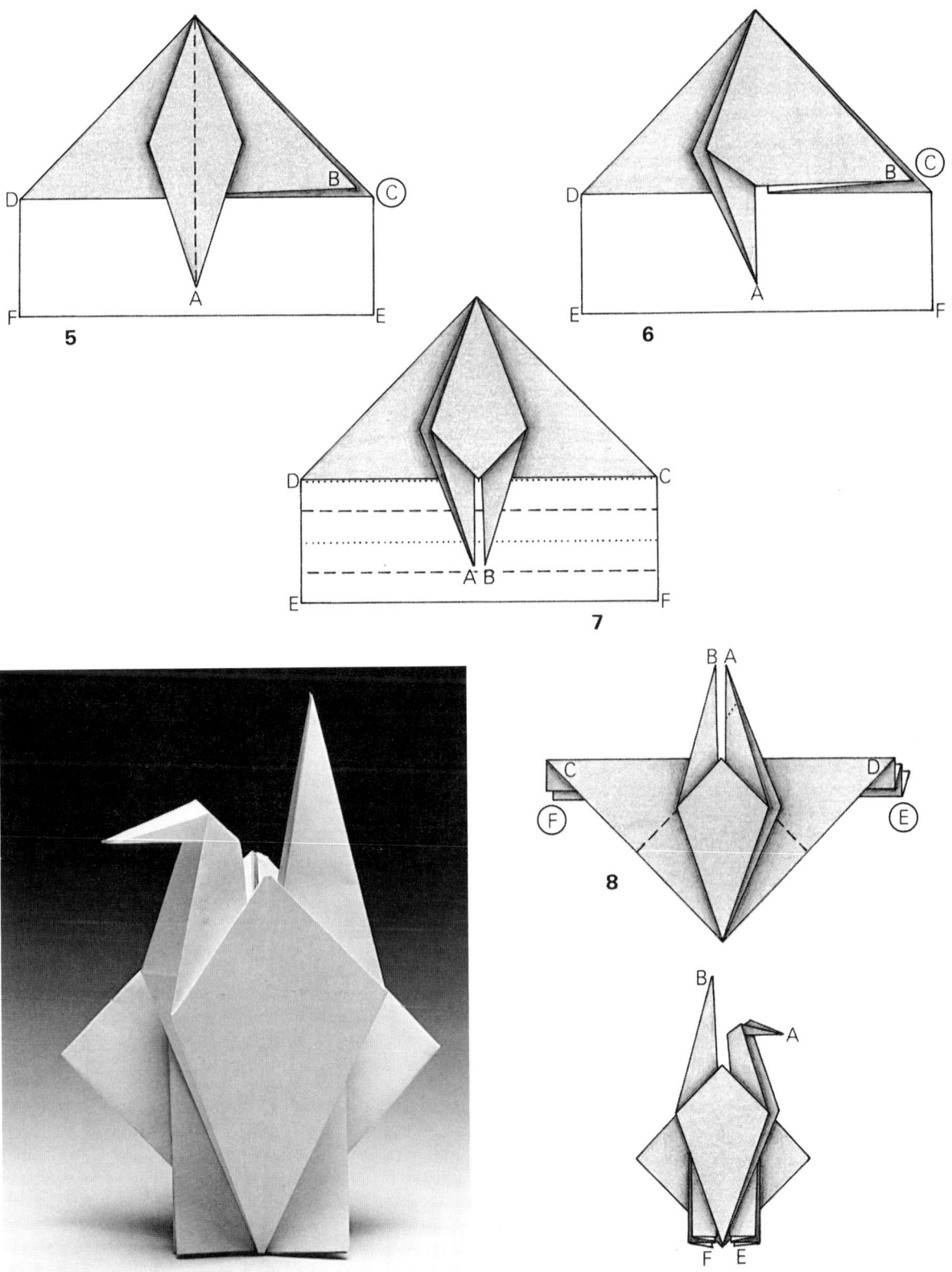

183

5

6

7

8

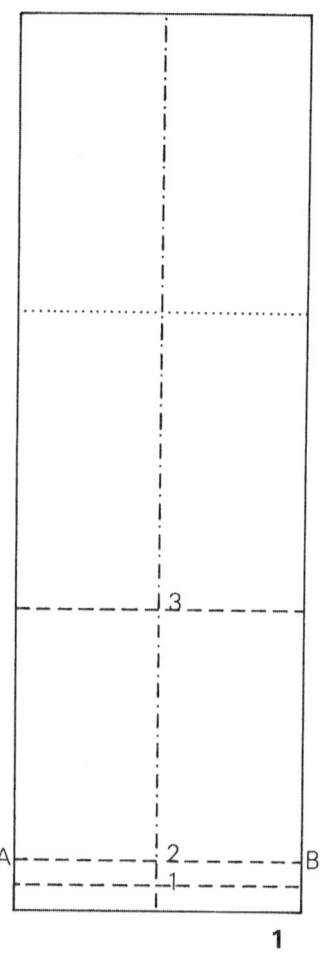

1

Kimono   Brieffaltung

Ausgang: Rechteckiges Faltblatt in der Größe 1:3
Bei einer Breite von 10 cm muß das Faltblatt
also eine Länge von 30 cm haben.

1 Der Länge nach im Mittelbruch knicken. Bergfalte in der punktierten Linie. Talfalten in
den Linien 1 und 2, dann in der Linie 3.
2 Bei den Ecken A und B Talfalten.
3 Talfalten in den gestrichelten Linien.
4 Rechts und links das vorn liegende Blatt im
vorhandenen Bruch nach außen klappen.
Dabei die Punkte a der entstehenden Tüten
so weit nach oben ziehen, daß die in Abb. 5
eingezeichneten Punkte x sichtbar werden.
5 Die Teile c unter den Kragen x stecken.
6 Wenden.
7 Talfalte in der Linie 1 nach oben und in der
Linie 2 nach unten. Brieftext vorher auf diese
Fläche schreiben.
8 Wenden.

3

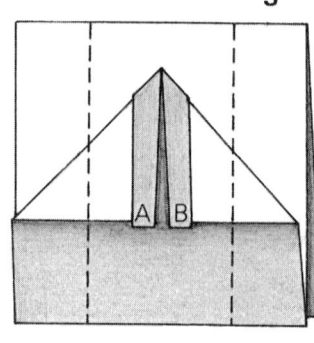

2

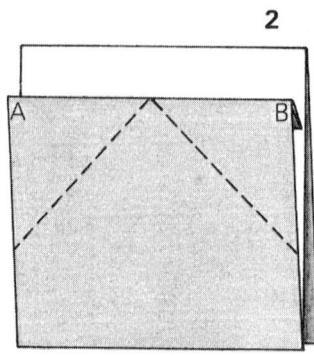

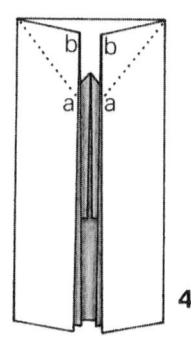

4

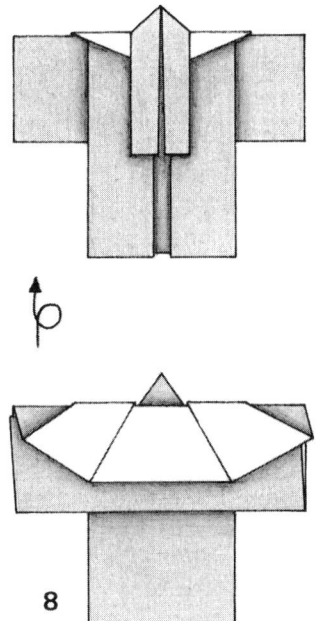

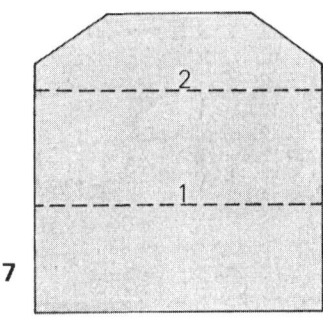

8

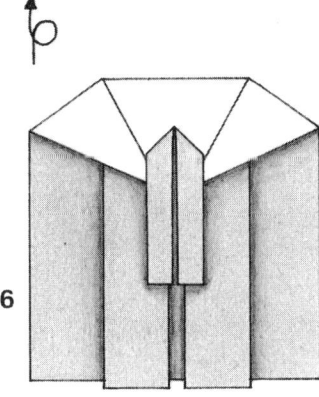

7

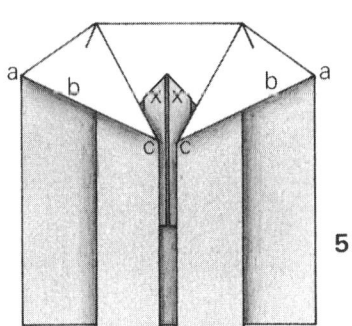

5

6

Jet

Ausgang: Faltblatt DIN-Format (Heftseite)

1 Mittelbruch knicken. Bei den Ecken A und B Talfalten.
2 Ecke E durch Talfalte nach rechts bringen.
3 Bei den Ecken G und H Talfalten in den Linien 1. Bei Ecke E Talfalte in der Linie 2.
4 Die Ecken J und K durch Talfalten an den Mittelbruch bringen.
5 Bergfalte im Mittelbruch, untere Hälfte hinter die obere Hälfte.

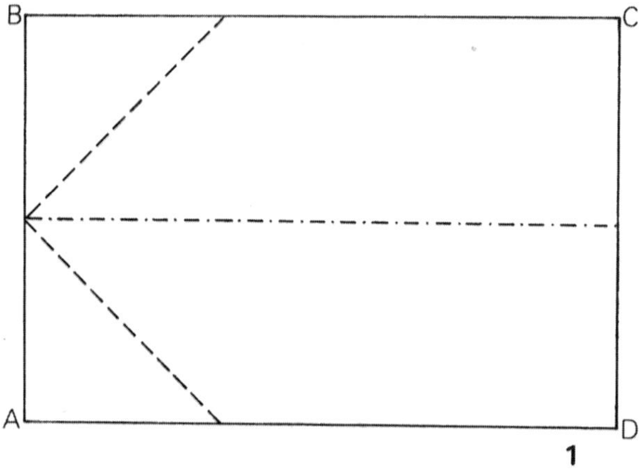

1

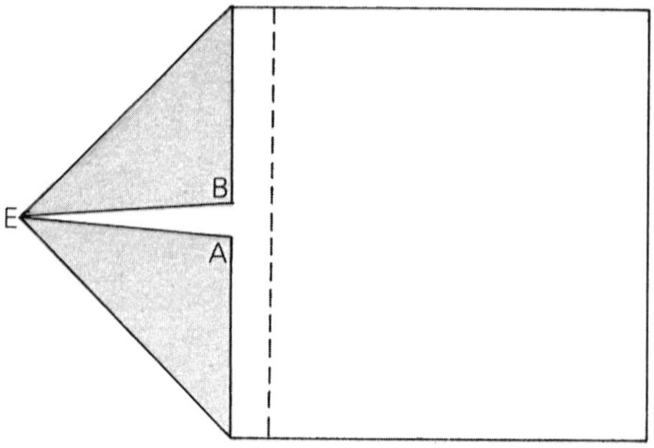

2

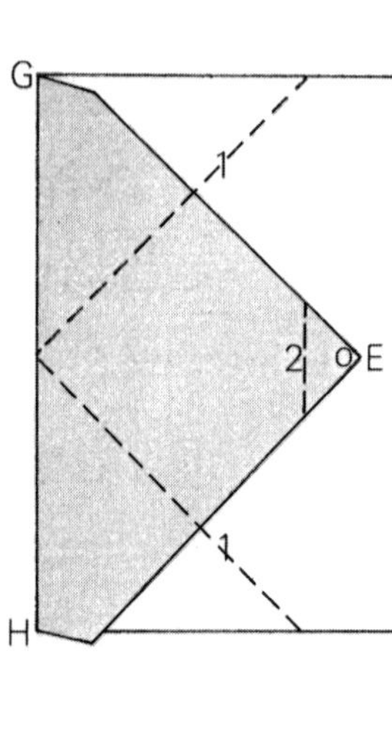

3

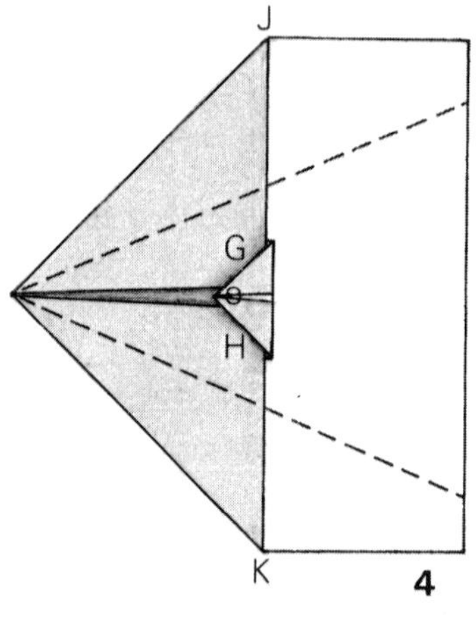

4

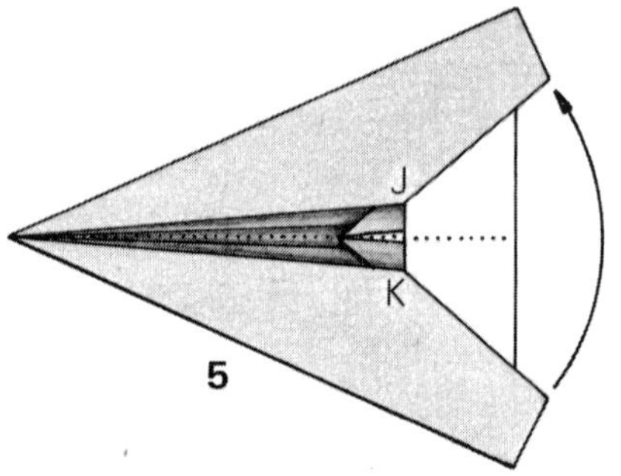

5

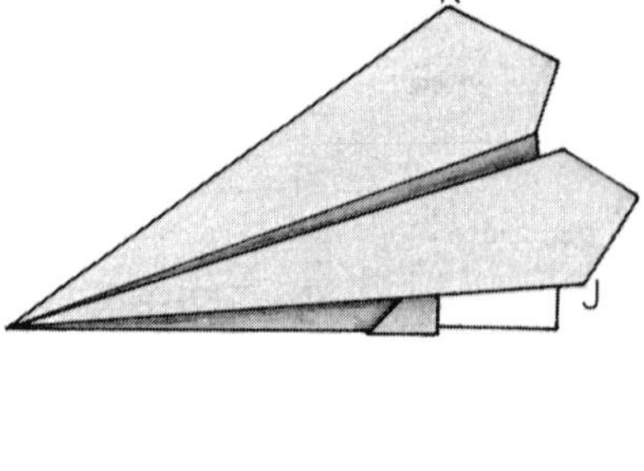

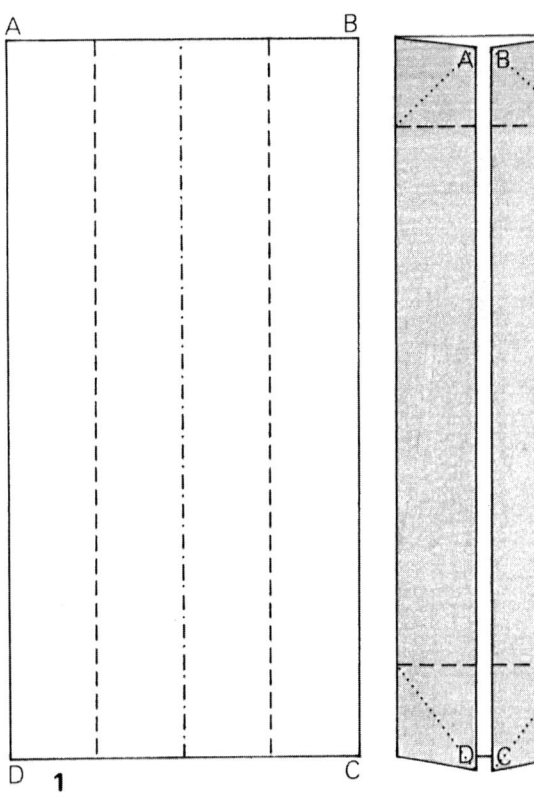

Kristall

Ausgang: Zwei verschiedenfarbige rechteckige Faltblätter
Die Länge des Kristalltropfens richtet sich nach der Länge des Rechtecks.

1 Den langen Mittelbruch knicken. Talfalten in den gestrichelten Linien.
2 Durch Berg- und Talfalte die Ecke A nach unten an den Mittelbruch bringen. Dies mit den Ecken B, C und D wiederholen.
3 Bergfalte in der punktierten Linie (Mittelbruch).
4 Bei den Ecken H Gegenbruchfalten nach innen.
5 Die Spitzen D und C hochstellen und die Spitze D ganz in die Spitze C stecken. Wenden und die Faltung mit den Spitzen A und B wiederholen.
Das zweite Faltblatt in gleicher Weise falten.
6 Die beiden Teile zusammenstecken und dabei jeweils die Spitzen E und F in die beiden Tüten bei den Spitzen G schieben.

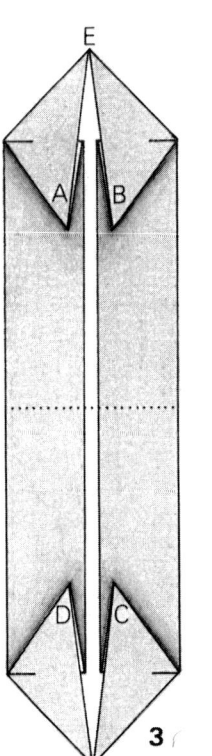

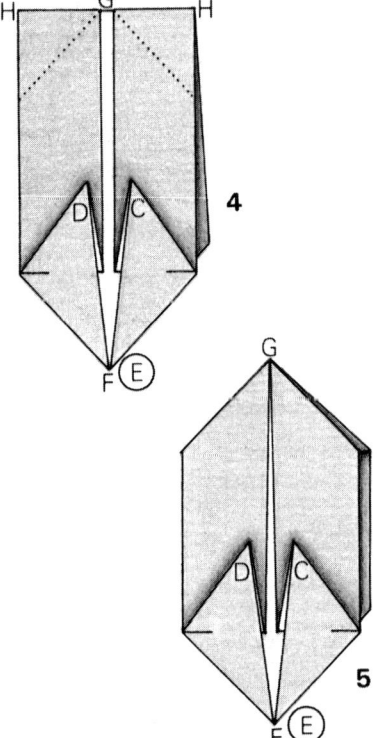

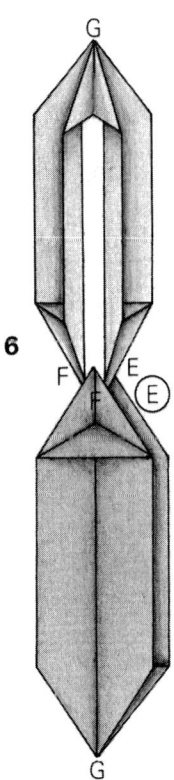

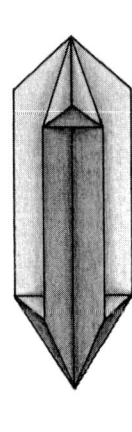

Zauberkasten

Ausgang: Sechs möglichst verschiedenfarbige
Rechtecke in der Größe 1:5 + 1 mm Spielraum
pro Teilquadrat. Beträgt die Breite z. B. 10 cm, so
müssen die Rechtecke 50,5 cm lang sein.

1 Die Rechtecke in 5 gleich große Teile knicken.
Talfalten in den gestrichelten Linien 1 und 2.
2 Bergfalten in den punktierten Linien.
3 Die Seitenteile in den gestrichelten Linien
hochfalten.
4 Zwei gefaltete Rechtecke zusammenfügen.
Dabei jeweils die Ecken D hinter die Teile b
schieben.

5 Zwei weitere Rechtecke in gleicher Weise
zusammenstecken. Die beiden fertigen Teile so
ineinanderschieben, daß alle gefalteten Seiten
sichtbar sind.
6 Die beiden restlichen Rechtecke falten und in
den Würfel einschieben. Bei einem Teil müssen
die Spitzen D nach oben weisen, beim zweiten
nach unten. Nach dem Einschieben liegen die
Spitzen D neben den glatten Flächen des
Würfels.
7 Die eingeschobenen Teile vorn und hinten
schließen.
8 Der fertige Würfel hat auf allen Seiten
doppelte Wände und ist nur zu öffnen, wenn
er ganz entfaltet wird.

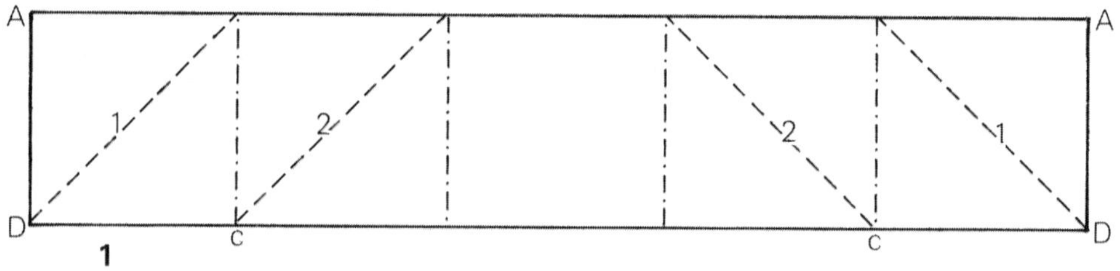

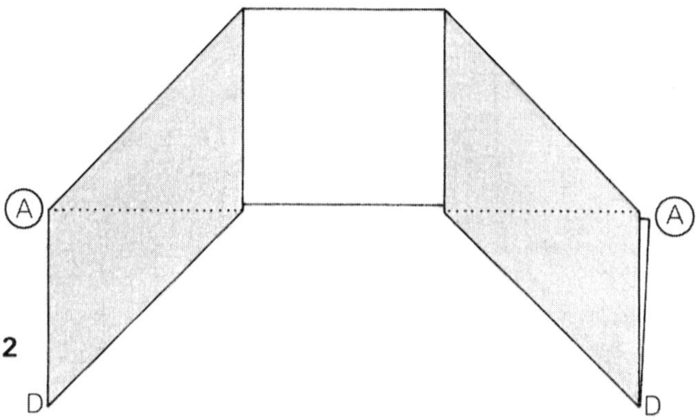

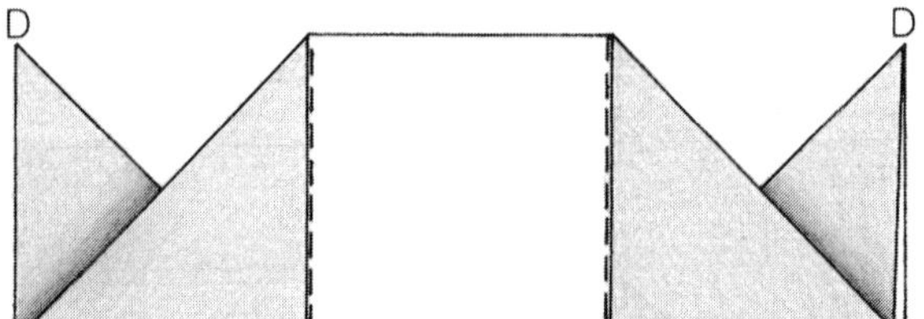

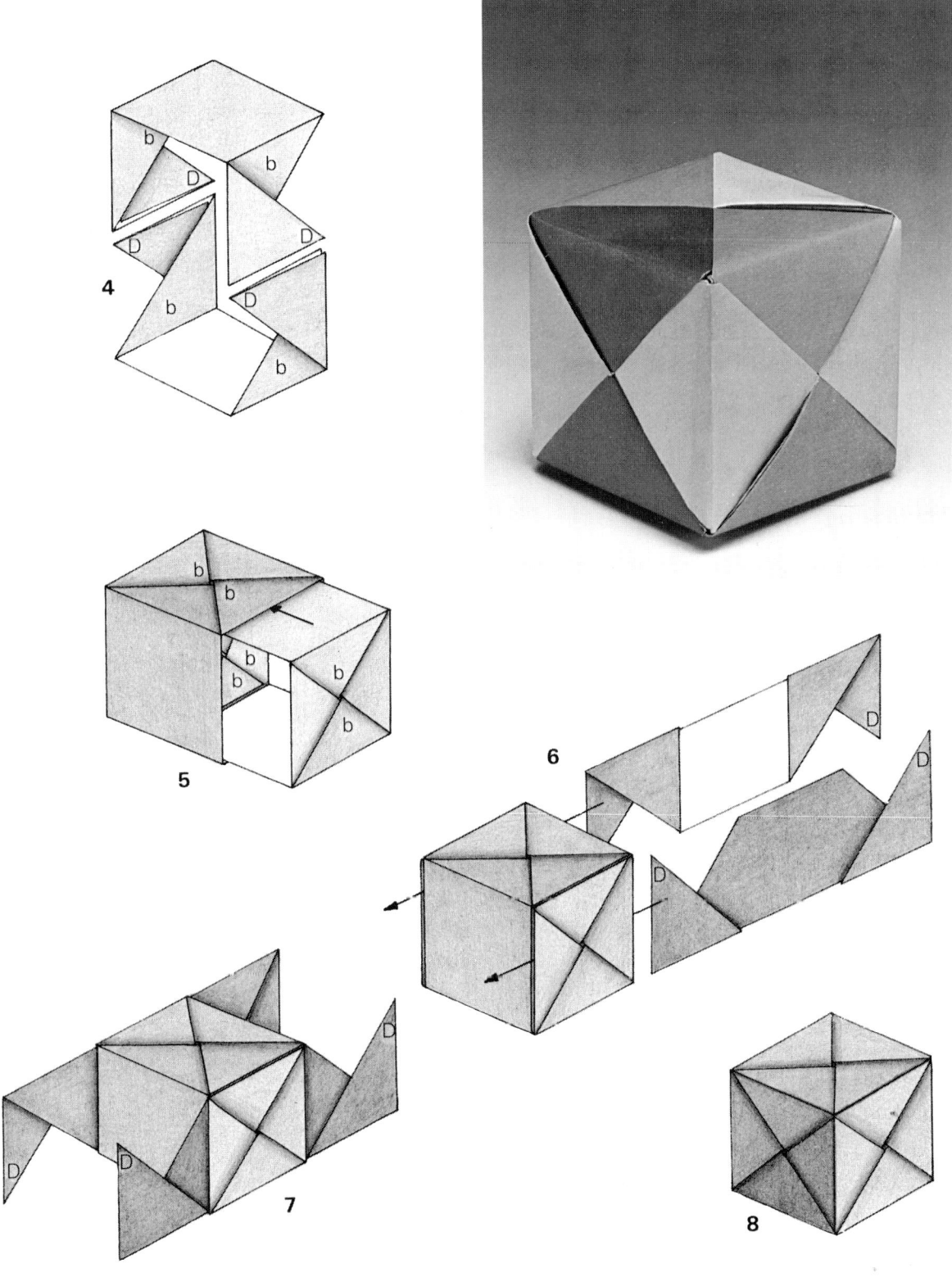

4

5

6

7

8

Literaturverzeichnis

Böckhoff, H./Winzer, F. (Hrsg.): Kulturgeschichte der Welt. Braunschweig 1965

Brossmann, J. und M.: A Japanese Paper Folding Classic. Washington D.C. 1961

Coudenhove, G.: Japanische Jahreszeiten, Tanka und Haiku, Zürich 1963

Gröber, K./Metzger, J.: Kinderspielzeug. Hamburg 1965

Harbin, R.: Origami. London 1968

Herrigel, E.: Zen und die Kunst des Bogenschießens. Wiesbaden 1983
Zen in der Kunst der Blumenzeremonie. Wiesbaden 1953

Honda, I.: All about Origami. Tokio 1960
The World of Origami. Tokio 1965

Huber, J.: Lustiges Papierfaltbüchlein. Ravensburg 1925

Kawai, T.: Origami Play. Tokio 1964

Kneißler, I.: Origami Kinderbuch. Ravensburg 1982
Origami Papierfalten. Ravensburg 1984
Kreatives Origami. Ravensburg 1986

Lehmann, F.W.P.: Japan. Breslau 1925

Montero, N.: El Mundo de Papel. Valladolid 1965

Osann, Ch.: Friedrich Fröbel. Düsseldorf 1956

Parramón, J.M.: Fantastico Origami. Barcelona 1979

Randlett, S.: The Art of Origami. New York 1964
The Best of Origami. New York 1961

Rochedieu, E.: Der Shintoismus. Genf 1973

Row, S.: Geometric Exercises in Paper Folding. London 1901

Sakade, F.: Origami, Japanese Paper Folding. 3 Bände. Rutland/Vermont 1958/59

Sakoda, J.M.: Origami. New York 1969

Speiser, W.: Die Kunst Ostasiens. Berlin 1946

Theile, A.: Die Kunst des fernen Ostens. Hamburg 1955

Toynbee, A. (Hrsg.): Der ferne Osten. Braunschweig 1974

Ulenbrook, S.: Haiku, Japanische Dreizeiler. München 1979

van Breda, A.: Paper Folding and Modelling. London 1965

von Kügelgen, W.: Jugenderinnerungen eines alten Mannes. Stuttgart

Yoshizawa, A.: Bilderbuch des Papierfaltens und Fröhliches Papierfalten, in japanischer Sprache. Tokio 1963/64

Zechlin, R.: Das kleine Spielbuch. Ravensburg 1931

Bildquellen

Alte Pinakothek, München: Seite 22

Reproduktionen mit freundlicher Genehmigung des British Museum, London: Seiten 10, 14

Germanisches Nationalmuseum, Nürnberg: Seite 20

Smithsonian Institute, Washington: Seite 12

Württembergisches Landesmuseum, Stuttgart: Seite 22

Alle anderen Fotos:
Peter Ruprecht, Dinkelsbühl